AF534463

KAI-UWE MERZ

ABBRUCH AUFBRUCH BERLIN

EINE KULTURGESCHICHTE DER 1990ER-JAHRE

OF THE

EINLEITUNG

Abbruch, Aufbruch – Berlin im Widerstreit mit sich selbst

Als der Herr das Los der Gefangenschaft Zions wendete,
da waren wir alle wie Träumende.
Da war unser Mund voll Lachen
und unsere Zunge voll Jubel.
Da sagte man unter den anderen Völkern:
Der Herr hat an ihnen Großes getan.

PSALM 126, VERS 1–2

DIE ÖFFNUNG DER MAUER AM 9. NOVEMBER 1989 war für das doppelte Berlin der *Aufbruch* in eine neue Ära seiner Geschichte. Wie es mindestens für das folgende Jahrzehnt bis zur Jahrtausendwende gilt, mögen *Abbruch* und *Aufbruch* in ihrer Gleichzeitigkeit aus der jeweils unterschiedlichen Perspektive von Ost und West oft spiegelbildlich erschienen sein. Die Schilderung der für die Epoche kennzeichnenden *Abbrüche* und *Aufbrüche* in der Kulturgeschichte der doppelten Stadt in ihrer Vereinigungsepoche ist Gegenstand dieses Buches. Die meisten der vorangehenden und jeweils eigenständig für sich stehenden Bände der das 20. Jahrhundert umfassenden Buchreihe zur Kulturgeschichte Berlins verbinden den Namen der Stadt mit einem für die einzelne Periode der Stadtgeschichte aussagekräftigen, manchem manchmal provokant erscheinenden Begriff. Aber schon das unmittelbar vorangehende Buch über die 1980er-Jahre trug den Titel mit zwei Begriffen, nämlich *Stillstand Aufstand Berlin*. Für die 1990er-Jahre und damit für den letzten Band der Reihe stehen zwei andere, genauso korrespondierende Begriffe in einem Doppeltitel, nämlich *Abbruch Aufbruch Berlin*. Beides im Wechselspiel, in Wechselwirkung, im Widerstreit der Stadt mit sich selbst ist signifikant für die Dekade nach dem Ende der Teilung, die geprägt ist vom stadtgeschichtlichen Großereignis ihrer Vereinigung. Die Teilung hatte sich, so wissen wir im Nachhinein, erstmals unmittelbar mit dem 2. Mai 1945, an dem die Flagge der Sowjetunion Josef W. Stalins auf dem Brandenburger Tor aufge-

Unvergesslicher Moment der Berliner Stadtgeschichte: Berliner aus Ost und West nahmen am Abend des 9. November 1989 die Vormauer am Brandenburger Tor in Besitz.

pflanzt wurde, anzudeuten begonnen. Der Plan der vier Sektoren der vier Alliierten der *Anti-Hitler-Koalition* war Grundlage der Aufteilung der Stadt. Ihre Halbierung in eine Hälfte aus drei westlichen und der anderen aus dem einen östlichen Sektor wurde immer stärker spürbar und am 13. August 1961 mit dem Beginn des Mauerbaus physisch manifest. 1989 waren seit dem Ende des Zweiten Weltkriegs 1945 gut 44 Jahre vergangen. Das sind mehr als die 30 Jahre, die wir für eine Generation rechnen. Aufgrund dieser Dauer der Teilung geht dieses historiografische Buch begrifflich nicht von der Prämisse einer *Wieder*-Vereinigung aus. Legitim war der tagespolitische Gebrauch des Begriffs *Wiedervereinigung* zwar durch deren Befürworter in der westdeutschen und West-Berliner Politik lange vor und noch nach der Maueröffnung. Vielleicht ist aber manchmal *Neu*-Vereinigung die klügere begriffliche Voraussetzung, um besser wahrzunehmen, wenn womöglich manches *zusammenwachsen* sollte, was gar nicht mehr *zusammengehörte*. Die Berliner Geschichte von Teilung ist zugleich Geschichte von Entfremdung. Es waren vier Jahrzehnte zunehmend verschiedener kultureller Entwicklung vergangen. Im Sinne eines *Wieder*-Vereinigens zu unterstellen, dass da zwei Gebilde so zusammenkamen, wie es einmal gewesen war, trifft nicht zu. Schon die Individuen waren 1989 nicht mehr identisch mit denen von 1961,

Er war Bundeskanzler und Regierender Bürgermeister: Willy Brandt auf der unwürdig verlaufenden Kundgebung am 10. November 1989 vor dem Rathaus Schöneberg

die den Mauerbau erlebt und erlitten hatten. Viele Berliner, die die ganze Stadt als Lebenswirklichkeit gekannt hatten, sind andererseits noch Zeugen des Mauerfalls gewesen. Meist allerdings hatten sie nur noch die Ruinenbilder des zerstörten *Wüste Berlin* des Nachkriegs oder Albtraumgesichte wie die des *Monster Berlin* der Bombennächte und der nationalsozialistischen Diktatur in Erinnerung. Zu deren Auftakt hatten die Bilder vom nationalsozialistischen Fackelzug durchs Brandenburger Tor vom Abend des 30. Januar 1933 gehört. Zusammengehört hat die Stadt in ihren beiden Teilen trotzdem. So hat es der frühere Bundeskanzler, der Berliner Willy Brandt, in dem ihm zugeschriebenen Ausspruch 1989 zum Ausdruck gebracht. Aber was zusammenwuchs, das waren gegenüber den Stadthälften von 1961 zwei neue Städte. Mancher der handelnden Politiker räumt unumwunden ein, dass er in den 1990er-Jahren erst den Stadtplan zurate ziehen musste, um die ihm neuen Orte einzuordnen in sein Berlin-Bild. Welche Zielvorstellung diejenigen im Sinn hatten, die beide Teile zusammenführten, welche Zukunftsbilder diejenigen, die dieses *Neue Berlin* entwarfen und gestalteten, und welche Erwartungen diejenigen hatten, die in dieser neuen Gesamtstadt lebten, davon erzählt dieses Buch. Sollte es ein *altes* Berlin, ein *neues* Berlin, oder konnte es nur ein *anderes* Berlin werden? Und natürlich vollzog sich gerade im Kulturellen einiges, was ganz neu und was nie Dagewesenes ist, was Menschen mitbrachten oder erst hier hervorbrachten und was sich schon deshalb jedem *Vereinigt-Werden* entzog.

Nach dem 9. November 1989 tanzten Menschen auf der Vormauer des Brandenburger Tors auf dessen Westseite, dem heutigen *Platz des 18. März*. Am nächsten Tag, dem 10. November 1989, war der damalige SPD-Ehrenvorsitzende Willy Brandt mit einer britischen Militärmaschine nach West-Berlin eingeflogen, denn deutsche Flugzeuge durften West-Berlin nicht anfliegen. Seit dem Mittag war Brandt am historischen Ort des Tors gewesen, zunächst begleitet vom Regierenden Bürgermeister Walter Momper. Brandt hatte eine Ansprache gehalten, Interviews gegeben, vor allem hatte er den historischen Moment seines Lebens erinnert und seine innerliche Berührung gezeigt: Am Morgen des 13. August 1961 war er als Regierender Bürgermeister ebenfalls vor diesem Tor gewesen. Seine Bestürzung und seine Wut waren damals an seinem eingefrorenen Gesichtsausdruck abzulesen. Der Auftritt des alten Mannes am Tag nach der Maueröffnung war tief bewegend für die, die es miterlebt haben. Am dunklen Abend des 10. November 1989 sprach Brandt dann auf der durch Störer unwürdig verlaufenden Kundgebung auf dem traditionellen Versammlungsplatz West-Berlins vor dem Rathaus Schöneberg. Er schilderte, wie er am Tor beobachtet hatte, dass Polizisten von beiden Seiten aufeinander zugegangen waren und sich die Hand gegeben hatten. Über die Zusammengehörigkeit der Berliner und der Deutschen sagte er:

Das ist die richtige Art, sich dem Problem zu nähern: einander die Hand zu geben, nachtragend nur dort zu sein, wo es unbedingt sein muss. Aber wo immer es geht, Trennendes zu überwinden. Das hab ich auch heute mittag am Brandenburger Tor gespürt, und hier sind ja viele auf dem Platz, die auch heute mittag am Brandenburger Tor waren.

Ihr Tor hatten die Berliner bisher nicht durchfahren und nicht durchschreiten dürfen. Es trennte, und es versperrte, statt einzuladen und zu verbinden. Die Menschen hatten es auf beiden Seiten, aufgehalten von Absperrungen, nur von Ferne betrachten dürfen. Von der Westseite aus war durch das Tor der Turm des Roten Rathauses zu erkennen, des alten, eigentlichen Berliner Rathauses. Das Rathaus des Regierenden Bürgermeisters in Schöneberg, vor dem Brandt und auch der vom unterbrochenen Staatsbesuch in Warschau gekommene Bundeskanzler Helmut Kohl am Abend des 10. November geredet hatten, war nur ein provisorisches Ausweichquartier. Das war im Herbst 1989 beinahe vollkommen vergessen. Dieses Gebäude hatte sich als selbstverständlicher Amtssitz im Bewusstsein etabliert. Das Areal des Tores war Grenzgebiet, Sperrgebiet, verbotenes Land zwischen den Systemen, zwischen beiden deutschen Staaten, zwischen beiden Teilen der Stadt, menschenleer, nur spärlich bevölkert von uniformierten und bewaffneten Männern, nachts grell ausgeleuchtet. Und es galt, wie der Regierende Bürgermeister des Mauerfalls Walter Momper in seinen 1991 erschienenen Erinnerungen mit dem Titel *Grenzfall* schreibt, als Symbol: „Das Brandenburger Tor war für viele Ost- und Westberliner [sic] das Wahrzeichen ihrer Stadt.“ Das war noch im Nachhinein eine zurückhaltende, diplomatische Einordnung durch den Sozialdemokraten. Denn bezüglich des Symbolgehalts des Tores galt für andere das vom Christdemokraten Heinrich Lummer am 6. Dezember 1984 nachts im Abgeordnetenhaus spontan geprägte Diktum, dass die deutsche Frage so lange offen sei, „wie das Brandenburger Tor geschlossen ist.“ Dieser Ausspruch wird meist dem ehemaligen Regierenden Bürgermeister und Bundespräsidenten der Einheit Richard von Weizsäcker zugeschrieben. Es hatte sein Echo bis in den Appell an den Generalsekretär des Zentralkomitees der Kommunistischen Partei der Sowjetunion gefunden, den US-Präsident Ronald Reagan am 12. Juni 1987 vor dem Brandenburger Tor an Michail S. Gorbatschow richtete: „Herr Gorbatschow, öffnen Sie dieses Tor! Herr Gorbatschow, reißen Sie diese Mauer ein!" Das vor allem war die mit diesem Tor verbundene Forderung. Dessen waren sich im Herbst 1989 auch Momper, die DDR-Führung und die Leitung der Botschaft der Union der Sozialistischen Sowjetrepubliken, der UdSSR, bewusst. Der aus Sulingen, gelegen südlich von Bremen, stammende Momper begründet rückblickend die Zurückhaltung in Ost-Berlin, das Brandenburger Tor als Grenzübergang zu öffnen und den *Abbruch* der Mauer vor dem Tor zu beginnen, mit der Befürchtung von DDR-Regierung und UdSSR-Botschaft, mit der Toröffnung könnte eine „nationale Wiedervereinigungsfeier" provoziert werden oder, noch schlimmer, es könnte die 300 Meter vom Tor entfernt gelegene sowjetische Botschaft hautnah „mit der Wiedervereinigung konfrontiert" werden. Erst am 22. Dezember 1989, zwei Tage vor dem Heiligen Abend, wurde das Tor geöffnet. Alle Politiker, die wichtig waren und die sich für wichtig hielten, nahmen an diesem chaotisch verlaufenden Ereignis teil. Momper sprach dort davon, dass diese Grenzöffnung *uns in Berlin* so sehr berühre wie keine der Grenzöffnungen in den Tagen zuvor, denn: „An diesem Bauwerk, an diesem Platz hängt unser Herz. Heute haben wir das Tor für die friedvolle Zukunft Europas geöffnet." Momper sprach noch immer nicht von Vereinigung, sondern sein Appell lautete, im neuen Jahr 1990 den Schutt des Alten beiseitezuräumen und das neue Zusammenleben zu organisieren. Auch er sprach von bevorstehendem *Abbruch* und *Aufbruch*:

Beginnen wir die Arbeit für unsere gemeinsame Zukunft in Frieden und Freiheit und in einem Geiste guter Nachbarschaft zwischen der DDR und der Bundesrepublik und zwischen den beiden Teilen Berlins. Berlin, nun freue dich.

Momper wiederholte hier seine seltsam nüchterne Freudenbekundung *Berlin, nun freue dich!*, die er am Abend des 10. November vor dem Rathaus Schöneberg nicht ausgerufen, sondern bloß anscheinend emotionslos ausgesprochen hatte. Die Welt verfolgte die Toröffnung über die Bildschirme der Fernsehgeräte. Schon Tage zuvor waren rund 100 TV-Kameras am Tor platziert. Aus Übertragungswagen, Containern, Generatoren, Aufsagerplattformen war eine Medienstadt gewuchert im verbissenen Ringen um die besten Standorte für die besten Bilder von dem, was unweigerlich bevorstand, von dem aber niemand wusste, wann es und wie es passieren würde. Das Senatspresseamt nötigte westdeutsche und internationale Medien in Vorbereitung der Öffnung auf andere Bildpositionen. Der Zugang zum Tor und damit der Weg durch das Tor wurden freigemacht. Das Medium Fernsehen wurde zum Mittler des Ereignisses für die meisten Deutschen und für die Weltgesellschaft des *Global Village*. Die Liveübertragung von Geschichte begeisterte nicht jedermann. Der geborene Berliner und Literaturkritiker Fritz J. Raddatz notierte in seinen 2005 ersterschienenen *Erinnerungen* unter dem Titel *Unruhestifter* unter dem 22. Dezember 1989 in Kampen auf Sylt:

> *Das Brandenburger Tor ist auf! Ein auch mich bewegender – wirklich historischer Augenblick, dem keiner der offiziellen Redner gewachsen war – und der die vollkommene Sprachlosigkeit der Fernsehfritzen offenbarte, die nur „jetzt winken die Menschen" zu sagen wussten, wenn man winkende Menschen sah; und ansonsten sich selber filmten. Affen.*

Das Manuskript des Buchs *Abbruch Aufbruch Berlin* wurde am 11. Februar 2024 beendet. Das ist der Sonntag der in der städtischen und nationalen Parlamentarismusgeschichte bisher einzigartigen, aufgrund organisatorischen Scheiterns nötig gewordenen Teilwiederholung der Bundestagswahl vom 26. September 2021 für rund 550 000 Berliner Wähler. Begonnen wurde das Buch am 21. Juni 2023. Das Manuskript des Vorgängerbandes über die 1980er-Jahre war am Tag zuvor fertig geworden. An diesem 20. Juni 2023 wäre der aus Ost-Berlin stammende Schauspieler Ulrich Mühe 70 Jahre alt geworden, wäre er nicht schon 2007 gestorben. Weltbekannt machte ihn seine Rolle als Stasi-Abhörer Hauptmann Gerd Wiesler in dem unter anderem mit Oscar, César und Europäischem Filmpreis ausgezeichneten Streifen *Das Leben der Anderen* von 2006. Nach der vom kurzzeitigen SED-Chef Egon Krenz so bezeichneten *Wende* hatte Mühe sein Engagement beim Deutschen Theater am Schumann-Platz in Mitte gekündigt, um in den Westen zu gehen. Ein Stück *Abbruch*, wie sich sein dortiger Intendant Dieter Mann in seinen Gesprächsmemoiren von 2016 unter dem Titel *Schöne Vorstellung* erinnert: „Ulrich Mühe, einer unserer Protagonisten, schrieb mir immerhin einen sehr anständigen Brief, er verabschiedete sich mit eindringlich erklärendem Selbstbewusstsein, mir tat es sehr weh, aber ich akzeptierte diesen Schritt." Der *Aufbruch* Richtung Westen und der *Abbruch* in Ost-Berlin haben eine starke emotionale Komponente. Freude spiegelt sich in Schmerz und Trauer. Fand der *Abbruch* vornehmlich im Osten statt, nachdem von dort der *Aufbruch* zur *Friedlichen Revolution* ausgegangen war? Was geschah im untergehenden West-Berlin, das seit Jahrzehnten in seiner Inselexistenz ausgeharrt hatte und von der Bundesrepublik subventioniert überlebt hatte? Auch Antworten auf solche Fragen begegnen uns im Verlauf der Erzählung.

Wir erzählen Kulturgeschichte und keine Politikgeschichte, erst recht keine Einigungsgeschichte der beiden Berlins. Wir erzählen Kulturgeschichte des Jahrzehnts nach der Maueröffnung, und zwar ausgehend von ausgewählten Feldern des kulturellen Lebens der zusammenwachsenden Stadt, die wir mit einzelnen Persönlichkeiten, deren Werk und Biografie verbinden, die repräsentativ für ihr jeweiliges Schaffensfeld und für die Stadt sind. Wenn wir nach Kultur fragen, verstehen wir den Begriff so, wie ihn Hermann Glaser pragmatisch in seiner *Kleinen deutschen Kulturgeschichte* von 2004 benutzt. Glaser subsumiert darunter alles, „was der Mensch als gesellschaftliches Wesen in unterschiedlichster Weise produktiv bearbeitet oder gestalterisch hervorbringt."

Wie sehr sind aber diese Berliner des 9. November 1989 noch einheimisch gewesen im jeweils anderen Teil ihrer Stadt, zumal die nachgewachsenen, jungen? Oder waren sie nicht vielmehr Fremde in der eigenen Stadt? Die Stadtarchitektur hat in diesem Buch besondere Bedeutung. Das entspricht dem Zug der Zeit, die nach dem Fall der Mauer eine Zeit der Um- und Neugestaltung des Stadtbildes gewesen ist wie kaum eine andere Epoche im 20. Jahrhundert zuvor. Elf Kapitel sind es, beginnend mit den Themen Stadtpolitik, Literatur und Kulturpolitik, gefolgt von Theater, Musik, Städtebau, Stadtplanung, Historische Mitte, Malerei, Off-Szene und Zirkus. Der Schlussbetrachtung folgt ein *Jahrhundert-Resümee*, das zum Ende dieses achten Bandes die Gesamtheit der mit dem 2020 erschienenen Band *Vulkan Berlin. Eine Kulturgeschichte der 1920er-Jahre* begonnenen Reihe zu einer *Kulturgeschichte Berlins des 20. Jahrhunderts* bedenkt. Wie aber wächst nun in den 1990er-Jahren aus zweien eine neue Stadt zusammen? Was geschieht in den Rathäusern einer solch merkwürdigen Stadt? Der Prolog betrachtet die insgesamt fünf Bürgermeisterpersönlichkeiten des Übergangs und mündet in die Antwort des einzigartigen *Duumvirats* zweier zwillingshaft auftretender Stadtoberhäupter, die Antwort, die Walter Momper und sein Ost-Berliner Pendant Tino Schwierzina darauf fanden. Oder waren es die Antworten selbst gewesen, die sich aus der Notwendigkeit der Situation und des anscheinend unwidersprechlichen Willens der Berliner diesen beiden Sozialdemokraten aufgezwungen haben?

BUNDESREPUBLIK DEUTSCHLAND
STÄNDIGE VERTRETUNG

PROLOG

Zurück ins eine Berlin – Vier Ost-Berliner Oberbürgermeister und der *Magisenat*

WEST-BERLIN HATTE 1981 sein Drei-Bürgermeister-Jahr erlebt, als Dietrich Stobbe, Hans-Jochen Vogel und Richard von Weizsäcker aufeinander gefolgt waren. 1981 steht für den bisweilen lebhaften demokratischen Wechsel an der Spitze der Weststadt. Die Oststadt erweckte dagegen den Anschein starrer, dauerhafter Amtswaltung ihrer Oberbürgermeister, wie das Spitzenamt im *roten* Roten Rathaus gemäß der Tradition der städtischen Magistratsverfassungen hieß. Der Oberbürgermeister des Mauerfalls Erhard Krack war 1989 bereits über 16 Jahre im Amt. Beginnend mit dem gelernten Installateur beschreiben wir den Weg in die Vereinigung aus der Perspektive der drei Männer und der einen Frau, die als Oberbürgermeister in Ost-Berlin im Roten Rathaus 1989 und 1990 den Prozess der Vereinigung der Doppelstadt zurück ins eine Berlin wesentlich mitbestimmt haben. Für Ost-Berlin war 1990 das Vier-Oberbürgermeister-Jahr, das Ausdruck des Zerfalls des SED-Regimes auf stadtpolitischer Ebene gewesen ist.

Die Stadthälften gehörten am 3. Oktober 1990, dem Tag der Deutschen Einheit, wieder zu einem Staat: Franz Bertele (r.), Leiter der Ständigen Vertretung in der DDR in der Hamburgischen Straße, schraubt das Hoheitszeichen ab.

ERHARD KRACK. In seinem Buch *Grenzfall* von 1991, in dem Walter Momper *Berlin im Brennpunkt deutscher Geschichte* aus seiner Zeitzeugenperspektive des Mithandelnden darstellt, nennt der gelernte Historiker seinen Amtskollegen Krack den „seinen Bürgern bisher völlig unbekannten Oberbürgermeister [...].“ Richtig ist, dass sein Gesicht erst nach dem Mauerfall in den Westmedien zu sehen war. Richtig ist, dass sich zuvor im Westen kaum jemand für den Oberbürgermeister im Roten Rathaus interessiert hat. Richtig ist, dass die Kommune Berlin, wir meinen damit Ost-Berlin, gegenüber der DDR-Regierung nur eine untergeordnete Bedeutung hatte. Dazu war dem Regime die *Hauptstadt der DDR* zu wichtig. Wer war Erhard Krack? „Ich stamme aus einfachen Verhältnissen. Mein Vater war Heizungsmonteur, meine Mutter Verkäuferin. Wir sind von Danzig nach Stralsund umgesiedelt worden.“ Das sagt der am 9. Januar 1931 geborene Krack in den Interviewauszügen vom Juni 1995, die der Berliner und Journalist Reinhard Appel 1996 in seinem Band *Die Regierenden von*

Berlin seit 1945 abdruckt. *Umgesiedelt* ist das euphemistische DDR-Wort für *vertrieben*. In Stralsund macht Krack 1951 Abitur, studiert in Rostock, wird Diplomwirtschaftler. Seit 1953 ist er Mitglied der SED. Für ihn ergibt sich das aus seiner Herkunft, der von der Partei propagierten Überzeugung, dass es nie wieder Krieg geben soll, und daraus, dass er die DDR als das *bessere* Deutschland ansieht. Problematisch war für seine Karriere bis ins Zentralkomitee der SED, das ZK, so stellt er es dar, sein Herkommen. Denn die Eltern seien „leidenschaftliche Sozialdemokraten" gewesen: „Ich stamme nicht aus einer kommunistischen Familie." Er arbeitet als Haupttechnologe an der Warnow-Werft in Warnemünde. Der Funktionär wird Vorsitzender des Bezirkswirtschaftsrats in Rostock, eine Art Landeswirtschaftsminister. Krack gehorcht der Partei, als einer ihm sagt: „Du hast in 14 Tagen eine neue Tätigkeit in Berlin anzutreten." So wird er 1965 *Minister für bezirksgeleitete und Lebensmittelindustrie*, verantwortet ein planwirtschaftliches Produktionsvolumen in Höhe von 40 Milliarden Mark der DDR. Knapp zehn Jahre später, 1974, sagen sie ihm, er soll Oberbürgermeister werden. Er entgegnet, er sei kein Kommunalpolitiker. Die Partei sagt: „Du sollst ja Berlin auch nur gestalten, alles

Markstein des Zusammenwachsens Berlins am 12. November 1989: Der Regierende Bürgermeister Walter Momper (r., SPD, roter Schal) und Oberbürgermeister Erhard Krack (SED) eröffnen den Grenzübergang Potsdamer Platz.

andere machen wir schon allein." Rückblickend sagt er über seine Amtszeit den stolzen Satz: „Alles in allem erlebte Berlin die besten Jahre seiner bisherigen Geschichte." In Kracks Zeit fällt die Gründung dreier neuer Stadtbezirke auf dem Territorium seiner Stadthälfte, bei nur geringfügiger Ausweitung des Gebiets Ost-Berlins, im Zuge des Baus vieler Tausend Neubauwohnungen im 1979 gegründeten Marzahn, im 1985 hinzukommenden Hohenschönhausen und im ein Jahr später zum Stadtbezirk erklärten Hellersdorf. Krack spricht von einem *Lebenswerk*. Er ist Technokrat, Mann des Apparats und der Partei, jovial. Den Generalsekretär Erich Honecker darf er jederzeit anrufen. Der hatte ihm gesagt, dass er etwas aus der Stadt machen soll: „Und wenn du etwas hast, dann komm zu mir." Krack leistete seinen Handlangerdienst bei der Fälschung der DDR-Kommunalwahl in Ost-Berlin am 7. Mai 1989. Das bringt ihm nach der Wende dank seines Geständnisses zehn Monate Haft auf Bewährung ein. Widerstandskämpfer sei er keiner gewesen, sagt Krack im Sommer 1995. Überzeugt sei er gewesen von der „Notwendigkeit einer anderen DDR". *Biologisch* hätten sie in der SED gedacht. Mit dem Ableben Honeckers habe doch „etwas anderes kommen" müssen. Seine Frage sei in den Tagen des beginnenden Umbruchs gewesen:

Wohin geht Berlin? Was wird aus dieser Stadt? Ich habe den Potsdamer Platz aufgemacht, mit Momper, und viele andere Dinge. Da haben mir die Leute Blumen geschenkt.

Von der Partei habe er in schnellem Takt einander widersprechende Ansagen bekommen. Mit dem Verfall habe er an Spielraum gewonnen. Und das plötzliche Zusammenarbeiten mit dem Senat? Krack sagt, dass er da gar nicht mehr frei gewesen sei zu handeln: „Das ergab sich ja rein zwangsläufig ..." Nach dem 9. November 1989 habe er sich von der SED-Bezirksleitung immer mehr distanziert. In der sich im Dezember 1989 umbenennenden Nachfolgepartei, der *Sozialistischen Einheitspartei Deutschlands – Partei des Demokratischen Sozialismus*, der SED-PDS, habe er nicht mehr mitgemacht. Am 7. Oktober 1989, dem 40. Jahrestag der *Republik*, dessen abendliches Galadinner im nahe Kracks Rathaus gelegenen *Palast der Republik* stattfand, waren Polizei und Staatssicherheit gewaltsam gegen Demonstranten vorgegangen. Er habe gehandelt, so sagt Krack: „Die Stadtverordnetenversammlung beschloß, mit meiner Unterschrift, die Einsetzung einer Untersuchungskommission." Das habe bedeutet, das betont er, dass der Magistrat die ihm nicht unterstehende Polizei, sogar die Stasi, habe überprüfen wollen. Zwei Tage später trifft Krack das erste Mal Walter Momper, und zwar im 2001 abgerissenen *Palasthotel*, das schräg gegenüber von seinem Rathaus an der Karl-Liebknecht-Straße gelegen war. Beide einigten sich auf den für unverrückbar erklärten Status Berlins als Arbeitsgrundlage, den das Viermächteabkommen von 1971 fixiert hatte. Es sei klar gewesen, dass sich beide ab jetzt regelmäßig treffen würden. Drei Tage nach dem 9. November 1989 eröffneten Krack und Momper den durch den *Abbruch* der Mauer geschaffenen Übergang auf dem ehemaligen Potsdamer Platz. Die Kooperation wurde sichtbar. Krack ist nicht der Einzige, der sich der elementaren Dynamik der flüssig gewordenen historischen Situation fügen musste, denn:

Ich mußte nun bekennen und respektieren, daß die Berliner mit ihren Eigenschaften wie Energie und Schnauze, aber auch Besonnenheit und Charme die Einheit erzwungen hatten. Jetzt vollzog sie sich. Und die Frage für mich war: Was machst du nun? Wo ist dein Platz? Da faßte ich den Entschluß: Du musst als Oberbürgermeister die Einheit der Stadt machbar machen und dafür deinen möglichen Beitrag leisten.

Am 4. Dezember 1989, berichtet Krack, habe er im *Grünen Saal* seines Rathauses, der heute nach der ersten als Oberbürgermeisterin amtierenden Frau Louise-Schroeder-Saal heißt, zum Runden Tisch in Berlin geladen. Er kam vor dem Zentralen Runden Tisch der DDR zusammen, der in Schloss Niederschönhausen tagte. Alle Meinungen seien gleichberechtigt, habe er vor den Vertretern der Opposition gesagt. Am nächsten Morgen der Anruf der Staatssicherheit: „Die Konsequenzen wirst du zu tragen haben, wenn der ganze Rummel zu Ende ist …" Am 5. Dezember besprach er mit Momper Grundsätze ihrer Zusammenarbeit. Beide vereinbarten sich über S-Bahn und U-Bahn, sprachen über die Idee gesamtberliner Olympischer Spiele, und sie beschlossen die Kooperation der Verwaltungen von Magistrat und Senat. Das geschah also schon knapp fünf Wochen nach der Öffnung der Mauer. Jedes Magistratsressort und jeder Stadtbezirk sollte seine Zusammenarbeit mit dem Pendant in West-Berlin selber organisieren. Krack behauptet über das interne Echo: „Viele wollten mich glatt vergiften." Die Ehrenbürgerschaft Honeckers wird annulliert. Angeblich war Kracks Nachfolger Christian Hartenhauer, sein Stadtrat für Kultur, der Einzige gewesen, mit dem er vertrauensvoll sprechen konnte. Doch nach Kracks Rücktritt ist es erst einmal eine Frau, die seine Amtsgeschäfte übernimmt. Sie verdient trotz der Kürze ihrer Geschäftswahrnehmung ebenso als Oberbürgermeisterin gezählt zu werden wie 1948 die Sozialdemokratin Louise Schroeder. Krack ist am 13. Dezember 2000 in Berlin verstorben.

INGRID PANKRAZ. Die am 28. Oktober 1948 in Gommern bei Magdeburg mit dem Mädchennamen Windisch geborene Ökonomin hatte einen typischen Funktionärswerdegang vorzuweisen. Sie erlangte 1968 einen mit Abitur verbundenen Facharbeiterbrief als Großhandelskaufmann und wurde zum Studium an die Hochschule für Ökonomie in Berlin-Karlshorst *delegiert*. Sie schlug in der *Hauptstadt* eine akademische Laufbahn ein, wurde 1973 Diplomwirtschaftler und promovierte im Oktober 1975 zum Doktor der Wirtschaftswissenschaften. Bereits im August 1975 hatte sie bei der Bezirksplankommission Berlin angefangen und schlug die Karriere ein, die sie am 1. April 1989 zur Stellvertreterin des Berliner Oberbürgermeisters und zur Vorsitzenden der Bezirksplankommission werden ließ. Zur SED kam sie erst während des Studiums. *Amtierender Oberbürgermeister* war sie die acht Tage vom 15. bis zum 23. Februar 1990. Detaillierte Auskünfte über sie gibt uns der am 29. Mai 1991 gegründete *Luisenstädtische Bildungsverein*. Dem Ende 2014 aufgelösten Verein gehörten zahlreiche *abgewickelte* DDR-Historiker an. Natürlich hatte der Magistrat eine Geschäftsordnung. Danach war eine andere Frau als Erste Stellvertreterin vorgesehen, nämlich die Stadträtin Hannelore Mensch, später wie Krack wegen Wahlfälschung belangt. Sie war zum Zeitpunkt von Kracks Rücktritt

Vergessenes Stadtoberhaupt Ost-Berlins: Ingrid Pankraz führte vom 15. bis zum 23. Februar 1990 acht Tage lang als *Amtierende Oberbürgermeisterin* die Geschäfte im Berliner Rathaus.

bereits *Minister für Arbeit und Löhne* der Regierung des DDR-Ministerpräsidenten Hans Modrow. Krack wollte seinen Vertrauten Hartenhauer als Nachfolger installieren, aber der bestand auf der Einhaltung der Geschäftsordnung. Der zufolge war die zweite Vertreterin, Stadträtin Ingrid Pankraz, an der Reihe. Sie wäre auch die erste Kandidatin für die Krack-Nachfolge gewesen. Wenn wir der Darstellung des *Luisenstädtischen Bildungsvereins* trauen, dann schaffte sie es im Amt als Oberbürgermeisterin, „gemeinsam mit dem Runden Tisch, den Stadträten und Mitarbeitern des Magistrats eine weitgehend funktionierende Stadtverwaltung zu sichern und die Ordnung in der Stadt aufrechtzuerhalten, also Aufgaben zu meistern, die damals nur unter großen Anstrengungen zu lösen waren." Die Fraktion der *Liberaldemokratischen Partei Deutschlands* LDPD, die der westlichen FDP entsprechende Blockpartei, schlug Pankraz als Gegenkandidatin des von Krack nominierten Hartenhauer vor. In den Zeitungen in Ost-Berlin habe es geheißen, sie habe gute Aussichten, weil sie sich im da schon existierenden gemeinsamen Regionalausschuss von Magistrat und Senat profiliert habe. Doch Pankraz sagte ab. Sie erklärte, ihr würden die Fähigkeiten fehlen, das Amt in diesen chaotischen Zeiten zu übernehmen. Außerdem habe sie in ihrer bisherigen Funktion genug damit zu tun, den Übergang von der Plan- zur Marktwirtschaft zu bewältigen. Das dritte Argument war ihre familiäre Rolle: „Nur als Mutter bin ich unersetzbar." Die Töchter Anja und Sandra waren zu dieser Zeit 16 und zwölf Jahre alt. Pankraz verließ schließlich die Berliner Landesverwaltung, ging ins Bundesministerium des Innern und schied zum 31. Juli 1991 aus, um ins Bankwesen zu wechseln, wo sie als Prokuristin der Deutschen Kreditbank mit Sitz in Berlin wieder auftaucht. Eine Spur im Internet weist darauf hin, dass sie 2022 als Rentnerin in Karlshorst lebt.

CHRISTIAN HARTENHAUER. Erhard Kracks Favorit arbeitete insgesamt 72 Tage als Oberbürgermeister – auf Abruf. So schreibt Appel. Signifikant für den Verfall staatlicher Autorität des DDR-Staats war, dass von den insgesamt 225 Stadtverordneten am Tag der Oberbürgermeisterwahl nur noch 132 ins Rathaus gekommen waren. Mit 82 Stimmen wurde Hartenhauer gewählt. 40 Verordnete stimmten gegen ihn, es gab sieben Enthaltungen und drei ungültige Stimmen. Der SED-Mann forderte die rasche Einheit der Stadt, freie Wahlen und bis dahin enge Kooperation mit dem Senat. Sein Partner im Rathaus, seine eigentliche demokratische Legitimierung, war der Runde Tisch. Der Angestelltensohn Hartenhauer, geboren am 2. Mai 1948 in Chemnitz, war wie beide Vorgänger Ökonom. Drechsler hatte

Ihm war seine Übergangsrolle für 72 Tage im Amt vollauf bewusst: Der letzte SED-Bürgermeister von Ost-Berlin, Christian Hartenhauer (l.), nach seiner Wahl am 23. Februar 1990 im Berliner Rathaus.

er nach dem Abitur gelernt, trat 1968 in die Partei ein, ging wie die gleichaltrige Pankraz an die Hochschule in Karlshorst und wurde dort 1975 Dr. oec. mit seiner Dissertation A über *Rationalisierung der Rechtsanwendung auf dem Gebiet des internationalen Wirtschaftsrechts mittels elektronischer Datenverarbeitung.* Danach übernahm er eine Reihe von Leitungsfunktionen und kam 1985 zum Magistrat, wo er 1986 zum Stadtrat für Kultur gewählt wurde. Sein Handlungsfeld, weiß der *Luisenstädtische Bildungsverein*, sei auf organisatorische Aufgaben eingeengt gewesen. Er sorgte auf kommunaler Ebene für die Durchführung der Ost-Berliner 750-Jahr-Feier. Seine amtlichen Verbindungen zur Kulturszene sollen geholfen haben, den Kontakt zwischen Krack und oppositionellen Kulturschaffenden aufzubauen. Nach Hartenhauers Wahl zum Stadtoberhaupt beschimpften ihn Kulturschaffende als „Kultur-Stalinisten". Handlungsfähigkeit des Magistrats und für die Berliner ein Gefühl der Sicherheit wollte er gewährleisten. Ihm sei bewusst gewesen, erklärt Appel, dass der Magistrat zwischen der nach dem Wahltag 18. März 1990 demokratischen DDR-Regierung von CDU-Ministerpräsident Lothar de Maizière und den Runden Tischen „zermahlen“ werden würde. Deshalb votierte Hartenhauer für möglichst frühe demokratische Kommunalwahlen in der DDR. „Eigentlich ja“, antwortete er, als er gefragt wurde: „Machen Sie nach Ihrer Amtszeit drei Kreuze?“ Hartenhauer war klar, dass es sein Auftrag war, sein Amt so rasch wie möglich überflüssig zu machen. Die handfesten Probleme der Ost-Berliner waren längst im Roten Rathaus angekommen. Tausende Auskünfte in Eigentumsangelegenheit waren dort täglich zu beantworten. 80 000 Wohnungs- und 20 000 Gewerbeanträge waren zu bearbeiten. Hartenhauer als letzter SED-Oberbürgermeister von Berlin gratulierte seinem demokratisch gewählten Nachfolger nach Momper als Zweiter. Die Ost-Berliner SPD von Tino Schwierzina hatte bei der Wahl am 6. Mai 1990 mit 34,1 Prozent gewonnen. Die geschrumpfte ehemalige Staatspartei SED mit ihrem im Dezember 1989 neu gewählten Vorsitzenden, dem geborenen Berliner und als Ministersohn mit Nomenklatura-Herkunft versehenen Anwalt Gregor Gysi hatte mit ihrem neuen Namen *Partei des Demokratischen Sozialismus* PDS 30 Prozent bekommen, die mit ihrer Vergangenheit als Blockpartei belastete CDU 17,6 Prozent. Die demokratisch legitimierte neue Stadtverordnetenversammlung bestand aus 132 Abgeordneten und konstituierte sich am 28. Mai 1990 im Berliner Rathaus. Am 30. Mai, seinem Geburtstag, wurde der Katholik aus Berlin-Weißensee mit 74 von 134 Stadtverordnetenstimmen zum letzten Oberbürgermeister von *Berlin Hauptstadt der DDR* gewählt. Hartenhauer sagte nach Schwierzinas Wahl: „Ich werde jetzt ordentlich meine Geschäfte übergeben, und ich denke, daß sich für einen 41-jährigen gelernten Kaufmann Arbeit finden wird.“

TINO SCHWIERZINA. Nach 57 Jahren ist der am 30. Mai 1927 geborene Oberschlesier aus Königshütte, bei seiner Geburt Królewska Huta, heute Chorzów, mit Vorfahren aus Polen und Italien der erste und zugleich letzte demokratisch gewählte Oberbürgermeister Ost-Berlins. Im Amt war er nur knapp neun Monate bis zum 11. Januar 1991. Aber auch seine Amtsdauer gehört zu den kurzen in der Geschichte der Chefs in Berliner Rathäusern. Seine Biografie als Arztsohn bringt Schwierzina gegenüber Appel 1995 dahingehend auf den Punkt, dass er sagt, er sei der „typische Vertreter der Nischen-Generation“. Sein Auskommen in der DDR-Zeit sei relativ gut gewesen. Seine Frau war Medizinerin. Er war nach dem Jurastudium an der Humboldt-Universität zu Berlin in der Wirtschaft als Justiziar tätig. Laut dem Handbuch *Wer war wer in der DDR?* arbeitete er in staatlichen Kontoren des

Fisch- und Getränkehandels im Volkseigenen Betrieb *VEB Bärensiegel* und in der Weingroßkellerei. Seine Haltung zum Staat:

Ich war niemals in der Partei, hatte mich dem Regime gegenüber nicht gerade freundlich gezeigt – das Regime mir gegenüber auch nicht; ich wurde einmal angeklagt wegen Nichtanzeige eines Staatsverbrechens, das darin bestand, daß ich meinen neuen Schwager nicht anzeigte, der Tunnel gebuddelt hatte und Leute vom Osten in den Westen rüberholte. Das war also das Staatsverbrechen, das ich da begangen hatte.

Er hatte 1963 die vom Regime erwartete Denunziation dieses Fluchthelfers unterlassen und wurde zu sechs Monaten auf Bewährung verurteilt. Fünf Jahre darauf wird er, schwer am Herzen erkrankt, Invalidenrentner. In der Umbruchszeit des Wendeherbstes 1989 will er sich politisch beteiligen. Im November 1989 ist er einer der ersten Aktiven in der in Schwante nördlich von Berlin gegründeten Sozialdemokratischen Partei *SDP*, der die westdeutsche SPD zunächst den eigenen Namen nicht zugesteht. Schwierzina ist Schatzmeister im Berliner Vorstand. Er ging mit fünf DDR-Mark zur Sparkasse und richtete zur Verwunderung der Kassiererin das Konto für eine Partei ein, die es in Ost-Berlin schon lange nicht mehr gab. Er gehört dem geschäfts-

Übergangsfigur als Vorsitzender der Ost-SPD: Ibrahim Böhme schien kometenhaft im Aufstieg begriffen, als herauskam, dass er der Informelle Mitarbeiter *Maximilian* der Staatssicherheit war.

führenden Vorstand an, als die Partei dann doch SPD heißen darf. Erst will er im Heimatbezirk kommunale Politik machen. Tatsächlich kam er in die Stadtverordnetenversammlung und ins Rote Rathaus. Warum? „Es waren nur wenige da, die sich artikulieren konnten", sagt Schwierzina. Er habe Forderungen formuliert, die die Partei dann aufgenommen habe. Da existierte die Stasi noch. Es sei eine *Gratwanderung* gewesen. Einer der auch westbekannten Protagonisten der Ost-SPD, Ibrahim Böhme, erwies sich später als Informeller Mitarbeiter IM des Staatssicherheitsministeriums. Anscheinend war zu dieser Zeit der ehemalige kurzzeitige Regierende Bürgermeister und damalige SPD-Vorsitzende Hans-Jochen Vogel Schwierzinas Mentor. Der Parteivorsitzende aus Bonn regte an, dass Schwierzina nicht wie geplant im *Stadtbezirk*, das war der Ost-Berliner Begriff, tätig wurde. Es ging um die erste freie Kommunalwahl am 6. Mai 1990, aus der die Ost-Berliner Sozialdemokraten als Sieger hervorgingen. Rückblickend schätzt Schwierzina Walter Momper als erfahrenen Politiker. Dabei zählte für ihn nicht, dass beide formal gleichgestellt waren. Sie hätten nie inhaltlich diametral entgegengesetzte Positionen vertreten. Damals habe er, so Schwierzina, die West-Verwaltung, anders als später, sehr positiv wahrgenommen, und über sein zentrales Ziel im Wahlkampf sagt er:

Ich will die Einheit Berlins, und da ist einer, der mir dafür garantieren kann, daß er die Verwaltung mitbringt. Denn das erschien mir ganz dringend: Die Verwaltung Ost- und West-Berlins mußte zusammengeführt werden. Von da stammt auch mein Spruch: Eine Verwaltung, die 30, 40 Jahre lang gut gearbeitet hat und in West-Berlin beheimatet ist, ist für mich die Verwaltung, der sich unsere in Ost-Berlin anzuschließen hat.

Schwierzina versuchte, einen Magistrat nach West-Berliner Muster zusammenzubringen, also eine rot-grüne Koalition. Das misslang, weil die Bürgerbewegung, so sagt er, in ihrer Kritik zu *fundamental* ausgerichtet gewesen seien. Er erwähnt namentlich die Malerin Bärbel Bohley, die das Gesicht der Oppositionsbewegung gewesen war, weil sie die „größten Schwierigkeiten" bereitet habe. Also bildete Schwierzina eine Große Koalition mit der CDU, die seiner Ansicht nach mit ihren rund 51 Prozent gar keine *Große* war. Einer seiner Stadträte kam aus dem Westen. Der vom Regierenden Bürgermeister von Weizsäcker nach West-Berlin geholte Elmar Pieroth übernahm in Ost-Berlin das Wirtschaftsressort und sah sich umgehend vor die planwirtschaftliche Aufgabe gestellt, die Versorgung zum Beispiel mit Backwaren sicherzustellen. Die verlässliche Bereitstellung der Grundnahrungsmittel für die Ost-Berliner war auch aus Sicht Schwierzinas eine lebenswichtige Aufgabe, selbstverständlich noch weitgehend mit planwirtschaftlichen Strukturen. Zwingend war für ihn die Handlungsprämisse, dass Magistrat und Senat, also dass er und Momper keine Entscheidungen fällen durften, die aneinander vorbei gingen. Aus Sicht des Ost-Berliners gelang das auch dadurch, dass er und Momper sagten:

Laßt uns so schnell wie möglich – es erfolgte schon im Juni – den sogenannten ‚Magisenat' installieren. Das haben die schlagfertigen Berliner in der Kombination von Magistrat (Ost) und Senat (West) so genannt. Wie sie auch von der ‚Schwierzomper'-Regierung sprachen.

Erst tagte man abwechselnd in beiden Rathäusern, dann traf sich die faktische gesamtberliner Regierung wegen der besseren technischen Ausstattung im Rathaus Schöneberg. Es habe sich, so Schwierzina, um die denkbar größte Koalition der Berliner Geschichte gehandelt. In West-Berlin regierte Momper mit der den westdeutschen Grünen zuzurechnenden *Alternativen Liste für Demokratie und Umweltschutz* AL, während im Magistrat eine rot-schwarze Kombination arbeitete. Es habe auch harte Auseinandersetzungen gegeben, sagt Schwierzina, der betont, dass West-Berlin seine Interessen „knallhart vertreten" habe. Die Lebenshaltungskosten und die unterschiedlichen Einkommen waren in der gemeinsamen Stadt eines der brennenden Probleme. Schwierzina erzählt, er habe Journalisten auf die Frage nach seinem Gehalt erklärt: „Ich verdiene 1000 Mark weniger als der Kraftfahrer von Herrn Momper. Der verdient 3800 Mark, und ich bekomme als OB 2800." Das ist ein Schlaglicht auf die in der Enge der Stadt besonders virulente Problematik der Ost-West-Angleichung. Schwierzina und Momper traten regelmäßig als Gespann auf. Ausdruck der Zusammenarbeit beider Stadthälften. Am augenfälligsten sind die Fotos, die beide mit Schaffnermütze und Kelle bei der Eröffnung von Bahnhöfen zeigen, die als ehemalige *Geisterbahnhöfe* an den von der westlichen BVG betriebenen U-Bahnlinien unter dem Osten lagen, außer Betrieb und für die westlichen Fahrgäste sichtbar von östlichen Bewaffneten bewacht gewesen waren, solange die Mauer die Stadthälften trennte. Schwierzina gehörte nach seinem Amtsverlust nach der Vereinigung Berlins zu der kleineren Gruppe ehemaliger

DDR-Politiker, die im öffentlichen Leben präsent blieben. Von 1991 bis 1995 war er Mitglied des Abgeordnetenhauses von Berlin, dessen Vizepräsident, und er saß dem Petitionsausschuss vor. Danach ging er in Ruhestand, und Berlin ehrte ihn als Stadtältesten; seit 2. Juni 2014 gibt es in Heinersdorf eine nach ihm benannte Straße. Er starb am 29. Dezember 2003 in seinem Heimatbezirk. Die Trauerfeier fand Mitte Januar mit rund 300 Personen in seiner Gemeinde in der St.-Josefs-Kirche in der Behaimstraße 39 in Weißensee statt. Bundespräsident Johannes Rau und der Regierende Bürgermeister Klaus Wowereit sprachen, und während der Zeremonie saß Pfarrer Bernd Krause im Altarraum hinter den Rednern. Schwierzinas Grab auf dem Friedhof St. Hedwig II ist Ehrengrab des Landes Berlin. Resümierend hatte Schwierzina seinem Interviewpartner Appel gesagt, dass er immer von deutscher und Berliner Einheit geträumt habe. Als die Chance bestand, sich dafür einzusetzen, habe er zugegriffen:

> *Und als dann der Akt der staatlichen Einheit am 3. Oktober 1990 tatsächlich stattfand, war das für mich der größte und ergreifendste Moment, zugleich schönster Lohn für die Arbeit, die ich in der Kommune gemacht hatte für die Einheit Berlins und Deutschlands.*

Walter Momper, der Mann mit der Halbglatze und dem roten Schal als Markenzeichen, war unter komplizierten politischen Bedingungen zum Regierenden Bürgermeister der Einheit geworden. Das geht auf die West-Berliner Wahl vom 29. Januar 1989, zehn Monate vor der Maueröffnung, zurück. An diesem Tag erzielte die rechtsradikale Partei *Die Republikaner* in West-Berlin, wo auf die Initiative des Regierenden Bürgermeisters Klaus Schütz die Alliierten die *Nationaldemokratische Partei Deutschlands* NPD verboten hatten, überraschend 7,5 Prozent. Mompers Amtsvorgänger Eberhard Diepgen sicherte der CDU mit 37,7 Prozent noch den ersten Platz, aber die SPD war ihm mit 37,3 Prozent auf den Fersen. Im Wahlkampf hatte der Sozialdemokrat ein Bündnis mit der AL ausgeschlossen, und noch in der Wahlnacht hatte Momper die AL als „nicht regierungsfähig" bezeichnet. Rückschauend begründete er die Ablehnung 1994 damit, dass die Alternativen die alliierte Präsenz in West-Berlin, die Bindungen der Halbstadt an die Bundesrepublik und das Gewaltmonopol des Staates nicht akzeptiert hätten. Damit stellten sie die Lebensfähigkeit West-Berlins infrage. Da er mit der Union aber seine Ziele nicht habe erreichen können, die AL sich gleichzeitig bei den genannten Essentials rasch auf eine Kompromisslinie hinbewegte, bildete West-Berlin nach Hessen doch die zweite rot-grüne Landesregierung. Bruchpunkt der Koalition war mit der Maueröffnung und ihren Konsequenzen die von der AL abgelehnte deutsche und Berliner Einheit. An dieser Gretchenfrage zerbrach Mompers Senat nach knapp zwei Jahren. Die Neuwahl am 2. Dezember 1990 führte dazu, dass die SPD als Juniorpartner erneut Mompers Vorgänger Diepgen ins Amt half. Der geborene Berliner wurde der Regierende Bürgermeister, der die Einheit der Stadt in die Tat umsetzte und der landespolitisch bis zu seiner Abwahl durch das zugunsten von Klaus Wowereit entschiedene Konstruktive Misstrauensvotum am 16. Juni 2001 die 1990er-Jahre geprägt hat. In seinem *Von der besetzten Stadt zur Hauptstadt* reichenden autobiografischen Bericht mit dem Titel *Zwischen den Mächten* von 2004 rechnet Diepgen vor, warum die SPD die Berliner Große Koalition später als *babylonische Gefangenschaft* charakterisiert. Diese Koalition ist unter Führung des Regierungschefs Diepgen die beherrschende politische Konstellation der 1990er-Jahre: „Bilden CDU und PDS eine Mehrheit, dann muss die CDU an der Regierung beteiligt sein, bildet sie die stärkste Fraktion, dann stellt sie den Regierungschef." Dies galt, solange die Sozialdemokraten eine Zusammenarbeit mit der SED-Nachfolgepartei PDS ausschlossen. Das änderte sich 2001 unter Wowereit.

Auftakt der ersten Sitzung von Senat und Magistrat im Roten Rathaus: Walter Momper, Regierender Bürgermeister (l.), und Tino Schwierzina, erster und letzter demokratisch gewählter Oberbürgermeister

Eberhard Diepgen – Wie Berlin unter dem Pankower wieder Hauptstadt wurde

Aufbruch zur Einheit Berlins und Brandenburgs: Der Regierende Bürgermeister Eberhard Diepgen (r.) und Ministerpräsident Manfred Stolpe unterzeichneten am 27. April 1995 den Staatsvertrag zur Länderehe.

NORBERT KACZMAREK war 1981 mit dem Regierenden Bürgermeister Richard von Weizsäcker ins Schöneberger Rathaus gekommen, 1983 zum Abteilungsleiter aufgestiegen und erfüllte die Aufgabe der *Politischen Koordination* des Regierungshandelns des Berliner Senats unter Diepgen, Momper, Schwierzina und wieder unter Diepgen bis in die Amtszeit Klaus Wowereits. Der in Potsdam-Babelsberg geborene Ost-Flüchtling, der an der Freien Universität FU sein Diplom als Politologe gemacht hatte, konnte an der Senatssondersitzung am Abend des 9. November 1989 um 22.00 Uhr nicht teilnehmen, obwohl es zu seinen Dienstpflichten gehört hätte. Mompers hoher Beamter war an diesem Tag mit dem Wagen zu Besuch bei seiner Mutter zu Hause in Potsdam gewesen. Die Mitteilung zur Reisefreiheit durch das seit dem 6. November als Sekretär für Informationswesen der SED zuständige Politbüromitglied Günter Schabowski, das gestotterte „Das tritt nach meiner Kenntnis ... ist das sofort ... unverzüglich", hörte Kaczmarek im Autoradio auf der Landstraße zwischen Mahlow und Teltow südlich von Berlin. Wie viele andere verstand er die Tragweite nicht sofort. Als Mithandelnder in der Leitung der Stadtverwaltung arbeitete Kaczmarek mit am Prozess der Zusammenführung der Verwaltungen von Ost- und West-Berlin. Kurios, aber signifikant mutet die Tatsache an, dass Kaczmarek sein Amt seit Ende Mai 1990 sowohl in der Senatskanzlei als auch in der Magistratskanzlei ausübte. *Wie zwei Berlins zusammenwuchsen* ist der Titel seines 2015 erschienenen Buchs, das den Vorgang eingehend beschreibt und den Untertitel *Revolution ist, wenn die Verwaltung Überstunden macht* trägt. Persönlichkeiten wie ihm ist zu verdanken, dass die Stadtpolitik den singulären Übergang alles in allem ohne gravierende Krisen überstanden hat. An manchen Tagen wechselt Kaczmarek mehrfach aus der einen in die andere Stadthälfte, um dem jeweils anderen Regierungschef des Magisenats zuzuarbeiten und die Fäden zusammenzuhalten. Für die Mitarbeiter der Senatskanzlei, die als Erste ins Rote Rathaus kamen, war die Zusammenarbeit ebenso wie für die, die sie dort vorfanden, voller neuer Erfahrungen und nie zuvor dagewesener Probleme. Es blieb das Faszinosum, dass die West-Berliner auf dem Weg zur Arbeit mit dem Wagen am Übergang Invalidenstraße oder mit der S-Bahn eine Staatsgrenze überschritten. Für viele der Altgedienten im Roten Rathaus bedeutete die Zäsur das Ende ihrer beruflichen und oft auch existenziellen Perspektiven.

Eberhard Diepgen kam nach seiner erneuten Wahl am 24. Januar 1991 nicht als Unbekannter in das Schöneberger Rathaus. Bei seinem Ausscheiden nach der Wahlniederlage gegen Momper hatte ihm der Personalrat einen Bumerang geschenkt, und zwar mit dem Kommentar, dass dieses Wurfgerät immer wiederkäme. Diepgen kannte die Mitarbeiter, seine Sekretärin, er holte seine Sicherheitsleute zurück, selbst das Kantinenessen war das gleiche. Aber es war eine vollkommen neue Stadt in einer vollkommen neuen Weltlage, „größer, spannungsgeladener und problembeladener, als es die Viermächtestadt war." Rückblickend räumt Diepgen 2004 ein, dass er in seiner Fixierung auf die Einheitsidee und mit dem emotionalen Verständnis dessen, was der Berliner an sich sei, die politischen und emotionalen Spannungen in der Bevölkerung unterschätzt habe: „Wer glaubte, die Menschen könnten diese Geschichte auch bei neuen Erkenntnissen und veränderter politischer Überzeugung von einem Tag zum anderen wie einen alten Regenmantel ablegen, der irrte." Ost-Berlin, so seine Skizze der Verhältnisse, habe als Machtzentrum der DDR die Elite der Staatsmacht beheimatet, der Zuzug sei kontrolliert gewesen, die wenigen ausländischen Arbeitskräfte vor allem aus Vietnam hätten keine nennenswerte Rolle gespielt. West-Berlin dagegen, das Diepgen konsequent *Westberlin* schreibt, habe seine Überlebenskraft aus dem Widerstand gegen den Kommunismus gezogen. Der *alte Westberliner* habe noch 2004 mit Stolz betont, berichtet Diepgen, trotz der Nachteile und Schikanen an der Grenze der Stadt *die Treue gehalten* zu haben. Internationaler sei West-Berlin gewesen als der Osten, wegen der zunächst verbleibenden Garnisonen der alliierten Mächte und wegen der rund 150 000 Menschen aus der Türkei und dem damaligen Jugoslawien. Richard von Weizsäcker hatte in seinen Memoiren behauptet, er sei der erste Regierende, der richtig habe berlinern können. Diepgen war der zweite. Hinsichtlich der Unterschiede zwischen Ost und West verweist er auf die verschiedenartige Gastronomie und auf die Sprache: „Den richtigen Berliner Dialekt hörte man schon seit Jahren unverfälscht nur noch in Ostberlin (neben sächsisch), im Westen überwogen die Anglizismen." Ost und West habe man an Redewendungen unterscheiden können, etwa wenn von *Teamarbeit* oder vom *Kollektiv* die Rede war. Ost-Berliner hätten ihr Schweigen in

Dienstbesprechungen nicht wie West-Berliner als Zustimmung verstanden wissen wollen; sie wollten gefragt sein. Und auch dies hält Diepgen zu seinen Erfahrungen aus den 1990er-Jahren fest:

Ich wusste aus der Anrede, woher die Menschen kamen. Herr Oberbürgermeister, das war die Anrede durch den Ostberliner. Herr Regierender oder ganz vertraulich Regiermeister, das war ein Westberliner. Herr Regierender Oberbürgermeister, das waren die aus dem Westen Zugereisten.

Diepgen war Erster einer Trias in West-Berlin geborener Amtsinhaber. Auch die Nachfolger Wowereit und Michael Müller waren im Westteil gebürtig. Am 5. Februar 2023 hat der CDU-Politiker Gregor Gysi in dessen Veranstaltungsreihe *Missverstehen Sie mich richtig* auf der Kabarettbühne der *Distel* in der Friedrichstraße über 2 Stunden und 42 Minuten ausführlich Auskunft gegeben. Diepgen pflegte hier, oft mit der Abwehrgeste verschränkter Arme, den Duktus der nachden-

Der neue Senat nach seiner Wahl am 24. Januar 1991 (vorne v. l. n. r.): Jutta Limbach, Christine Bergmann, Eberhard Diepgen, Peter Radunski, Wolfgang Nagel; (hinten v. l. n. r): Jürgen Klemann, Dieter Heckelmann, Elmar Pieroth, Manfred Erhardt, Volker Hassemer, Thomas Krüger, Norbert Meisner, Herwig Haase, Ingrid Stahmer, Ulrich Roloff-Momin

kenden, konzentrierten, bisweilen ironisch distanzierenden Rede, die ihn auch oft *im Amt*, wie er gern formuliert, kennzeichnete. Am 13. November 1941 im katholischen Krankenhaus *Maria Heimsuchung* in Pankow zur Welt gekommen, sei er bald ständig unterwegs gewesen. Gemeint sind Evakuierung wegen des Bombenkriegs und Kinderlandverschickung mit der Mutter nach Klingenthal im sächsischen Vogtland. Der Protestant sagt, man merke ihm doch wohl nicht an, dass er in Sachsen Sprechen gelernt habe. Den Krieg erlebte er in der Provinz, erinnert sich an den Einmarsch erst der Amerikaner, dann der Roten Armee. 1945 ist er vier Jahre alt. Berlin steht ihm als Ruinenstadt vor Augen. Er ist zwei Jahre in Spandau auf der Grundschule, weil die Eltern in Gatow untergekommen sind. 1950 Umzug in den Wedding, in den Kiez um den Bahnhof Gesundbrunnen. Das ist schon die Viersektorenstadt. Diepgen geht oft den Weg zu den Großeltern in die Wollankstraße. Er registriert die Kontrollen und die andere Atmosphäre im Ostsektor. Pankow ist *bürgerlicher* Bezirk. Später ist der Jugendliche dort in der Tanzstunde, bei der *Tanzschule Schmidt-Hutten*, die heute *Tanzschule am Bürgerpark* heißt und in dritter Generation von Familie Donle betrieben wird. Nahe der Sektorengrenze gingen die Berliner der Vormauerzeit oft *rüber*.

Aus der Zeit, als Eberhard Diepgen in Berlin zur Schule ging: Ausgabe von Zwieback und Kakao in einer Berliner Grundschule im November 1950 bei der Schulspeisung

Diepgen spricht vom Ost-Berliner Kulturangebot, erwähnt die Staatsoper. Man sei zu Fuß zum S-Bahnhof Bornholmer Straße gegangen, habe eine Ost-Fahrkarte gekauft, sei zurück zum Gesundbrunnen gefahren. Mit dem Fahrschein als Ausweis habe man für Ostmark billig ins Kino gehen können. Das sei es gewesen, „was wir uns leisten konnten." Zeitungen habe er ausgetragen, nicht für Taschengeld, sondern als Beitrag zum Lebensunterhalt der Familie. Auf Trümmergrundstücken habe er Dinge gesammelt, die sich verkaufen ließen. Diepgen weiß noch, wie die Jungs diese Grundstücke aufräumten, damit sie auf der freien Fläche Fußball spielen konnten. Immer wieder betont Diepgen, dass es der Familie in den 1950er-Jahren „nicht so gut ging – im Gegenteil." Die Mutter, Angestellte und Hausfrau, habe die Schulspeisung, die der Sohn heimbrachte, für die ganze Familie als Mahlzeit *verlängert*. Einmal habe er Kakao und Kuchenbrötchen zurückgebracht, stolz, sogar zwei, drei Brötchen statt des einen ergattert zu haben. Aber die Mutter hatte einen „Nervenzusammenbruch", denn sie konnte daraus kein Essen für alle machen. Der ehemalige Zeitungsjunge erinnerte auch, dass er oft mehrfach zu den Kunden gehen musste, bis sie überhaupt die 20 Pfennig Zeitungsgeld bezahlen konnten.

Diepgen benutzt den modernen Begriff *Patchworkfamilie*, um die familiären Verhältnisse zu beschreiben. Die leiblichen Eltern hatten sich scheiden lassen, waren neu verheiratet. Vier Geschwister hat er, aber von verschiedenen Eltern, auch Väter und Mütter variierten. Einer der Brüder, Martin, hat es auch zum Bürgermeister gebracht. Als Erster Bürgermeister von Heilbronn ist er Vertreter des Oberbürgermeisters. Eigentlich ist er katholischer Priester von Ausbildung. Aber er hat den Klerikerstand verlassen, um zu heiraten. Bekannt ist der Großvater Paul Diepgen als Gynäkologe und Medizinhistoriker. Mit ihm hatte Eberhard Diepgen wenig Kontakt. Er wuchs bei dem Großvater auf, der bei der AEG angestellt war. Sein leiblicher Vater war Rechtsanwalt, lebte dann bei Offenbach. Der Stiefvater war Verwaltungsangestellter, hatte im Dritten Reich nicht Jura studieren dürfen, war in den 1950er-Jahren zeitweise arbeitslos. Diepgen führt seine eigene Sparsamkeit auf die Erfahrungen dieser Zeit zurück. Hier sieht er die Wurzeln seiner starken sozialpolitischen Orientierung, die ihm den Vorwurf der *Sozialdemokratisierung* der Union einbrachte. Die Luftbrücke 1948/49 hat der Siebenjährige in Gatow miterlebt, wo der britische Flugplatz lag und wo die Flugzeuge auf der Havel starteten und landeten. Er weiß noch von den Bezugsscheinen und von den streunenden Hunden, die sich Hühner und Karnickel holten. Den Aufstand vom 17. Juni 1953 hat er nicht so markant in

Erinnerung wie den Ungarnaufstand von 1956, den er am Radio erlebte, das er sich zusammengespart hatte. Er sagt, dass er sich gefragt habe, wann den Ungarn Hilfe gegen die sowjetischen Panzer geleistet werde. Dann begriff er, dass die USA nichts taten, weil sie die Interessensphären nicht antasteten. Das sei eine Erfahrung, die sein späteres politisches Denken beeinflusst habe. 1960 machte Diepgen Abitur, und er studierte bis 1967 Jura, obwohl die Klassenkameraden angenommen hatten, er werde sein Lieblingsfach Geschichte studieren. Aber er wusste nicht, was man damit macht. *Pauker* zu sein konnte er sich nicht vorstellen. Die überdurchschnittliche Dauer der Studienzeit ist Folge von zwei Jahren als zweiter Vorsitzender des *Verbands Deutscher Studentenschaften*, des VDS. Das ist die Dachorganisation der Allgemeinen Studentenausschüsse der westdeutschen Universitäten. Diepgen war spezialisiert auf Sozialpolitik und Bildungspolitik. Er versuchte sich einen politischen Hintergrund zu verschaffen, wurde jedoch nie Mitglied des *Rings Christlich-Demokratischer Studenten* RCDS, sondern ging 1962 auf Rat des späteren Abgeordnetenhauspräsidenten Jürgen Wohlrabe – „mach gleich richtig" – direkt in die CDU. 1963 war Diepgen von einer nicht-linken Koalition im Studentenparlament der FU zum AStA-Vorsitzenden gewählt worden, hat das Amt aber nie angetreten. Sein Vertreter war der bis ins 21. Jahrhundert im Kulturbereich und als Mäzen aktive Peter Raue. Diepgen wurde vorgeworfen, dass er in der schlagenden Verbindung, der Burschenschaft *Saravia zu Berlin*, aktiv war. Es wurde eine Urabstimmung angestrengt, in der Diepgen abgewählt wurde. Der Burschenschaft verdankte er Kontakte und Unterstützung. Er hebt hervor, dass vor versammelter Mannschaft Vorträge gehalten wurden, die in der Diskussion verteidigt werden mussten. Für ihn sei das wichtige Schulung für die Arbeit in der Studentenschaft und in der CDU gewesen. Aus dieser Zeit rühren eine Reihe von persönlichen Freundschaften, die ihn in seiner Karriere begleiten. Darunter sind Peter Kittelmann, der als Abgeordneter in Berlin für die innerparteiliche „Kittelmann-Gruppe" steht, und Klaus-Rüdiger Landowsky, der Diepgen als Fraktionsvorsitzender den Rücken freihielt, aber auch, trotz späteren Freispruchs, als Schlüsselfigur des Bankenskandals dargestellt wurde, der zum Sturz Diepgens führte. Auf Gysis Frage, warum er sich nicht links engagierte, verweist Diepgen darauf, dass die Linke „intolerant bis zum Letzten" gewesen sei. Reformwillige wie er „wurden nicht gehört." 1967 legte er das Erste und 1971 das Zweite Staatsexamen ab. Warum dauerte es so lange? Inzwischen war Diepgen Parlamentarier im Abgeordnetenhaus. Dazwischen liegt die Phase in der 1972 zusammen mit ehemaligen Kommilitonen gegründeten Anwaltskanz-

lei. Das Mandat nahm ihn jedoch spätestens dann stark in Anspruch, als er Parlamentarischer Geschäftsführer wurde. Gefördert hat ihn der von der *Bewegung 2. Juni* am 27. Februar 1975, drei Tage vor der Wahl, entführte CDU-Spitzenkandidat Peter Lorenz, zu dessen Mannschaft er in dessen Wahlkampf gehört hatte. Diepgen und seine politischen Freunde verstanden sich als Neuerer der von ihnen als *reaktionär* wahrgenommenen Berliner CDU. Von nun an hat sich seine berufliche Karriere mit der politischen verbunden. Diepgen ist Fraktionsvorsitzender unter dem Regierenden Bürgermeister von Weizsäcker, setzt sich in einer harten innerparteilichen Auseinandersetzung unter Anteilnahme der West-Berliner Öffentlichkeit im Kampf um die Nachfolge des als Bundespräsident nominierten von Weizsäcker gegen die Senatorin und Schulpolitikerin Hanna-Renate Laurien durch. Diepgen wird am 9. Februar 1984 zum ersten Mal zum Regierenden Bürgermeister gewählt. Was bedeutete es ihm, dass er am 9. November 1989, als die Mauer aufging, nur Oppositionsführer im Abgeordnetenhaus war? Diepgen markiert im Rückblick die Divergenz zum Einheitsskeptiker Walter Momper und zum damaligen, ähnlich einheitskritischen SPD-Bundesvorsitzenden Oskar Lafontaine:

Schlips und Kragen war vor der Studentenrevolte an den Hochschulen üblich: der Student der Rechtswissenschaften an der Freien Universität Eberhard Diepgen um 1964

Selbst engagierter Verfechter der deutschen Einheit, empfand ich es als Ironie des Schicksals, dass in einer entscheidenden Phase der deutschen Geschichte in Berlin ein Regierender residierte, der erst angesichts der Rufe „Wir sind ein Volk" vom Saulus zum Paulus werden musste. Die SPD unter Oskar Lafontaine und die Berliner AL vermittelten auch nicht gerade den Eindruck einheitspolitischer Dynamik.

Die Jahre der zweiten Diepgen-Ära sind eine Zeit, in der das Gesicht der Stadt neue Konturen gewinnt, die bleiben. Bauen ist ein das Jahrzehnt charakterisierendes Geschehen, in der Präsenz im Stadtbild vergleichbar den Jahren des Wiederaufbaus nach 1945. Michael-Andreas Butz war seit dem 15. September 1992 Senatssprecher. Er versucht in seiner 2020 im Eigenverlag unter dem Titel *Von Bonn nach Berlin* erschienenen Autobiografie eine Beschreibung der Rolle seines ehemaligen Chefs. Ohne Diepgen wären laut Butz die heutige Gestaltung des Pariser Platzes am Brandenburger Tor, der Potsdamer Platz als Europas damals größte Baustelle, das alt-neue Olympiastadion und der Umzug der Bundesregierung nach Berlin nicht denkbar gewesen. Der Christdemokrat Butz bezeichnet die damalige Große Koalition mit der SPD als *Glücksfall*.

LEBENSVERHÄLTNISSE. In der Justiz zeigte sich der Systemschnitt aus guten Gründen radikal. Anders als in den neuen Ländern wurden am Tag der Deutschen Einheit am 3. Oktober 1990 Gerichte und Staatsanwaltschaften in Ost-Berlin geschlossen. 195 Richter und 186 Staatsanwälte wurden im April 1991 endgültig entlassen. Die Senatorin für Justiz, Jutta Limbach, ab 1994 Präsidentin des Bundesverfassungsgerichts, war eine Juraprofessorin von der FU. Im Februar 1992 begründete die Sozialdemokratin das Vorgehen nach der Gewinnung der Einheit damit, dass Berlin als einziges Land der Bundesrepublik altes und neues Bundesland zugleich sei und dass im Westteil eine zur Übernahme aller Aufgaben befähigte vertrauenerweckende Justiz zur Verfügung gestanden habe. Bereits am 1. Oktober, also zwei Tage vor der offiziellen Vereinigung, wurden die 17 701 Polizeimitarbeiter West mit den 11 797 Kollegen Ost zu einer Polizei zusammengeführt, weil die Einigungsfeiern vor dem Reichstag und im gesamten Stadt-

Freiheitliche Rechtspflege für ganz Berlin: FU-Professorin Jutta Limbach im Mai 1992 als Senatorin für Justiz. Die Neuköllnerin liebte es, in der ersten Reihe oben im BVG-Doppeldecker zu fahren.

gebiet bevorstanden. Wichtig war aufgrund des Vertrauensverlustes der *Volkspolizei* die West-Einkleidung der Ost-Kollegen, die anfangs aufgrund mangelnder Ausbildung nicht allein eingesetzt wurden. *Durchmischung*, so Diepgen, sei deshalb nötig gewesen. Jeweils 5000 Polizisten gingen in die andere Stadthälfte zur Arbeit. Das, so der ehemalige Regierende, sei von Gewerkschaftsseite für die Schulen weitgehend verhindert worden. Für ihn war die Polizei Paradebeispiel für die Nachteile der unterschiedlichen Besoldung in Ost und West. Im Streifenwagen saßen Kollegen aus beiden Stadthälften zusammen, hatten die gleichen Aufgaben, bekamen aber unterschiedliche Bezüge. Wer aus dem Osten in den Westen versetzt wurde, der erhielt nach dem *Ortsprinzip* Westgehalt und wurde bei der Rückversetzung nicht wieder zurückgestuft, weil das unzulässig war. *Einheitliche Lebensverhältnisse* waren für Diepgen in der ehemaligen Doppelstadt ein prioritäres Ziel. Spektakulär sei gewesen, als der Senat beschloss, in einem Dreijahresplan dort, wo es in seiner Kompetenz lag, die Einkommen seiner Bediensteten auf gleiches Niveau zu bringen. Allerdings führte das nicht zu vollständiger Gleichheit, weil beispielsweise die Arbeitszeitregelung im *Tarifgebiet Ost* nach wie vor höhere Stundenzahlen vorsah. Für die Beamten konnte der Senat nichts tun, weil Bundesrecht galt. Beim Bund und bei den West-Ländern, so Diepgen, fand Berlin keine Unterstützung, und er kritisiert die unehrliche Doppelbödigkeit in deren Argumentation. Sein Lieblingsbeispiel ist der Deutsche Bundestag:

Quer zwischen den Gebäuden läuft die alte Grenze und damit auch heute [2004] noch eine Tarifgrenze. Neu eingestellte Mitarbeiter – für die früheren „Bonner" gilt weiter Westtarif – arbeiten durch puren Zufall alle in Gebäuden im alten Westen, auch wenn es im Reichstag gar nicht so viele Büroflächen für die Bundestagsverwaltung gibt.

Ebenso wie Diepgen der Polizeiführung geraten hatte, nach und nach alle Ost-Dienstkräfte in den Westen rotieren zu lassen, fand er das Vorgehen der Bundestagsverwaltung richtig. Für ihn ging es dabei um *Gerechtigkeit* und *innere Einheit*. Er hat diese Anliegen persönlich forciert und dafür einen scharfen Konflikt in Kauf genommen. Das Land Berlin flog 1994 aufgrund der vom Senat betriebenen Angleichung der Besoldung aus der *Tarifgemeinschaft der Länder*, die mit der Gewerkschaftsseite den bundesweit anzuwendenden Tarifvertrag für die Angestellten der Bundesländer verhandelte. Deren Tarifverträge galten für Berlin nicht mehr. Der Senat hatte jedoch mit den Berliner Gewerkschaften vereinbart, dass es keinen tariflosen Zustand geben sollte, weil das Land Berlin die bundesweiten Regelungen übernehmen würde. Die Länder haben die Stadt erst zum 1. Januar 2013 wieder in die Tarifgemeinschaft aufgenommen.

ROTES RATHAUS. Für Diepgen hatte es eine symbolhafte Bedeutung für die Integration beider Stadthälften, dass die politische Spitze möglichst schnell in die traditionelle Zentrale der Stadtpolitik umzog. Er legte als Regierender aus dem gleichen Grund Wert darauf, auch Senatsverwaltungen nach Mitte zu holen. Diepgen trieb dabei das Motiv, damit gegenüber der Bundesebene und den anderen, vor allem westdeutschen Ländern, die den Hauptstadtumzug skeptisch sahen, zu zeigen, dass ein Umzug rasch vonstattengehen konnte, wenn man nur wollte. Der Umzug ins Rote Rathaus war in Berlin nie strittig, betonen die Autoren des 2020 zum 150-jährigen Jubiläum des Gebäudes erschienenen Bandes *Das Rote Rathaus in Berlin. Eine politische Geschichte*. Der seit 1979 unter Denkmalschutz stehende Bau musste zuvor saniert werden. Die Modernisierung und Anpassung an zeitgemäße Haus- und Kommunikationstechnik musste darauf Rücksicht nehmen. Die Aufzüge sind im Innenhof angebaut worden und könnten ohne nennenswerte Tangierung der alten Bausubstanz demontiert werden. Offiziell hat der Regierende Bürgermeister mit seiner Behörde, der Senatskanzlei, das alte Berliner Rathaus am 1. Oktober 1991 wieder bezogen.

HAUPTSTADT BERLIN. Die untergehende DDR und ihre letzte, demokratische Regierung hatten keine gute Position mehr, um im Vertrag über die Deutsche Einheit Berlin als Hauptstadt des vereinten Landes festzuschreiben. Im Artikel 2 stand: „Hauptstadt Deutschlands ist Berlin. Die Frage des Sitzes von Parlament und Regierung wird nach der Herstellung der Einheit Deutschlands entschieden." Erzielt wurde damit ein unverbindlicher Formelkompromiss, der lediglich den Namen Berlin und den Terminus Hauptstadt miteinander in Verbindung brachte, aber keine substanzielle Zusage enthielt. Der Regierende Bürgermeister erklärt dazu 2004, alle Bekenntnisse zu einer zukünftigen Hauptstadt Berlin seien schlagartig nichts mehr wert gewesen, als es um die Verwirklichung und damit um den Verzicht namentlich für die nachmalige *Bundesstadt* Bonn und damit für das Land Nordrhein-Westfalen ging. Diepgen bringt seine Enttäuschung und seine Zweifel an politischer Glaubwürdigkeit auch noch im Nachhinein zum Ausdruck: „Kein Schwur von gestern hatte noch

Blick aus dem Amtszimmer des Regierenden Bürgermeisters im August 1991: Das Rote Rathaus wurde in kurzer Zeit saniert.

Bestand. Plötzlich war Bonn Ursprung und Garant der Versöhnung Deutschlands mit den Freunden im Westen.“ Blockade und Luftbrücke seien vergessen gewesen, stattdessen wurde aufgrund der damaligen, später als übertrieben erwiesenen Bevölkerungsprognosen für die Stadt, denen auch die Senatspolitik zunächst Glauben schenkte, das Horrorszenario der *Mega-Stadt* entworfen. Bundesminister Norbert Blüm, bis zu seiner Berufung nach Bonn 1981/82 kurzzeitig Berliner Bundessenator, malte in der entscheidenden Bundestagsdebatte das Schreckbild einer Sechs-Millionen-Stadt mit unlösbaren Wohnungsproblemen an die Wand. Der Terminus *Berliner Republik* wurde als Kampfbegriff gegen die Stadt gebraucht, die als Hauptstadt das Schwergewicht Deutschlands vom Rhein nach Osten Richtung Oder verlagern würde. Diepgen gibt an, er habe den Terminus positiv zu deuten versucht. Im Kern ging es ihm dabei um die Rolle Berlins als *Werkstatt* der Einheit und um die Rolle als Drehscheibe zwischen Ost und West, die Wien bald erfolgreicher spielte als Berlin. Diepgens damalige Perspektive für die Stadt als Hauptstadt fasst er rückblickend so zusammen:

Berlin sollte für die Partnerschaft in der westlichen Wertegemeinschaft und den Blick nach Mittel- und Osteuropa stehen, für die Verbindung von Ost und West in Deutschland und für die Modernisierung unserer Gesellschaft.

Hauptstadt zu sein, das war für das Berlin nach 1989 ebenso wenig selbstverständlich und in der Nation akzeptiert wie nach der Reichsgründung Otto von Bismarcks von 1871 und nach der Novemberrevolution von 1918. Dabei war die Stadt zumindest in ihrer östlichen Hälfte Hauptstadt eines wenn auch gescheiterten Staatswesens gewesen, und die Ost-Berliner verstanden die west-dominierten Debatten nicht. Diepgen, sein in Bonn erfahrener Bundessenator Peter Radunski oder auch die Bundestagsabgeordneten und Vertrauten Peter Kittelmann, Gero Pfennig und Rupert Scholz waren verwickelt in die Rankünen, Spielzüge, Gegengeschäfte, Gespräche, Geschäftsordnungsdebatten, die im Deutschen Bundestag dazu führten, dass eine scheinbar endgültige Entscheidung für Berlin zustande kam. Es war um den *Konsensantrag* gegangen, der keineswegs einen totalen Hauptstadtumzug vorsah, sondern eine Aufteilung der Hauptstadtfunktionen zwischen beiden Städten. Der Bundestag sollte an die Spree, aber der Rest am Rhein bleiben: „Sitz der Bundesregierung und der Ministerien ist Bonn." Bundeskanzler Helmut Kohl hielt sich in diesen Auseinandersetzungen zurück und wartete deren Ergebnis ab. Sein Parteifreund und Vertrauter Wolfgang Schäuble hielt jedoch am 20. Juni 1991 seine mitentscheidende Rede für Berlin und gegen Bonn. Dafür wurde er 2016, also 25 Jahre danach, unter dem sozialde-

Historische Rede am 20. Juni 1991 im als Ausweichquartier des Bundestags in Bonn fungierenden Wasserwerk: Wolfgang Schäuble setzte sich für die Hauptstadt Berlin ein. Sein Auftritt gilt als entscheidend.

mokratischen Regierenden Michael Müller Ehrenbürger von Berlin. Auch die CDU war in dieser Frage zerrissen. Der Verlauf der Sitzung? Diepgen: „Für mich war die Spannung unerträglich." Bundestagspräsidentin Rita Süssmuth trug das Abstimmungsergebnis vor. Zunächst 337 Stimmen für Berlin, 320 für Bonn. Der Regierende: „Wir – die Berliner – hatten gewonnen." Bei der Nachzählung war eine 338. Berlin-Stimme dazugekommen, eine Differenz von 18 Stimmen, sodass es anders ausgegangen wäre, hätten nur zehn Abgeordnete anders votiert. War es ein Sieg für Berlin? In seinem Gespräch mit Gysi betont Diepgen, dass im Grunde nicht viel mehr festgeschrieben war, als im Konsensantrag gestanden hatte. Den Ausschlag habe gegeben, dass die Bonner, ihr skrupellos kämpfender Bürgermeister Hans Daniels, wie Diepgen CDU, das Ergebnis sofort als Niederlage interpretierten. Das war die Voraussetzung, dass der Senat überzeugend von einem Sieg reden konnte, obschon jetzt erst die Mühen begannen. Diepgen schildert nicht im Detail sämtliche Bemühungen der Bonn-Anhänger, die Entscheidung für Berlin in den nächsten Jahren faktisch zu unterlaufen. Diepgen spricht von *Aushöhlung* und erwähnt die *Horrorzahlen*, die Daniels bezüglich der Kosten in die Debatte warf. Die Rede war von einem angeblichen Betrag in Höhe von 200 Milliarden DM. Diepgen dagegen vertraute auf den *Wandel*. Er war überzeugt: „Hier würde die Zeit die richtigen Lösungen erzwingen. Die Rutschbahn kommt von ganz allein." Der Senat setzte auf den Automatismus der Attraktivität Berlins als der international ausstrahlenden Metropole, die mit der Zeit für die Bonn-treuen Beamten und für die jüngeren Generationen ohnehin den Unterschied ausmachen werde. Eine weitere Etappe auf dem Übergang von Funktionen der Hauptstadt von Bonn nach Berlin war das am 14. Januar 1994 von Bundestag und Bundesrat beschlossene Berlin/Bonn-Gesetz. Darin war allerdings vorgesehen, bereits aus West-Berliner Zeit in der Stadt angesiedelte Bundesinstitutionen wieder nach Bonn und an andere Orte zu verlagern. Diepgen äußert retrospektiv die Einschätzung, dass der Weg nach Berlin erst durch das Weihnachtshochwasser des Rheins von 1993 wirklich unumkehrbar geworden sei. Noch 1991 hatte der Ältestenrat des Bundestags beschlossen, den Erweiterungstrakt des Parlaments, den *Schürmannbau*, weiterzubauen. Das war ein Zeichen gegen den Berlin-Umzug. Das Hochwasser vom 22. Dezember 1993 beschädigte den Bau jedoch so sehr, dass er jahrelang ungenutzt blieb. Später wurde das teuer fertiggestellte Gebäude Sitz der *Deutschen Welle*. Bundespräsident, Bundestag und Bundesrat sowie die Bundesministerien residierten am Ende mindestens mit dem Zweitsitz in Berlin. Doch das meiste ist erkämpft und war nicht geschenkt. Es ist bei der seit 1994 praktizierten Regierungsteilung zwischen Bonn und Berlin geblieben. Auch im digitalen Zeitalter des 21. Jahrhunderts ist eine Vielzahl kostenträchtiger und zeitraubender Dienstreisen erforderlich. Immerhin hatte Diepgen mit seiner These von der *Rutschbahn* nach Berlin recht, wenn der Bund der Steuerzahler feststellt: „In der Realität arbeiten aber schon seit 2008 mehr Beamte in Berlin als im beschaulichen Bonn." Betrachtet man die Warteschlangen der Touristen, die den Reichstag und Sir Norman Fosters Kuppel besichtigen wollen, und nimmt wahr, wie viele Bundesbürger aus allen Teilen Deutschlands darunter sind, dann ist festzustellen, dass nach den mühseligen und Berlin gegenüber missliebigen Anfängen die Stadt eine erfolgreiche Hauptstadt geworden ist.

LÄNDEREHE. Im Übergang von den Bezirksstrukturen der DDR zu den neugebildeten Ländern war Ost-Berlin ein besonderer Faktor, denn für die *Hauptstadt der DDR* galt der Viermächtestatus Gesamt-Berlins. Deshalb konnte Ost-Berlin kein Bestandteil des wiederentstehenden Landes Brandenburg werden. Also wurde die Idee einer Länderfusion auf die lange Bank geschoben, und ihre Verwirklichung blieb auf den vom Grundgesetz vorgeschriebenen Weg eines Volksentscheids angewiesen. Bezüglich der Existenzform Berlins hat die gescheiterte Länderehe Rollenbilder für die Stadt vorgesehen, die aufweisen, in welcher Breite in dieser Diskussion die Möglichkeiten einer Fortentwicklung der schwergewichtigen Millionenmetropole ventiliert wurden. Diepgen erinnert daran, dass es in der Staatskanzlei in Potsdam die Vorstellung gab, Berlin aufzulösen – „das hieß letztlich zurück in die Zeit vor 1920, als Groß-Berlin mit 20 Bezirken aus 8 selbständigen Städten und 86 Landgemeinden und Gutsbezirken gebildet worden war." Die Stadt Berlin sei den Brandenburgern zu einflussreich gewesen. In den Verhandlungen gab es auch das Konzept, Berlin in einem gemeinsamen Land zu einer kreisfreien Stadt zu machen. Der Potsdamer Kanzleichef begrüßte den Regierenden deshalb damals gern scherzhaft „als den Oberbürgermeister einer demnächst kreisfreien Stadt." In Diepgens Kalkül war klar, dass das Schwergewicht Berlins und seine kommunale Selbstverwaltung nicht zur Disposition standen. Seine Replik auf Jürgen Linde war, dass es dem Berliner OB gleichgültig sein könne, „wer unter ihm Ministerpräsident des Landes wäre." Aus Diepgens Sicht ist die Fusion in Brandenburg gescheitert, vornehmlich weil die Volksabstimmung zu spät kam, nämlich nachdem es dem in der Teilung als vermittelnder evangelischer Kirchenmann tätigen Sozialdemokraten Manfred Stolpe gelungen sei, eine neue Brandenburger Identität zu stiften. Der Neugliederungsstaatsvertrag beider Länder wurde am 27. April

1995 unterschrieben, 75 Jahre nach der Ausfertigung des preußischen „Groß-Berlin-Gesetzes“, der einzigen erfolgreichen durchgreifenden Strukturreform des Stadtraums Berlin im 20. Jahrhundert. In der Volksabstimmung am 5. Mai 1996 stimmten nur die Berliner für den Zusammenschluss, und zwar weil die West-Berliner mehrheitlich dafür waren, die Ost-Berliner ebenso wie die Brandenburger lehnten ab. So blieb als strukturverändernde Reform der Diepgen-Ära nur die am 1. Januar 2001 in Kraft getretene Bezirksgebietsreform, die die Zahl der Bezirke von den insgesamt 23, von denen 20 die Zahl der Bezirke von Groß-Berlin und drei Neugründungen der Ost-Berliner Zeit waren, auf die im 21. Jahrhundert existierenden zwölf Bezirke durch Zusammenlegung von zwei beziehungsweise drei alten Bezirken. Seither dominieren die Bindestrich-Bezirke wie Charlottenburg-Wilmersdorf oder Treptow-Köpenick.

Unter Tino Schwierzina war ein Mann namens Peter Thömmes für drei Wochen Chef der Magistratskanzlei. Kaczmarek berichtet von dem 61-Jährigen, er habe zwei Töchter gehabt. Kaum im Amt, erlag er einem Herzschlag. Der West-Beamte schildert die Trauerfeier. Wolfgang Thierse, in Prenzlauer Berg wohnhafter Vorsitzender der Ost-SPD, Katholik und ab 1998 Bundestagspräsident, habe gesprochen. Nichts habe er geahnt davon, schreibt Kaczmarek, dass ein Trauergast mit Thömmes bekannt gewesen sei, der „diese Feier zum Bestandteil eines einige Jahre später veröffentlichten Romans werden ließ.“

Vorteile eines gemeinsamen Landes Berlin-Brandenburg: Senatssprecher Dr. Michael-Andreas Butz präsentierte im Februar 1996 die Kampagne für die Länderehe.

Lutz Seiler – *Stern 111* und die Stadt nach der Wende

BERLIN: wachtürme tauchen auf an
licht-maschinen, flak-beleuchtung, laser
in den linden-blüten – republik.

LUTZ SEILER,
AUS DEM GEDICHT *VIERZIG KILOMETER NACHT*
IM GLEICHNAMIGEN LYRIKBAND VON 2003

Schrieb mit *Stern 111* den Berliner Zeitroman der 1990er-Jahre: der 1963 in Gera geborene Lyriker und Romanautor Lutz Seiler im Jahr 2006

NORBERT KACZMAREK MEINTE DIE SCHRIFTSTELLERIN Monika Maron und ihren 1996 erschienenen, in der Wendezeit angesiedelten Roman *Animal triste*. Für den Historiker und Journalisten Jacques Schuster ist Maron nach Christa Wolf die bedeutendste Autorin der DDR-Literatur. Die am 3. Juni 1941 geborene Berlinerin machte in Ost-Berlin Abitur, arbeitete als Fräserin, wechselte zum DDR-Fernsehen, wurde Journalistin und 1976 freie Schriftstellerin. Ihr Debüt *Flugasche* thematisierte die vom Regime totgeschwiegene Umweltproblematik in der DDR. Das Buch erscheint 1981 im Westen. Maron ist eine der Widerständigen und reist 1988 aus. Die Nebenfigur Emile in *Animal triste* ist Freund der namenlosen weiblichen Hauptfigur dieses Liebesromans. Die *Wende* nennt die unter Amnesie leidende Ich-Erzählerin rückblickend *seltsame Zeit*. Der späte Geliebte der alternden Paläontologin aus dem Naturkundemuseum in Mitte ist der verheiratete und auf Ameisen spezialisierte Hautflüglerforscher Franz. Er stammt aus *anderer Zeit*, aus Ulm, also aus dem Westen. Der Welt entzogen, lebt die Protagonistin in ihrer Wohnung, nimmt kaum etwas wahr von dem, was sich in der Stadt vollzieht. Ausnahme ist die Beerdigung Emiles auf dem Dorotheenstädtischen Friedhof, auf dem so prominente Kulturschaffende wie Bertolt Brecht begraben sind. Emile war erst in der SED, hatte „einige Jahre in den Vorzimmern der Macht“ *herumgelungert*, bis er eine schwere Herzoperation durchmachte. Als Invalidenrentner verlässt er die von der Autorin im Roman als *Verbrecherbande* bezeichnete Partei. Nach dem *Abriss* der Mauer habe Emile sich wieder nach den „Vorzimmern der Macht“ gesehnt. Er wurde erneut „jemandes rechte Hand, diesmal die eines gelernten Schneidermeisters, den die Personalnot in ein hohes Amt gehoben hatte, dessen Büro Emile vorstand.“ Das sind verfremdet Oberbürgermeister Schwierzina und Thömmes. Der Bürgermeister sei auf der Beisetzung angestrengt bemüht gewesen, seine Rolle auszufüllen, schreibt Maron. Abseits sei er einsam auf und ab gegangen, „im Abstand von zwei bis drei Schritten gefolgt von den Untergebenen mit dem Blumenstrauß.“ Woher kam das ungelenke Verhalten? Maron schreibt:

Woher, außer durch die Beobachtung anderer politischer Oberhäupter im Fernsehen, hätte der ehemalige Schneidermeister auch wissen sollen, was der Würde seines neuen Amtes angemessen war. Emile, erfahren im Umgang mit der Macht, hätte es ihm wahrscheinlich sagen können, aber der war tot.

Diese Schilderung ist der einzige Bestandteil des Romans, der eingehend vom Berlin der Wendezeit erzählt. Bis auf wenige Ortsangaben spielt der Schauplatz in Marons Roman kaum eine Rolle. Der große Berlin-Roman der 1990er-Jahre ist Lutz Seilers in Ost-Berlin spielendes Buch von 2020. Mit seinem zweiten Roman hat der ostdeutsche Autor mit *Stern 111* den Zeitroman aus dem Ost-Berlin der Jahre unmittelbar nach der Wende vorgelegt. Während Christa Wolf Jahrgang 1929 und Maron Jahrgang 1941 ist, gehört Seiler einer neuen Generation an. Er ist am 8. Juni 1963 geboren. Seiler gehört nicht mehr zu den DDR-Autoren. Der Geraer wächst zwar in der DDR auf, aber sein literarischer Durchbruch vollzieht sich im vereinten Deutschland. Seiler ist zum preisgekrönten literarischen Aufsteiger geworden. Die renommierteste deutsche Literaturauszeichnung, den Georg-Büchner-Preis, bekommt der Lyriker, Essayist, Romanautor 2023 und im gleichen Jahr den Berliner Literaturpreis der Stiftung Preußische Seehandlung. Seine Eltern heißen Ingrid und Reinhart. Ihnen hat der einzige Sohn *Stern 111* gewidmet. Die Kindheit erlebt er in der Zweieinhalbzimmer-Wohnung in der Vorstadt Gera-Langenberg. Seiler erzählt das in seinen Heidelberger Poetik-Vorlesungen, die 2020 unter dem Titel *Laubsäge und Scheinbrücke* publiziert wurden und den Untertitel *Aus der Vorgeschichte des Schreibens* tragen. Hier analysiert Seiler seinen Weg zur Literatur, legt biografische Wurzeln seiner Schriftstellerei offen, zeigt Quellen der Versatzstücke, Elemente und Themen seiner Werke auf. Zwei Dörfer in Ostthüringen sind

Orte seiner Kindheit und Jugend. *Müde Dörfer* hätten die Siedlungen geheißen. *Bizarre Gebirge* hätten seinen Kindheitshorizont begrenzt, nämlich die Abraumhalden des Uranbergbaus der Aktiengesellschaft *Sowjetisch-Deutsche AG Wismut*. Da ist das Radio, das *Bayerischen Rundfunk* spielte, also den Westsender. Da ist der Großvater Gerhard Seiler, Bergmann im Uran. Wenn er seine Hand über dem Gerät schwenkte, versagte es seinen Dienst und knackte und rauschte. War die Hand fort, lief es wieder. Die Radioaktivität. „Wahrnehmungszustände seiner Kindheit" nennt Seiler in seiner Poetik, was Gegenstand seiner selbsterforschenden Untersuchung ist und was er von Kindheitstagen herkommend als Schlüsselbegriffe seiner Dichtung begreift: „Abwesenheit, Müdigkeit und Schwere prägten diese Zeit." Das Kind spricht mit Gegenständen, zum Beispiel mit einer Zaunlatte, „genauer gesagt, dass ich nah am Holz sprach." Seine Erinnerungen sind Geräusche, Dinge, Materialien. Nur eine Erinnerung unter vielen ist die erste *Fernsehtruhe* Marke *Staßfurt*. Er habe, sagt er den Hörern seiner Vorlesung, eine irritierte Wahrnehmung von Dingen gehabt, weil es ihm nicht selbstverständlich schien, deren Existenz einfachhin vorauszusetzen. So war es sein Problem beim Versuch einer literaturwissenschaftlichen Dissertation, den „Gegenstand meiner Arbeit" mühsam zu *errichten*, woran das Projekt nach zwei Jahren scheiterte. Die Quintessenz der *Ausgangslage* seines Schreibens, also dessen *Vorgeschichte*, und zugleich die nächste biografische Etappe des DDR-Bürgers Seiler mit nichtakademischer Berufsausbildung lautet:

Das ist Lutz Seilers Kindheits- und Jugendwelt: im Hintergrund die kegelförmigen Spitzhalden des Abraums des Uranbergbaus nahe Ronneburg bei Gera

Mir blieb, das Handwerk auszuüben, das ich in meiner Jugend gelernt hatte (Maurer also, Baufacharbeiter) und dabei rechtschaffen auch jene Müdigkeit zu erwerben, die mich meiner Probleme wahrscheinlich enthoben hätte. Oder: Ich konnte mich aufmachen, eine Sprache zu finden, die den diffusen Zuständen meiner Wahrnehmung gewachsen war.

Zu den Eigentümlichkeiten seines Daseins als Junge gehört die dauernde Müdigkeit, die als *Schlafsucht* diagnostiziert wird und skurrile Unfälle bewirkt wie den Absturz von dem Baum, den er erkletterte, aber oben einschlief. Scheinbar Skurriles scheint in seinen Romanen auf, Resultat von Seilers Wahrnehmungsweise. Da geht es nicht um *Rekonstruktion* von Realem, schon gar nicht von Biografie, denn: „Die Dinge sind nicht in ihrer vergangenen Realität von Bedeutung, sondern als Bestandteil des Hörens und des Sehens, der Empfindung, die sie geprägt haben.“ Hier spricht Seiler von Lyrik, von Gedichten, mit denen seine literarische Existenz beginnt. Er sagt: „Gedichte arbeiten präzise am Nichtverbalisierbaren.“ Sie machten eine „Bewegung zum Unsagbaren hin, eine Bewegung ohne Endpunkt.“ Jeder Mensch

Ort von Lutz Seilers Wirken als Kurator: Das Haus des in Groß-Lichterfelde geborenen Literaten Peter Huchel in Wilhelmshorst südlich von Potsdam ist seit 1997 Gedenkstätte (Foto 2021).

habe sein Lied, sagt Seiler, die Suche danach brauche Zeit. Zur für ihn existenziellen Bedeutung des Verfertigens von Gedichten sagt Seiler: „Eine komplizierte Art zu existieren und zugleich die einzig mögliche." *Ankerstellen* markiert der Autor, die aus Kindheit, Jugend herrührend eine „Lesegeschichte als Lebensgeschichte oder eine Art biografischer Abriss der Einflussgeschichte" an den Tag brächten. Das beginnt im Alter von zwölf Jahren. Theodor Fontanes Gedicht *John Maynard* ist nur eine der Ankerstellen. An diesem Beispiel wird das von der Mutter beförderte und in der Schule noch übliche Auswendiglernen lyrischer Texte erwähnt. Da ist Peter Huchel, der 1903 in Groß-Lichterfelde noch *bei* Berlin im Haus im heutigen Hindenburgdamm 32 geborene Lyriker und Redakteur der bedeutenden DDR-Literaturzeitschrift *Sinn und Form*. Dessen Haus in Wilhelmshorst südlich von Potsdam, wo Seiler draußen auf dem Lande den einen seiner beiden Wohnsitze innehat, ist heute Huchel-Gedenkstätte. Deren literarisches Programm leitet Seiler seit 1997. Es geschah im Dienst für die *Nationale Volksarmee* der DDR, dass Seiler auf einen Band von Gedichten Huchels stößt. Seiler sagt: „Nichts deutete in dieser Zeit auf Gedichte hin, Literatur interessierte mich nicht." Weil er für die unter den Soldaten in der Freizeit üblichen Laubsägearbeiten zu ungeschickt ist, begann er mit 21 Jahren zu lesen: „Das Lesen war als Ereignis so neu, groß und umfassend, dass das Schreiben augenblicklich dabei war – das Lesen rief das Schreiben auf." *Entdeckt* fühlt er sich mit seinen ersten Gedichtversuchen durch den Kulturoffizier, der ihn zum *Zirkel schreibender Arbeiter* der Leuna-Werke vermittelt. Doch schon im Schulalter hatte Seiler das Schreiben begonnen, nämlich als Abschreiben der mühsam vom Kassettenrekorder abgehörten Liedertexte der in der DDR mit einigen Schallplatten präsenten britischen Rockband *Pink Floyd*. Seiler: „Bis heute ist der handgeschriebene Text als erste Niederschrift das wichtigste Medium meiner Schreibarbeit. Die erste Fassung meines Romans *Kruso* habe ich mit Bleistift in linierte, randlose Ringblöcke geschrieben, kapitelweise." Es müssen Stifte der Marke *Staedtler Mars* sein, mittlere Härte, *HB 2*.

1995 debütierte Seiler mit seinem ersten Gedichtband *berührt/geführt*, der im Oberbaumverlag in Berlin erscheint, finanziell gefördert von der Berliner Kulturverwaltung. Der Roman *Kruso* von 2014 ist sein Debüt als Romancier und bekommt im selben Jahr den Deutschen Buchpreis. Im 2000 bei Suhrkamp erschienenen Gedichtband *pech & blende* findet sich am Ende des Gedichts *doch gut war* ein Bezug auf diesen Hiddensee-Roman, der ausgeht von der Nennung des Namens der Hauptfigur von Daniel Defoes frühaufklärerischem Roman von 1719, des trotz seines Alters bis heute bekannten *Robinson Crusoe*:

sah crusoe, meinen Vater; er
ging in die taufe, die schläfen im holz
kehrte er heim, so lachte
ein mann mit strahlender hand, sein rauschen, sein
knacken, sie hören
wie alles so endet, verrutscht, zwei
beine die küste das weiche
scheiteln der füsse im schritt

Der bedrückende realhistorische Hintergrund von *Kruso* ist die erst im *Epilog* unter der Überschrift *Abteilung Verschwunden* erzählte Geschichte der von der Ostseeinsel ausgehenden gescheiterten Fluchtversuche über das Meer, meist mit dem Ziel Dänemark. Hier findet im Rahmen der Recherchen die *Arbeitsgemeinschaft 13. August* in Berlin Erwähnung, die seit dem Tod ihres Gründers Rainer Hildebrandt 2004 von dessen Frau Alexandra weitergeführt wird. Von Hiddensee sind bei gutem Wetter die weißen Felsen von Møns Klint sichtbar, als Sehnsuchtszeichen der Freiheit und des Westens. Die Zahlen seit dem Mauerbau, wie sie im Epilog stehen: „Eine Statistik verzeichnet über 5600 Flüchtlinge, 913 davon erfolgreich, 4522 Festnahmen und mindestens 174 Todesopfer seit 1961, angeschwemmt zwischen Fehmarn, Rügen und Dänemark."

Der Roman *Kruso* spielt im Restaurant *Klausner*, dessen Personal – wie auf dem Schiff nennt der Chef sie *Besatzung* – sich rekrutiert aus einem Milieu, das Seiler im *Tagesspiegel*-Interview vom 6. Oktober 2014, noch als Kandidat für den Deutschen Buchpreis, eine „phantastische Szene der Saisonkräfte, der Aussteiger und Ausgestoßenen, ein ganz eigenes Mikromilieu mit einem sehr speziellen, sehr attraktiven Gemeinschaftsgefühl" nennt. Die Titelfigur Kruso ist ein informeller Anführer dieser Szene, Sohn eines sowjetischen, in der DDR tätigen Generals. Seiler selbst hat dort 1989 gejobbt, Erfahrungen in der Gastronomie gesammelt und den Zerfall dieser Szene im Gefolge des Mauerfalls erlebt. Doch mittelbar verweist diese Szene auf Berlin, das Ost-Berlin nach der Wende, wie Seiler der Zeitung sagt. Ein Kellner, Vorbild einer Romanfigur, eröffnet das *Café Westphal* in Prenzlauer Berg, ein anderer war Dauergast dieses Cafés am Kollwitzplatz. Seiler: „Viele der früheren Hiddensee-Leute haben später im Prenzlauer Berg oder in Mitte eigene Kneipen betrieben, in den Nachwendejahren, der Goldgräberzeit." Dazu gehört die *Schankwirtschaft Seeblick* in der Rykestraße 14, deren alte Geschäftsleitung am 1. Juli 2023 den

Aufbruch im Abbruch: das Café Westphal im Sommer 1990. Es war die erste Kneipe am Kollwitzplatz und galt als Alternativkneipe, bevor Prenzlauer Berg schicker *Szenebezirk* wurde.

Restaurantbetrieb eingestellt hat. Es ist Seilers Stammlokal, wenn er wieder im Prenzlauer Berg ist, sagt er dem *Tagesspiegel* in dem Interview, das am 1. März 2020 gedruckt ist. Ein Radiogerät und dessen Funktion als Medium, das Weltgeschehen und das, was später Geschichte wird, wie die Maueröffnung und ihre Präliminarien, in die fiktive Erzählwelt transportiert, ist in *Kruso* eingesetzt. Dort ist es das Röhrenradio der DDR-Marke *Violetta*, das defekt ist, deshalb nicht mehr ausgeschaltet werden kann und nur noch *Deutschlandfunk*, also den Westsender, spielt. Der Titel *Stern 111* bezieht sich auf die erste große Anschaffung der Eltern der Hauptfigur des Romans, Carl Bischoff. So heißt das mehrfach erwähnte Radio, das zur immer wieder neu erinnerten, verklärten Familiengeschichte gehört und nach der Maueröffnung eine Art ideeller Anker wird für die neue Zeit, vor allem für die elterliche Westauswanderung: Carl „formulierte es so (und nur für sich): *Stern 111* ist etwas, das gut und richtig war im alten, vorigen Leben. Eine Erinnerung für unterwegs. Ein Leitstern für die Reise." Der Roman *Kruso* gehört in die Vorgeschichte des Berlin-Romans Seilers, denn er ist dessen Vorgeschichte. Im Interview erzählt Seiler davon, er sei „an dem Roman, den ich ursprünglich schreiben wollte", zunächst gescheitert: „Das Buch sollte kurz nach der Wende spielen, in den Jahren 1990 bis 1993 in Berlin. Hiddensee sollte dort nur kurz vorkommen, in einem Rückblickskapitel." Seine Frau habe den Anstoß gegeben zu *Kruso*. Sie ist Schwedin. Ihretwegen hat Seiler den zweiten seiner Wohnsitze in Stockholm. Dort hat er beide Romane verfasst. Das sagt er dem *Tagesspiegel* im Interview vom 8. Oktober 2023. Charlotta Seiler Brylla ist seit 2018 Germanistikprofessorin in der schwedischen Hauptstadt. *Kruso* ist Seilers Umweg zu *Stern 111*. Vom ersten Scheitern seines Berlin-Romans spricht Seiler in seinen Vorlesungen. Ort dieses Scheiterns ist Rom. Das knappe Jahr dort verdankt er dem Stipendium für den Aufenthalt in der *Villa Massimo* 2011. Schreiben wollte er dort. Der Roman sollte ein autobiografisches Fundament haben, aber der Roman habe sich verweigert:

Ich hatte mir vorgenommen, einen Roman zu schreiben, meinen ersten Roman. Und ich hielt die Nachwendejahre in Berlin für einen überaus lohnenswerten Stoff, genauer gesagt, meine Erlebnisse in dieser Zeit. Bis 1993 hatte ich in Berlin gelebt und gearbeitet, als Maurer, Briefträger und Doktorand der Germanistik, vor allem als Kellner und Küchenhilfe in einer Kneipe namens Assel in Berlin Mitte, Oranienburger Straße.

Das ist das Berlin, von dem *Stern 111* erzählt. Ebenso wie Ed, die Hauptfigur in *Kruso*, ringt die zentrale Figur im Berlin-Roman, Carl Bischoff, darum, Gedichte zu schreiben, schließlich zu veröffentlichen in einem ersten Buch. Das ist der Lebenstraum von Ed, Carl, Lutz Seiler. Alle drei sehen sich anscheinend auch als Außenseiter der Szene um die in beiden Romanen detailliert geschilderte Zusammensetzung der jeweiligen Belegschaft eines eigentümlichen gastronomischen Betriebs. Wie das Personal im *Klausner* in *Kruso* mit der Fluchthilfe nebenher oder sogar hauptsächlich verbinden andere insgeheim verfolgte Ziele auch im Berlin-Roman die Menschen im Lokal in Mitte; in der *Assel* in *Stern 111* handelt es sich um die Hausbesetzer des Berliner Ostens nach 1989. Wie Ed in *Kruso* arbeitet Carl im Betrieb. Seilers gastronomische Berufserfahrung findet fachkundigen Niederschlag in beiden Büchern. Material hatte Seiler gesammelt bis hin zu seinem ersten Telekom-Vertrag fürs Telefon von 1990, vier Kisten mit Berlin-Literatur, schließlich hat er Vorortstudien im Prenzlauer Berg und in Friedrichshain getrieben, an den Schauplätzen des Romans, denen er als Orten seiner Berliner Lebensjahre verbunden bleibt. In der Rykestraße 27, wichtig in *Stern 111*, hat Seiler selbst gewohnt. Mit Freunden von damals hat er vor der Niederschrift gesprochen, vor allem mit seinen Eltern, mit dem Vater über den Wagen aus russischer Produktion, den *Shiguli*, den Carls Vater im Roman gefahren, dem Sohn übereignet und den auch Seilers Vater im wirklichen Leben besessen hatte. *Stern 111* ist in seiner personellen Konstellation

Erzählung des sich unter absonderlichen Umständen vollziehenden Auseinandergehens einer Ein-Kind-Kleinfamilie der DDR-Gesellschaft. Denn es sind die Eltern, die sich vom Sohn loslösen und in den Westen gehen, mit einem Ziel, das sie Carl verschweigen und dessen Entstehungsgeschichte sich erst am Ende des Romans im Gespräch mit dem Vater in den USA dem Leser und dem Sohn preisgibt. Seiler zu seiner Recherche: „Außerdem befragte ich meine Eltern ausführlich zu ihrer Übersiedlung in den Westen, deren Geschichte ein Nebenstrang im Handlungsgeflecht des Romans werden sollte."

Sowohl die Eltern im Roman als auch der Autor in seiner Biografie haben eine einschneidende Erfahrung mit Musik gemacht, und dieses Erlebnis ist jeweils mit Berlin verbunden. Das Konzert von *Pink Floyd* am 21. Juli 1990 auf dem Mauerstreifen zwischen Brandenburger Tor und Potsdamer Platz ist ein Höhepunkt der dann schon wieder gesamtberliner Kulturgeschichte. Seiler war dabei. Im Roman *Stern 111* ist das Konzert beiläufig erwähnt. Carls Freundin Effi murmelt zu einem Zeitpunkt im Juni 1990: „Am 21. Juli, auf dem Potsdamer Platz." Und der Autor merkt an, es habe zu diesem Zeitpunkt etwas Magisches gehabt, Westadressen auszusprechen, „im Wissen darum, jederzeit dorthin gehen zu können." Aber Seiler war vom Konzert enttäuscht, weil er die Band nicht mehr wieder-

Hunderttausende auf dem Areal des Grenzgebiets Potsdamer Platz und weltweit live im Fernsehen: die Aufführung der Rockoper *The Wall* der englischen Band Pink Floyd am 21. Juli 1990

US-Rockstar Bill Haley am 10. November 1958 bei der Ankunft auf dem Flughafen Tegel: Sein legendäres Konzert im Sportpalast im Oktober endete in Randale und der Zertrümmerung von Inventar.

erkannte, die er von der für 200 Ostmark erworbenen Doppel-LP gekannt hatte. *The Wall* war eine, wie Seiler formuliert, „gigantomanische Inszenierung“. Im Zentrum stand die erst anwachsende und am Ende einstürzende Mauer: „180 Meter lang und 18 Meter hoch, das größte Requisit, das je in einem Rockkonzert eingesetzt wurde […].“ 200 000 Menschen erlebten *The Wall*. Seiler „sang oder brüllte“ die Lieder mit, er wollte nicht enttäuscht sein. Masken hatten die Menschen bekommen, und dahinter vollzog sich, erkennt der Autor später, eine biografische Wandlung: „Heute denke ich, es war der erste freie Blick aus dem traum- oder rauschhaften Zustand dieses Sommers 1990 hinaus auf das, was noch existieren und bleiben würde.“ Der damals 27-Jährige hatte die unverhüllten siebenstöckigen Fassaden der Plattenbauten gesehen, die er als Platzhalter seines alten Lebens, seines Werdegangs in der DDR , als deren bauliches Antlitz entschlüsselt, die Neubaublöcke seiner Kindheit:

Nein, sie waren nicht bedroht, sie standen da in ihrer Eigenheit, sie würden nie verschwinden, sie waren unverrückbar in ihrer Zeit. Aber die Kindheit war vorbei und die jungen Jahre waren zu Ende, und plötzlich hatte ich eine Vergangenheit.

Das musikalische Lebensereignis der Roman-Eltern fand 32 Jahre vorher statt, am 26. Oktober 1958 im Sportpalast in West-Berlin. Beim Konzert des amerikanischen Rock 'n' Roll-Stars Bill Haley und seiner *Comets* wird der Bau vom begeisterten Publikum verwüstet. Bischoffs Eltern, erzählt der Roman, kommen im Tohuwabohu in persönlichen Kontakt zum entsetzten Haley, der Vater spielt ihm auf dem Akkordeon vor. Haley eröffnet dem ostdeutschen Paar eine Perspektive, in den USA zu leben, ein Fluchtversuch scheitert kurz vor dem Mauerbau, zurück bleibt der ungelebte Lebenstraum des Paares, das in der DDR ein uneigentliches Leben lebt, von dem der Sohn erst erfährt, als er am Ende des Romans die Eltern am Ziel, in den USA, besucht. Der Fall der Mauer eröffnet ihnen die sofort genutzte Chance, im Westen so viel Geld zusammenzubekommen, um in Amerika einen guten Start zu haben und den ungelebten Traum der Jugend doch noch zu verwirklichen.

Der Sohn wird in Gera zurückgelassen und soll die *Nachhut* sein. Aber er bleibt nicht dort. Es ist seine stille Revolte. Er fährt mit dem *Shiguli* nach Berlin, schläft zunächst im geparkten Auto in der Linienstraße in Ost-Berlin, während seine Eltern zur Erhöhung ihrer Chancen getrennt unterwegs in der Bundesrepublik sind, um sich mit wechselnden Arbeitsstellen durchzubeißen.Das ist der Erzählstrang von *Stern 111*, der nicht in Berlin spielt. Der Leser sieht die Lebenswelt der alten Bundesrepublik mit den Augen Ostdeutscher, die sich im marktwirtschaftlichen System anpassen und ihre Ziele verfolgen wollen. Carl aber beginnt das Leben im Prenzlauer Berg, rund um die *Assel*. Sie wird im Verlauf der Erzählung zum Anlaufpunkt für die Prostituierten, die alsbald das Flair der Oranienburger Straße bestimmen werden. Erst spät im Roman gesteht er den Eltern, dass er nicht in Gera geblieben ist. Von dort waren die Eltern in den Westen aufgebrochen. Es ist an vielen Stellen deutlich, dass Carls Geschichte und die Biografie Lutz Seilers einander ähneln. Auch Carl ist Maurer, war bei der NVA, will Gedichte verfassen, und der Ort der Herkunft der Familie Bischoff ist ebenfalls Gera. Was ist das für ein Berlin, das Carl Bischoff erlebt? Carl erlebt Berlin zunächst, indem er Geld mit dem *Shiguli* verdiente, indem er schwarz Taxi fuhr. Aufgrund des Mangels an regulären Taxis war das in Ost-Berlin ein übliches illegales Angebot auch noch nach der Wende. Carl schreibt ähnlich wie Ed in *Kruso* ab und zu Tagebuch. Der Eintrag vom 12. Dezember 1989: „Auf der anderen Seite der Kreuzung liegt der Alexanderplatz. Es gibt keine größere Ödnis." Dort ist das *Pressecafé*, das zum Komplex des Berliner Verlags gehört, in dessen Bistro er die Toilette benutzt, um sich zu waschen und die Zähne zu putzen. Carl und die Stadt in den ersten Tagen:

Das erste Mal wurde Carl vollständig klar, dass er niemanden kannte in Berlin, er kannte nur ein paar Gedichte, die hier geschrieben worden waren, und nichts anderes hatte den Ausschlag gegeben. Ja, auf gewisse Weise ahmte er die Selbstverbannung seiner Eltern nach – als wäre auch das ein Weg (der eigentliche Weg), ein guter Sohn zu sein, nachdem er, allen Absprachen zum Trotz, seinen Posten im Hinterland verlassen hatte. Wie seine Eltern hatte er keine Adresse vor Augen gehabt, er war abgefahren ohne Ziel, nur mit irgendeiner Fantasie im Kopf, bei der man nicht wohnen konnte.

Die Wohnungsfrage ist zunächst das vitale Problem des jungen Mannes mit dem schulterlangen Haar und der Motorradjacke. Seiler schildert uns die ihm aus eigenem Erleben bekannte Welt der Altbauten im Ost-Berliner Zentrum, in dem es heruntergekommene Gründerzeitbauten straßenweise gibt, in denen viele Wohnungen unbewohnt sind, weil die Mieter in den Westen gegangen sind, alles haben, ähnlich wie Carls Eltern, stehen und liegen lassen, oder weil die greise Mieterin, so einen Fall berichtet der Roman, ins Pflegeheim gekommen ist. Die Spuren der Bewohner der leeren Wohnungen, die die jungen Leute vorfinden, zeugen auf bedrückende Weise von deren Leben, von ihrem menschlichen Schicksal. Es sind Stadtviertel im *Abbruch*, Ergebnis der Vernachlässigung der Altbausubstanz durch die Wohnungspolitik der SED, die die Bauten dem Verfall preisgegeben hatte. Carl und mit ihm die Leser bekommen Einblick, wie die Hausbesetzer Ost-Berlins Wohnungen öffnen, prüfen, ob sie wirklich verlassen sind, sich polizeilich anmelden, sich als Stromkunden melden und den Wohnraum übernehmen. Irgendwann bekommen sie dann Mietverträge. Es sind Erscheinungen der Wendezeit. Erkennbar wird der Zerfall jeglicher Autorität, der rechtsfreie Räume entstehen lässt, die genutzt werden von diesen jungen Menschen, und die erst in diesen Tagen, so Seiler, mit dem Begriff *Szene* belegt werden:

Tucholskystraße 30, Linienstraße 206, Kleine Hamburger Straße 5, Ackerstraße 169, so hießen die Adressen. Sie fuhren am ‚Eimer‘ in der Rosenthaler Straße vorbei, einem von Musikern verschiedener Bands in Besitz genommenen Gebäude, passierten dann zwei „bewohnte Häuser“ in der Kastanienallee (Straße der guten Gedichte) und machten Station im ‚Café Westphal‘ das früher der Laden einer Likörfabrik gewesen war.

Aufbruch im Abbruch: Transparente und Parolen am besetzten Gründerzeithaus in der Schönhauser Allee 20 am 20. Februar 1990

Carl wird als Maurer und damit als wirklicher *Werktätiger* in der Szene geschätzt, die ihren linken ideologischen Überbau pflegt. Man könne nicht mehr auf *irgendwelche Gesichter* warten: „Eine Wohnung in Besitz zu nehmen war als Aufgabe ernst, aber lösbar, und eine Tür aufzubrechen die richtige Antwort – worauf? Auf die Situation und ihre Erfordernisse.“ Carl wird vom *Rudel* akzeptiert, der sich so bezeichnenden Besetzertruppe, und er erlernt, wie man Wohnungen öffnet und in Besitz nimmt. Er sucht eine für seine Freundin Effi und deren kleinen Sohn. Carl hält für *notwendig und gerecht*, was er tut, er sieht sich nicht als Kriminellen, Einbrecher, Dieb:

Wie im Rausch besetzt er nacheinander drei Wohnungen, drei Wohnungen in drei Stunden: Sorgestraße 25, Hinterhaus rechts, 3. Etage, neben Seidel. Sorgestraße 65, dritte Etage, Vormieter Görth, Sorgestraße 66, Seitenflügel. Es war eine Pirsch, ein Feldzug, eine Schlacht (am Ende mit Blut an den Händen), und es war ein Sieg.

Effi soll eine Wohnung in Friedrichshain bekommen, wenn sie aus Leipzig nach Berlin kommt. Das will Carl. Die Fülle der leerstehenden Wohnungen unterstreicht die Handlung im Roman, indem sie Carl vergessen lässt, dass der Sohn ein Zimmer braucht. Bisher hat er nur drei Einraumwohnungen zur Auswahl der jungen Mutter in Besitz genommen. Als sie beide da sind, löst Carl die Frage vor deren Augen, setzt das Brecheisen an und öffnet wortlos eine weitere Wohnung in einem Eckhaus in der Ebelingstraße, dritte Etage, mindestens drei Zimmer, vielleicht vier, das war die Erwartung. Sie ist voll möbliert. Sind die Mieter – am Türschild steht *E. Lange* – gestorben, oder sind sie über Ungarn geflüchtet? Carl und die Besetzer sehen sich nicht als Besetzer. Die Schönhauser Allee 20/21 war angeblich das erste *in Besitz genommene* Haus. Das ist ihr Selbstbild. Sie nehmen ungenutzten Wohnraum in Besitz, nehmen ihn wieder in Nutzung, kümmern sich um die Häuser. Der *Hirte*, der in *Stern 111* die Führungsrolle des *Rudels* spielt, schimpft, dass ausgerechnet in der Schönhauser 20 begonnen worden sei, „seine Freiheit zu verkaufen." Der *Hirte* wütet: „Nutzungsverträge, Fördermittel, ABM [= Arbeitsbeschaffungsmaßnahmen] – Knete kommt vom Bullenstaat! Zaster vom Schweinesenat!" Im Osten seien die, die nicht nur reden, sondern etwas tun:

Das ist der Osten, nicht Kreuzberg! Das ist ein Arbeiterstaat! Bei uns sind die Bullen auf unserer Seite! Aber das werdet ihr nie begreifen! Weil ihr nicht versteht, worum es eigentlich geht. Weil ihr vollkommen verwestlicht seid, ihr dekadenten Westbesatzer, ihr …

Gewalttätige Kämpfe finden statt gegen die Polizei. Aber auch hier findet die Distanzierung von den West-Berliner Hausbesetzern statt. Es ist die Rede davon, dass der Anführer des *Rudels*, *Hoffi* alias *der Hirte*, erklärt habe, er und seine Leute „nähmen nicht an diesen Kämpfen teil, schon gar nicht am Krieg um die Mainzer Straße." In dieser Straße waren 1990 die meisten Häuser besetzt, und das blieb sieben Monate so. Die Räumung mit rund 3000 Polizeibeamten am 14. November 1990 war Anlass für die *Alternative Liste*, die Senatskoalition mit Walter Mompers SPD platzen zu lassen.

Seiner Wohnstraße in diesen Jahren setzt Seiler ein einzigartiges Denkmal, das an einer Stelle die Berlinische Himmelsmetaphorik anklingen lässt, die in Wolfs *Der geteilte Himmel* oder in Wim Wenders' *Der Himmel über Berlin* entfaltet ist. Anfang der 2020er-Jahre gibt es noch Bäume auf dem Grundstück Rykestraße 28, gleich hinter dem hohen Zaun, der den Blick auf ein Hinterhaus ohne Vorderhaus zulässt. Die Hausnummer 27, ehemals Seilers Adresse, prangt jetzt an einem glattflächigen, verwechselbaren Neubau. Das *Bombenwäldchen* hieß so, weil es an der Stelle des im Zweiten Weltkrieg im Bombenkrieg zerstörten Vorderhauses gewachsen war. Carl geht auf die andere Straßenseite gegenüber von dem Haus, in dem einst der Romanautor gewohnt hatte:

Von dort aus war es möglich, die beiden Türme, die seine Straße bewachten, gleichzeitig im Auge zu behalten, selbst in der Nacht. Zum einen das rot blinkende Leuchten des Fernsehturms am Horizont, der aus dem Himmel Zeichen gab (wenn er nicht von Wolken oder Nebel eingeschlossen war), zum anderen das schöne grüne Gatsby-Licht auf der Stummelspitze des Wasserturms. Guter alter Wächter, dachte Carl, Leuchtturm der Gedichte, doch schon ab Ecke Sredzki sah er nicht mehr hin und lauschte nur noch dem Geräusch seiner Schritte.

Die Berlin-Schilderung von *Stern 111* bietet beiläufig viele Details aus den 1990er-Jahren. Im Roman taucht mehrfach der Ost-Berliner Dramatiker Heiner Müller auf, der nach der Wende als Theaterleiter und Akademiepräsident zur prominenten Kulturpersönlichkeit wird. Er war Partner des Kultursenators der Vereinigungsepoche.

Bis ins 21. Jahrhundert Berliner Stadtmarke und Symbol für Lutz Seilers Prenzlauer Berg der *Wendezeit:* der Wasserturm in der Rykestraße, fotografiert im November 1990

Ulrich Roloff-Momin – Außenseiter, Weichensteller und *Schiller-Killer*

Prägte vor allem durch seine Personalentscheidungen die Berliner Kulturlandschaft des Jahrzehnts: der erste Gesamtberliner Senator für Kultur Ulrich Roloff-Momin

AUSSENSEITER IST ULRICH ROLOFF-MOMIN, weil er in der Großen Koalition unter Eberhard Diepgen zwar als Parteiloser amtierte, sich aber als *Linker* fühlte. Die SPD Walter Mompers hatte ihn vorgeschlagen. Wegen der weitreichenden Wirkung und der Vielzahl seiner grundlegenden personellen und strukturellen Entscheidungen ist er dennoch ein bedeutender Weichensteller gewesen. Wegen der in seine Amtszeit fallenden singulären und ohne Nachahmung gebliebenen Schließung des Schillertheaters ist dieser unterschätzte Berliner Kulturpolitiker im Gedächtnis der Stadt allein darauf reduziert worden. 1997, im Jahr nach seinem Ausscheiden aus der Politik, ist sein Bericht über seine Amtsjahre unter dem Titel *Zuletzt: Kultur* erschienen. Trotz seiner lakonischen Kürze ist das Buch unverzichtbares Rückgrat einer Berliner Kulturgeschichte der 1990er-Jahre. Der Titel spiegelt die Stimmung von Roloff-Momins „Erinnerungen an meine Zeit als erster Kultursenator des wiedervereinigten Berlin in den Jahren 1991 bis 1995." Seine Bilanz ist bitter. Roloff-Momin beklagt das Misstrauen der Politik, in verschiedenem Maße der Christgenauso wie der Sozialdemokraten, gegenüber der Kultur. Die Berliner SPD habe ihn nicht geholt, „damit ich die Berliner Kultur nach vorn brachte. Sie wollte die Kultur in ihren finanziellen Ansprüchen zurückschrauben." Missen will Roloff-Momin die fünf Amtsjahre nicht. Er zählt viele große Persönlichkeiten auf, die zu kennen er als bereichernd empfunden hat. Ob er *einen solchen Job* wieder übernehmen würde? „Nein. Dazu habe ich den hierzulande üblichen Politikstil zu genau kennengelernt." Sein Buch ist eine Abrechnung, die von Verletzung, Missachtung und Enttäuschung zeugt. Wiederholt zeigt sich die Gegnerschaft zum führenden CDU-Kulturpolitiker dieser Jahre. Ihm sagt Roloff-Momin eigene Ambitionen auf das Senatorenamt nach. Er meint seinen Antipoden in der Regierungskoalition, den Rechtsanwalt Uwe Lehmann-Brauns. In dessen Memoiren von 2022 unter dem Titel *Zwischen den Fronten*, in deren Untertitel sich der CDU-Mann als *Grenzgänger durch Politik und Kultur* bezeichnet, ist der parteilose Senator wider besseres Wissen polemisch ungenau einsortiert als „Roloff-Momin von der SPD". In Streit sei Lehmann-Brauns mit ihm schnell geraten, nicht nur wegen der *Stilllegung* der Staatlichen Schauspielbühnen. Dabei klagt der Unions-Kulturspre-cher ähnlich wie Roloff-Momin über die Geringschätzung der Kulturpolitik im eigenen Lager. In Wirklichkeit sind beide Kulturpolitiker jeweils Außenseiter ihrer Fraktionen gewesen. In Lehmann-Brauns' Rückblick paart sich Resignation mit Herablassung. Roloff-Momins Bruder im Geiste ist er in der gemeinsamen Politikverdrossenheit als Resultat eigener Erfahrung. Der gebürtige Potsdamer Lehmann-Brauns ist so desillusioniert wie der Ex-Senator: „In die Politik gehen heißt jahrelang auf Politik verzichten [...]."

Ulrich Roloff ist der Geburtsname. Er kam am 29. April 1939 in Osnabrück zur Welt. In seinem Buch zählt Roloff-Momin Bonner Politiker auf, die sich für Berlins Kultur einsetzten und Verbündete im Kampf für die Berlin-Kultur waren. Mit dem damaligen CDU-Bundesinnenminister Rudolf Seiters hat ihn sogar ein Stück Lebenslauf verbunden. Beide waren in Osnabrück auf dem gleichen Gymnasium, erinnerten sich gemeinsam an Lehrer und Mitschüler. Mit seiner dritten Frau betreibt Roloff-Momin Anfang der 2020er-Jahre eine gemeinsame persönliche Internetseite. Christine Fischer-Defoy ist Autorin, Filmerin und Kulturhistorikerin. Sie wurde 2010 mit dem Verdienstorden des Landes Berlin ausgezeichnet. Im Netz-Lebenslauf erfahren wir, dass Roloff nach der Banklehre 1962 an der FU ein Jurastudium begonnen hat. Seine Leidenschaft in dieser Zeit gehörte dem Extrem-Bergsteigen. Begonnen hatte er damit 1954 mit 15 Jahren. Er berichtet von der alpinistischen Herausforderung einer sechsmonatigen Karakorum-Expedition im Jahre 1964. Das ist kein banales Hobby wie Konrad Adenauers Rosenleidenschaft. Das Klettern jenseits der eigenen Grenzen ist Ausweis eigenwilligen Charakters und ungewöhnlicher Leidensfähigkeit. Das erweist sich ähnlich beim nächsten von ihm ausgeübten Sport. Er lief in den 1980er-Jahren Dutzende von Marathonläufen, darunter mehrfach den Berlin-Marathon, und er absolvierte Ultramarathonläufe über Distanzen von 100 Kilometern. Aufgegeben hat er diese Leidenschaft 1991, im Jahr, als er Senator wird. Ab 1965 hatte er sich nach dem Bergsteigen erst aufs Studium geworfen und das Zweite Staatsexamen mit Prädikat abgelegt. Er gründete eine Familie, bekam zwei Söhne, ging eine zweite Ehe ein, nahm mit Momin den Namen der Frau an, „was dann auch das einzige blieb." 1993, während seiner Senatorenzeit, heiratete er seine dritte Frau, mit der er in der ersten Hälfte der 2020er-Jahre in Berlin und in Mecklenburg-Vorpommern lebt. Ihn hat erst die Studentenre-

Ulrich Roloff-Momins dritte Frau Christine Fischer-Defoy: Der Regierende Bürgermeister Klaus Wowereit verlieh der Kunsthistorikerin und Filmerin am 1. Oktober 2010 im Roten Rathaus den Verdienstorden des Landes Berlin.

volte von 1968 politisiert. Die Wahl des ersten sozialdemokratischen Bundespräsidenten ist seine Wendemarke. Gustav Heinemanns Wahl war „für mich das endgültige Aufbruchssignal." 1969 tritt er der *F.D.P.* bei, die er in den Memoiren mit ihren *Pünktchen* schreibt. Die waren damals das Markenzeichen der Liberalen. Die F.D.P. sei die einzige Partei in Berlin gewesen, die die Revolte der Studenten nicht mit Gewalt habe niederknüppeln wollen. Roloff-Momin ist Anhänger eines Bürgerrechts-Liberalismus, wie ihn Karl-Hermann Flach, Werner Maihofer und Gerhart Baum vertraten. Roloff-Momin tritt 1982 wieder aus. Er ist einer der Linksliberalen, die mit dem Koalitionswechsel der Partei von der SPD Helmut Schmidts zur CDU Helmut Kohls nicht einverstanden waren. Er vertrat die F.D.P. von 1971 bis 1975 in der Bezirksverordnetenversammlung Steglitz, saß anschließend bis 1978 im Abgeordnetenhaus und war „Vorsitzender des neu gebildeten Parlamentsausschusses für Kunst." Die Hinwendung zur Kulturpolitik führt er auf die Freundschaft mit einem bildenden Künstler zurück. Der erfahrene Parlamentarier mit kultureller Ader wurde 1977 zum Präsidenten der Hochschule der Künste Berlin HdK gewählt und 1984 und 1989 in diesem Amt bestätigt. Von dort hatte er seinen einflussreichen, bis in die 2020er-Jahre kulturell aktiven Pressesprecher und späteren Berliner Museumsreferenten Reinhard Klemke als Vertrauten in die Kulturverwaltung mitgenommen. Für Roloff-Momins Kulturkompetenz sprach die Tatsache, dass er in den 1980er-Jahren

Vorsitzender des linken der beiden West-Berliner Kunstvereine war, der *Neuen Gesellschaft für Bildende Kunst*. Fünf Jahre war er Senatsmitglied: „Vom Januar 1991 bis Januar 1996 diente ich als Senator für Kulturelle Angelegenheiten im vereinigten Berlin [...]." Schon für Walter Mompers rot-grünes Kabinett war Roloff-Momin im Gespräch gewesen. Diese linke Koalition hätte ihm eher gelegen als die Große Koalition. Deshalb sagte ihm Momper jetzt: „Es ist soweit, Roloff, Sie müssen ran." Die Inhalte waren in den Koalitionsverhandlungen mit der CDU schon festgezurrt worden. Der Kandidat hatte keinen Einfluss mehr. Kultur sei wie gewohnt erst gegen Ende des Vertrags vorgekommen. Roloff-Momin fand akzeptabel, was dort zur Kultur stand: „[...] man versprach ihr Stärkung, Sparvorhaben wurden mit Allgemeinplätzen abgehandelt." Er fand: „Keine schlechte Ausgangslage." Roloff-Momin sagte zu. Sein Motiv sei der Wunsch gewesen, „wirkungsvoller als bisher für die Rahmenbedingungen der Kultur in Berlin kämpfen zu können."

Seine Hauptgegner seien der christdemokratische Finanzsenator Elmar Pieroth und der sozialdemokratische Wirtschaftssenator Norbert Meisner gewesen. Meisner habe „Kultur für etwas völlig Überflüssiges" gehalten. Im Senat habe ein „instrumentalisierendes Verständnis von Kultur" geherrscht, Kultur also als Touristenmagnet, als Wirtschaftsfaktor. Er selbst habe dagegen „zuallererst der Kunst dienen" wollen, aber: „Kunst und Kultur als Ausdruck der Befindlich-

Ulrich Roloff-Momins langjährige Wirkungsstätte in der Hardenbergstraße: Der Jurist aus Osnabrück wurde wiederholt zum Präsidenten der Hochschule der Künste in Charlottenburg gewählt.

keit der Menschen, als Motor für die geistige Weiterentwicklung der Gesellschaft waren nicht gefragt." Senatschef Eberhard Diepgen habe ihm immer wieder gesagt: „Der Kultur gegenüber empfinde ich ein abgrundtiefes Mißtrauen." Senatssitzungen erlebte der Außenseiter als frustrierend, und er nahm Akten zum Arbeiten mit, um die Zeit sinnvoll zu nutzen. Die Amtsübergabe hatte am 25. Januar 1991 in der Staatlichen Kunsthalle in der Budapester Straße stattgefunden, „schräg gegenüber dem künftigen Amtssitz im Europa-Center." Er kündigte den Mitarbeitern eine straffe politische Führung an, baute das Haus personell um und verfügte, dass „bis auf Widerruf sämtliche Post, die ins Haus kam oder es verließ, über meinen Schreibtisch zu laufen habe." Eine Maßnahme, die sich als abgrundtiefes Misstrauen gegenüber dem eigenen Haus deuten lässt. Retrospektiv sinniert Roloff-Momin darüber, was ein Kultursenator leisten kann und darf. Denn nach dem Grundgesetz sei die Kunst frei, das hieß: „Frei von staatlicher Bevormundung." Also könne der Senator nicht Theater leiten, Spielpläne aufstellen, Künstler verpflichten, Theatergruppen gründen oder Regie beim Film führen. Er habe jedoch eine einzigartige Möglichkeit, die Kultur der Stadt zu verändern:

Er kann Personalentscheidungen treffen und Intendanten berufen und damit auf Jahre die Theater-, Opern- oder Konzertlandschaft beeinflussen. Und das praktisch ungehindert von demokratischen Kontrollgremien – ein Überbleibsel aus der Zeit des Feudalismus.

Als ich die ersten Tage im Amt hinter mir hatte, wurde mir bewusst, daß ich sechs oder sieben Intendanten zu berufen hatte. Chance oder Chaos? Auf jeden Fall: Ein schönes Kreuz hatte ich mir da aufgeladen.

Knapp vier Wochen nach Amtsantritt wandte sich der ehemalige HdK-Präsident an einen von ihm berufenen Schauspielprofessor, der Berlins Nöte gekannt, aber, so Roloff-Momin, nicht Teil von Berlins Filz war. Ivan Nagel war zuvor Dramaturg, Theaterkritiker und mehrfach Intendant gewesen, ein hochkarätiger Intellektueller, Jude aus Budapest, der im Versteck die deutsche Besatzung im Zweiten Weltkrieg überlebt hatte. Am Haus Keithstraße 10 ehrt den 2012 verstorbenen großen Berliner Theatermann eine *Berliner Gedenktafel*. Roloff-Momins Bitte lautet: „Ivan Nagel, das Vaterland ruft Sie. Ich brauche innerhalb von drei Wochen ein Gutachten über die Berliner Theaterlandschaft." Nagel holte sich den Theaterwissenschaftler

Michael Merschmeier und den damals maßgeblichen Theaterkritiker Henning Rischbieter zu Hilfe. Bis auf das private Theater des Westens, damals Operetten- und Musicalbühne von Götz Friedrichs Deutscher Oper Berlin, beschränkten sich die Gutachter auf die staatlichen Bühnen. Nagel kündigte an, von den drei Theaterleuten werde es keine Schließungsempfehlung geben. Das Gutachten löste eine Welle des Protestes aus. Der Senator nahm es als *Wegweiser*, „den ich für richtig hielt und dem ich folgen wollte, soweit es möglich war." Was war möglich? Wir berichten, was Roloff-Momin zunächst mit fünf Berliner Häusern tat.

THEATER DER FREUNDSCHAFT. So hatte das Kinder- und Jugendtheater in Berlin-Lichtenberg seit der Gründung 1950 geheißen. 1991 wurde das Haus, das mit 420 Plätzen das größte seiner Art in Deutschland ist, zum *carrousel Theater an der Parkaue*. 2005 blieb, endgültig allein nach dem benachbarten Stadtgrün benannt, das *Theater an der Parkaue* als Name übrig. Der Gebäudekomplex war ursprünglich eine Schule, wurde in der DDR-Zeit teils als *Haus der Jungen Pioniere* genutzt, also als Sitz der Kinderorganisation der SED. Das Pendant des ersten Kinder- und Jugendtheaters der DDR in West-Berlin war und ist das *Grips*-Theater im Hansaviertel. Dessen Chef Volker Ludwig, Vater des westdeutschen und West-Berliner Kindertheaters, wie es aus dem Geiste von Revolte und Studentenbewegung entstanden war, beriet Roloff-Momin bei der Neubesetzung der Intendanz. Nagels Gutachten hatte für Erhalt plädiert. Für Roloff-Momin war es Probe aufs Exempel. Was er vorfand, war eine Interimsintendanz. Das Ensemble hatte den letzten ordentlichen Intendanten *davongejagt*, wie der Ex-Senator es formuliert. Roloff-Momins Absicht für die Ost-Berliner Häuser war, mit seinen Leitungsentscheidungen die mit Wende und Vereinigung eingetretene Verunsicherung zu beenden. Sein Rezept: „Wo es nur ging, wollte ich unbelastete Intendanten aus der DDR mit ostdeutschen Theatererfahrungen etablieren." Roloff-Momin setzte für Lichtenberg auf den auch von Ludwig gutgeheißenen Namen Manuel Schöbel. Es war der allererste Intendant, den der neue Senator 1991 verpflichtete. Schöbel, Jahrgang 1960 und in Dresden aufgewachsen, hatte Anfang der 1980er-Jahre in Ost-Berlin Theaterwissenschaft und Ästhetik studiert, von 1984 bis zum Wechsel nach Lichtenberg war er Chefdramaturg am Theater der Jungen Generation in seiner Heimatstadt. Bereits in der DDR hatte er Grips-Stücke inszeniert. Er habe, schreibt Roloff-Momin, einen jungen Mann kennengelernt, „der zu seinem Leben in der DDR stand, sich nicht verbog und einen Qualitätsanspruch für Kindertheater reklamierte, der

Berufen von Roloff-Momin: Manuel Schöbel arbeitete von 1991 bis 2005 als Intendant des Kindertheaters *carrousel Theater an der Parkaue* in Berlin-Lichtenberg.

mich beeindruckte." Der Erfolg des Hauses gab dem Senator Recht. Im noch *Theater der Freundschaft* geheißenen Haus habe er allerdings seine „Feuertaufe als West-Politiker im Umgang mit Ost-Belegschaften erlebt". Es habe an der Parkaue eine „festgefügte Clique aus SED-Zeiten" gegeben, die Schöbel ablehnte:

In der ersten Personalversammlung machte ich klar, daß ich keine Volksbefragung nach dem Motto „Wen wollt ihr als Intendanten? Ich ernenne ihn" durchführen würde. Ich mußte mir übelste Beschimpfungen gefallen lassen. Die Beschäftigten argumentierten, sie hätten nicht die eine Diktatur abgeschüttelt, um jetzt die Entscheidungen eines neuen Diktators hinzunehmen. Ich entgegnete: „Daran müssen Sie sich gewöhnen. Es kann doch nicht sein, daß über Kunst – und der Intendant ist eine Person, die Kunst hervorbringen will – demokratisch abgestimmt wird."

DEUTSCHES THEATER. Roloff-Momins Schilderung des Übergangs in diesem ehrwürdigen Berliner Haus liest sich wohlwollender als die Beschreibung durch den letzten DDR-Intendanten, den geborenen Berliner und großen Schauspieler Dieter Mann. Er erzählt sein Erleben in seinen 2016 unter dem Titel *Schöne Vorstellung* erschienenen Gesprächsmemoiren. „Der Sensenmann geht um", habe es unter den Ost-Berliner Intendanten geheißen, als der Senat einen *Herrn* herumschickte. Da sei bei ihm einer im offenbar von der Ehefrau gestrickten

Pullover gekommen. Mann vermutet einen Grünen. Der Besucher habe sich kurz umgeguckt, Mann umarmt, ihm gesagt, er habe das schönste Theater Berlins, und ihn aufgefordert zu überlegen, „was wir daraus machen und was wir vor allem halten können." Mann habe ihn erst für einen „raffinierten Zyniker" gehalten, dann aber einleuchtend gefunden, was der Gast über das sagte, wo es zu kämpfen lohnte, und über das, wo Widerstand zwecklos war. Beispiel: Der Kantinenbetrieb müsse eben ausgeschrieben werden; das Gesetz und damit die Auslagerung seien unumgänglich. Als bei der Anhörung im Abgeordnetenhaus ein Abgeordneter von Mann forderte, Dutzende nach DDR-Norm zulässige Feuerschutztüren wegen drei, vier Zentimetern Abweichung gegenüber der jetzt geltenden West-Norm auszutauschen, bewirkte Manns patzige Antwort, dass das Thema nie wieder auf den Tisch kam: Er werde diesen Schildbürgerbefehl erst befolgen, wenn der *feine Herr* käme und sich herausstelle, dass er nicht durch die DDR-Türen passe. Harte Entscheidungen seien es gewesen, sagte Mann seinem Interviewpartner, aber insgesamt: „Ich bin noch immer der Meinung, dass uns ein relativ milder, verträglicher Übergang in gänzlich neue Verhältnisse gelang." Mann betont, dass die Nachfolge durch Thomas Langhoff, Sohn des legendären ersten Intendanten des Hauses nach dem Zweiten Weltkrieg, Wolfgang Langhoff, schon wegen des Stallgeruchs richtig gewesen sei. Der Vater, gebürtiger Berliner, West-Emigrant in der Schweiz, seine Söhne sind darum in Zürich geboren, war Kommunist und 1963 von der SED unwürdig als Intendant geschasst worden. Dieser Stallgeruch war umso mehr wichtig, weil Max Reinhardts Haus Ensembletheater *par excellence* war und ist, in dem familiäre Strukturen mit sämtlichen damit verbundenen

Berufen von Roloff-Momin: der aus der Berliner Theaterdynastie stammende Thomas Langhoff vor dem Deutschen Theater am Schumannplatz, dessen Intendant schon sein Vater Wolfgang war

Vor- und Nachteilen den Charakter und die künstlerische Leistungsfähigkeit des Theaters bedingten. Mann bestreitet nicht, dass er dem Senator beim ersten Gespräch angeboten hat, zu gehen, sobald ein Nachfolger da sei. Einig waren sich beide, was Langhoff anging. Enttäuscht war Mann von Langhoffs Wortlosigkeit beim Wechsel: „Bundesligatrainer gehen und kommen ja wohl auch auf die gleiche Art – aneinander vorbei." Roloff-Momin hatte bei Diepgen, Pieroth und Innensenator Dieter Heckelmann für diese Lösung gekämpft. Thomas Langhoff hatte ein lukratives Angebot aus Wien vorliegen; deutschsprachige Theater versuchten nach der Wende, gute Leute aus Ost-Berlin für sich zu gewinnen. Langhoff stellte hohe finanzielle Forderungen für Gehalt und Subventionen. Am Ende setzte Roloff-Momin ihn durch. Dieter Manns Bilanz 2016 spricht vom Obsiegen des *Abbruchs* im Deutschen Theater:

Langhoffs Berufung war ein Bekenntnis zur Tradition, zur Geschichte des Hauses, sie hielt den Auflösungsprozess im Ensemble und in den Strukturen etwas auf, gestoppt werden konnte er nicht.

MAXIM GORKI THEATER. Mit Langhoff besprach sich Roloff-Momin über die Situation am mit 440 Plätzen kleinsten Berliner Staatstheater. Langhoff habe berichtet, dass der seit 1968 tätige Intendant Albert Hetterle seine Möglichkeiten oft genutzt habe, um von der Parteilinie abzuweichen. So habe er das Stück *Die Übergangsgesellschaft* von Volker Braun uraufgeführt, das die DDR-Realität kritisch würdigte und das die SED am Deutschen Theater verboten hatte. Hetterle hatte tatsächlich besondere Möglichkeiten, denn er war zugleich Mitglied der Bezirksleitung Berlin der Partei. Roloff-Momin lernte an diesem Fall, „daß es in der DDR nicht nur Parteisoldaten und Regimegegner gab, und zweitens, daß keiner, der nicht in der DDR gelebt und sich nicht immer wieder, jeden Tag aufs neue, mit den Verhältnissen arrangieren mußte, ein objektives Urteil über Verstrickungen und Nichtverstrickungen von Menschen abgeben konnte." Der Senator war mit einem über 70 Jahre alten Kommunisten konfrontiert, der seinem Ensemble die Vertrauensfrage gestellt hatte und den seine Mitarbeiter bestätigt hatten. Roloff-Momin begriff die Sonderbarkeit, dass Intendanten in Ost-Berlin Verträge auf Lebenszeit bekommen hatten, die nun weiter galten. Dabei war ihm klar, dass die Gehälter in Höhe von nominell einigen Hundert Mark auf Westniveau angeglichen werden mussten. Der Senator wollte Hetterle trotz des Alters „seiner künstlerischen Kraft und der Notwendigkeit der Kontinuität wegen für einige weitere Jahre“ halten. Vertragsdetails lagen fest. Roloff-Momin musste seine Entscheidung durchsetzen. Ohnehin war das Verfahren für den nötigen Senatsbeschluss langwierig. Aber Innensenator Heckelmann forderte Hetterles Entlassung. Der Intendant habe in seinem *Fragebogen* verschwiegen, dass er als *Kader* eingestuft war, also als besonders treuer Genosse. Für den Kultursenator selbstverständlich, denn Hetterle war schließlich in der SED-Bezirksleitung. Die CDU entfesselte den Widerstand. In Heckelmanns Innenverwaltung war der Ehemann der damaligen SPD-Sozialsenatorin Ingrid Stahmer in dem Referat tätig, das Personalnachforschungen in solchen Angelegenheiten betrieb, sodass dessen Erkenntnisse durch die Ehefrau auch in der Vorbesprechung der SPD für die Senatssitzung zu Wort kamen, an der Roloff-Momin auch selber teilnahm. Die SPD ließ ihren Senator hängen, Geld sollte er für Hetterle auch nicht bekommen. Bei Diepgen erzielte Roloff-Momin angesichts wachsenden öffentlichen Drucks den Kompromiss, der Hetterles Arbeit bis zum Juni 1994 ermöglichte. Aus Sicht des Ex-Senators hätten damals *Wessis* über *Ossis* zu Gericht gesessen, der *Fall* habe den „Graben zwischen Ost und West“ offenbar gemacht, „der mit dem Schwinden der Euphorie der Wendezeit aufgerissen war und immer tiefer wurde.“ Und es gab noch die Gefahr, die der Senator im Auge haben musste, dass bei einer Sparklausur die Schließung des Gorki zur Disposition stehen könnte, zumal es hieß, die angesehene *Parlamentarische Gesellschaft* aus Bonn interessiere sich für das Gebäude der früheren Singakademie am Festungsgraben. Also habe Hetterle zudem bleiben müssen, um das Überleben des Theaters und den Erhalt der Immobilie zu sichern.

VOLKSBÜHNE am Rosa-Luxemburg-Platz. Die Geschichte von Frank Castorfs Berufung und von der Arbeit mit ihm erinnert an das Leiden der West-Berliner Senatspolitik unter dem Regierenden Klaus Schütz an Peter Steins Schaubühne: renommierte Namen, aufsehenerregendes und erfolgreiches Theater, aber politisch unangepasst, Widerstand hervorrufend und Regeln ignorierend. So war das auch mit Castorfs Volksbühne. Roloff-Momin ging das Risiko ein: „Ich schloß mich Nagels Prognose an; mit diesem Mann war es zu wagen: ‚In drei Jahren entweder berühmt oder tot.‘“ Castorf wird zur Spielzeit 1992/93 Intendant, und er bleibt es bis 2017. Castorf ist Ära. Seine Nachfolge zu regeln, kein Wunder, geriet zum Desaster für das Haus. Castorf macht sich in Berlin noch berühmter, und sein Haus wird noch dazu international renommiert. Er ist Berliner aus dem Osten, geboren am 17. Juli 1951. Er studiert Theaterwissenschaften an der Humboldt-Universität, geht als Dramaturg in die DDR-Provinz nach Senftenberg, führt Regie in Brandenburg, wird 1981 Oberspielleiter in Anklam, wo die Partei 1985 für seine Kündigung sorgt. Er ist schon immer unangepasst und zugleich herausragend in der Qualität seiner Arbeit. Sein Lebenslauf auf der Netzseite der Volksbühne zählt die Stadttheater Halle, Gera, Karl-Marx-Stadt auf, 1988 seien *BRD* und Schweiz dazugekommen, 1990 bis 1992 arbeitet er als Hausregisseur am Deutschen Theater. Und sonst inszeniert er nach der Maueröffnung arbeitswütig quer durch Europa. Roloff-Momin: „Die Theaterkritik überschlug sich in Lobeshymnen ob seiner Fähigkeit, Klassiker gegen den Strich zu bürsten und ihnen neues Leben einzuhauchen." Beim ersten Gespräch hat der Senator das Gefühl, Castorf wolle gar nicht, er hört vor allem zu, beim zweiten sagt er, was er ändern will. Die *Darstellungsbeamten* müssten entlassen werden, in der ersten Spielzeit werde es einen *Neuinszenierungsmarathon* geben, er brauche ein *Team*. Der Neuköllner Matthias Lilienthal, 2003 bis 2010 künstlerischer Leiter der Hebbel-Theater GmbH (HAU), kommt dazu ebenso wie der Jurist André Schmitz aus Oberhausen, adoptiert von der Witwe des Haarkosmetik-Unternehmers Heinz Schwarzkopf, der nach Götz Friedrichs Tod die Deutsche Oper interimistisch leitet und unter Klaus Wowereit Kulturstaatssekretär wird. Auch hier gibt der Erfolg dem Senator Recht. Ost und West hätten sich dort gemischt wie kaum anderswo: „Unübersehbar steht über dem Theater der Schriftzug ‚Ost', das Haus ist aber ein ‚going place' für die Jugend der ganzen Stadt." Das Haus ist brechend voll. Aber es folgt die Ernüchterung, doch Roloff-Momin steht hinter der Entscheidung für ein einzigartiges Haus:

Berufen von Roloff-Momin: der Intendant der Volksbühne am Rosa-Luxemburg-Platz, Frank Castorf, im Jahr 1995. Er machte das Haus zu einem international renommierten avantgardistischen Theater.

Die Castorfsche Art, Bühnenklassiker auszuziehen und quasi nackt zu zeigen, Geschlechtsverkehr, Urin, fliegender Kartoffelsalat, spritzende Grütze, Hardrock und Leichtathletik jeder Art zum Bühnenalltag zu machen, zeigte Wirkung. Für einen Teil der Gesellschaft, für die Konservativen, egal welcher Partei, war das keine Kunst mehr. Aber Castorf hat die Jugend auf seiner Seite […], er reflektiert ihre Selbstbefindlichkeit, zeigt Probleme, Brüche und gibt keine Antworten.

KOMISCHE OPER. Die Frage, ob Berlin drei Opern brauche, sei ihm aufgezwungen worden, schreibt Roloff-Momin, er selbst habe sie sich nicht gestellt. Götz Friedrich als Chef der Deutschen Oper Berlin wollte der Senator ersetzen, weil er keine Kreativität mehr aufbrächte. Auch die Staatsoper Unter den Linden stand nicht zur Disposition, doch die von Walter Felsenstein gegründete und geprägte Komische Oper in der Behrenstraße, wo Friedrich vor seiner Flucht in den Westen bei Felsenstein gelernt hatte, geriet immer wieder unter Beschuss. Aus Roloff-Momins Sicht lag das an der schwierigen personellen Gemengelage. Der Opernregisseur Harry Kupfer hatte 1981 die künstlerische Leitung übernommen und internationales Ansehen erworben, aber er bestand darauf, seinen ebenfalls 1981 neu angetretenen Intendanten Werner Rackwitz zu behalten. Der aber war zuvor seit

Blieb auch in der Roloff-Momin-Ära an Walter Felsensteins Haus: der seit 1981 amtierende Chefregisseur der Komischen Oper Berlin, Harry Kupfer, am 10. Juni 1999

1969 stellvertretender Kulturminister der DDR gewesen. Nachdem die CDU im Fall Gorki Hetterle als Altkader geschluckt hatte, wurde es für den Senator schwieriger. Im Ergebnis bekam der Ex-Minister mit Lebenszeitvertrag einen befristeten Vertrag. Die Personallage erforderte nach Ansicht von Kupfer und Roloff-Momin auch einen Generationswechsel. Zur Debatte stand der junge Dirigent Yakov Kreizberg als neuer Generalmusikdirektor, der allerdings 600 000 DM forderte. Darüber gab es im Senat eine Kampfabstimmung:

Das war am 22. Juni 1993, dem Tag, an dem der Senat förmlich beschloß, das Schiller-Theater aufzugeben. Selbst Kulturmuffel wie der Wirtschaftssenator Meisner – als solchen bezeichnete er sich übrigens selbst – stimmten unter dem Eindruck der Schließungsentscheidung für meinen Vorschlag. Wenn man so will, hat die Schließung der Staatlichen Schauspielbühnen dazu beigetragen, daß Yakov Kreizberg an die Komische Oper kam.

SCHILLERTHEATER. Tatsächlich war es um drei Bühnen gegangen. Neben dem Haupthaus in der Bismarckstraße lag die Werkstattbühne des Schillertheaters, und in Steglitz gehörte das nach dem Zweiten Weltkrieg von Boleslaw Barlog wieder zum Theaterleben erweckte Schloßparktheater zu den Staatlichen Schauspielbühnen Berlins. Von Schließungen hatte nichts im Koalitionsvertrag gestanden, aber eine Bestandsgarantie für alle Häuser, wie sie Uwe Lehmann-Brauns von der CDU laut Roloff-Momin postulierte, die gab es nicht. Zur Geschäftsführung des Senats gehörten immer wieder Sparklausuren. Da gab es den ominösen Satz „Jetzt müssen wir in der Kultur Struktur machen." Gemeint war die Schließung von Institutionen. Roloff-Momin selbst hatte, gestützt auf den Koalitionsvertrag, 1991 gegenüber der Belegschaft des Schillertheaters gesagt, Berlin sei ohne dieses Haus für ihn undenkbar. Das war ein öffentlich begrüßtes Garantieversprechen. Doch Schließungsgerüchte, bezogen auf andere Einrichtungen, brandeten immer wieder auf, auch vor der Sparklausur 1993, in der es um den Haushalt von 1994 ging. Wie jedes Senatsmitglied hatte Roloff-Momin seine Forderungen nach mehr Mitteln. Dann war da die Gesprächsrunde mit dem Hauptausschuss des Abgeordnetenhauses, in der nach der Lageschilderung durch Finanzsenator Elmar Pieroth Unruhe aufkam. Der Geschäftsführer der Schaubühne am Lehniner Platz polterte und polemisierte, forderte dann die Schließung eines Theaters als Entlastungsaktion für alle anderen.

Der Berliner Jürgen Schitthelm sagte: „Und da Sie nicht den Mut haben werden, die Staatstheater zu schließen, werden Sie mein Haus, die Schaubühne, liquidieren." Die Klausur am sommerlichen 22. Juni 1993 im damaligen Senatsgästehaus in der Menzelstraße in Grunewald beschreibt Roloff-Momin mit gegen Pieroth gerichteter persönlicher Polemik. Verzicht habe er geleistet, Forderungen gar nicht mehr erhoben, die Staatliche Kunsthalle geopfert, 25 Millionen DM als pauschale Minderausgaben diktiert bekommen, aber dann sei es weiter gegangen. Pieroth: „Herr Roloff, Sie müssen das Schiller-Theater schließen." Diepgen sekundiert mit Hinweis auf gesunkene Einnahmen und künstlerischen Niedergang. Insgeheim gesteht sich Roloff-Momin ein, „daß die Befürworter der Schließung den einzigen Invaliden im Berliner Theaterleben getroffen hatten [...]." Der ehemalige Kultursenator Volker Hassemer schweigt; er hatte zuletzt die gescheiterte *Viererbande* als Gruppenintendanz eingesetzt. Roloff-Momin bleibt hartnäckig, verweigert die Zustimmung. Pieroth lenkt ein. Noch 20 Millionen pauschale Minderausgaben mehr. In diesem Moment schlägt SPD-Bausenator Wolfgang Nagel mit der Faust auf den Tisch und fällt Roloff-Momin in den Rücken, indem er Pieroth vorwirft: „Was sind Sie eigentlich für ein Finanzsenator, wenn Sie sich so über den Tisch ziehen lassen?" Sitzungsunterbrechung: Roloff-Momin verhandelt mit der SPD-Seite zwei Millionen DM für das Deutsche Theater und fünf Millionen für die Volksbühne heraus, um Johannes Kresniks renommiertes Ballettensemble in Castorfs Haus zu holen. Das Junktim erzwingt er mit der Rücktrittsdrohung: entweder diese sieben Millionen oder keine Schließung. Das ist sein Preis für die Schließung. Am Ende der Klausur kommen Diepgen Zweifel. Sein Instinkt sage ihm, der Senat werde die Stilllegung nicht durchstehen. Aber es bleibt dabei. Und Roloff-Momin bleibt auf seinem verlorenen Posten allein. Er muss den Beschluss umsetzen und vertreten gegen den aufbrandenden öffentlichen Protest. Morddrohungen bekommt er, der *Tagesspiegel* kommentiert unter der Überschrift *Der Mordfall.* Boleslaw Barlog hatte nach dem Zweiten Weltkrieg mit dem Schlossparktheater die Berliner Theaterwelt wiedererweckt und das Schillertheater zum Erfolg geführt, und er ist betroffen vom Ende seines Lebenswerks, sagt aber auch, eine solche *Vorstadtbühne* könne man nur noch schließen. Hundsmiserabel habe er sich gefühlt, schreibt der Ex-Senator über seinen letzten Besuch des Hauses am 24. Juni 1993, zwei Tage nach dem Beschluss. Personalversammlung, Intendant Volkmar Clauß und der Personalratsvorsitzende sowie Roloff-Momin sitzen auf der Bühne. Clauß fragt, ob der Beschluss rückgängig gemacht wird und ob der Senator zurücktritt. Der verneint:

Zum Rücktritt sähe ich keinen Anlaß, denn die Schließung sei zwar schmerzlich, aber dennoch notwendig, weil sie die Berliner Theaterlandschaft sichere. Keine Reaktion im Publikum. Volkmar Clauß: „Sie haben uns bereits im Geiste verlassen, bitte verlassen Sie uns jetzt auch körperlich." Er wartete. Ich erhob mich nicht. Clauß rief: „Dann gehen wir eben." Die Türen flogen auf, und innerhalb einer Minute herrschte gähnende Leere im Parkett. Das Licht erlosch. Ich saß allein im Dunkeln.

Und was brachte die Schließung? Roloff-Momin weiß um den Zynismus der Aussage, dass es dadurch möglich wurde, den Etat von Volksbühne und Deutschem Theater zu erhöhen. Sein Vorwurf an Diepgen ist, dass der darüber kein Wort verloren habe: „Er kniff." Fünf Millionen DM kostete es, die Truppe von Kresnik aus Bremen an die Volksbühne zu holen. Ein künstlerischer Gewinn für Berlin. Das Geld war da, dank der Schließung des Schillertheaters. *Aufbruch Ost* gegen *Abbruch West*? Wir sehen, dass es viel komplizierter gewesen ist.

Roloff-Momin begegnet uns immer wieder. Zunächst verfolgen wir, wie es der Senator mit dem eigenwilligen Ost-Berliner Dramatiker internationalen Ranges Heiner Müller zu tun bekam, der in diesen Tagen zum Kulturfunktionär mutierte.

Der Senator (M.) stellte sich: Ulrich Roloff-Momin am 24. Juni 1993 auf dem Weg zur Bühne des Schillertheaters – er sagte den Mitarbeitern, dass das Haus geschlossen werde. Und das Licht ging aus.

DAS WUNDE
VON MAILAN

Heiner Müller – Der Dramatiker, Brechts Haus und die Akademien

Sein Haus, sein Meister: Der Dramatiker und Brecht-Anhänger Heiner Müller sitzt im Februar 1994 auf dem Denkmal des sitzenden Bertolt Brecht vor dessen Haus, dem *Berliner Ensemble.*

IN BEIDEN ROMANEN LUTZ SEILERS kommt das 1979 eröffnete *Palasthotel* mit seiner Architektur der DDR-Moderne vor. Es ist ein aufschlussreich-absurdes Beispiel des *Abbruch Aufbruch Berlin*. Das ehemalige *Interhotel* schräg gegenüber vom Berliner Rathaus wurde 1995 vom Westeigner, dem Konzern *Radisson SAS*, aufwendig renoviert, um fünf Jahre darauf geschlossen und abgerissen zu werden und um auf dem Grundstück wieder einen neuen Hotelkomplex mitsamt Quartier einschließlich des 2023 havarierten und nicht wieder aufgebauten Schau-Aquariums *AquaDom* zu errichten. Nora, die Schwester von Effi, der Freundin der Hauptfigur von *Stern 111*, des angehenden Lyrikers Carl Bischoff, arbeitet in der Pianobar des Hotels. Sie überlegt, ob sie dem Stammgast Heiner Müller von Carls Ambitionen erzählen soll:

Der schmaucht die ganze Zeit sein fettes Kraut und spricht nur ganz leise. ‚Black Label' – mehr sagt er den ganzen Abend nicht. Ich könnte ihm etwas von dir erzählen, Carl, oder? Ich meine, Du schreibst. Ich könnte ihm etwas von Dir zeigen, was meinst du? Vielleicht spricht er dann mit mir?

Tatsächlich spricht Nora den Theatermann an, „und der schweigsame Trinker hatte ihr einen kleinen Text auf eine Serviette gekritzelt, ‚nur ein paar Zeilen'." Einige Zeit später bekommt Carl das Dokument von seiner Freundin Effi, „und er las die Serviette: ‚Im ächten Manne/ ist ein Kind versteckt/das will sterben.'" Es ist die Abwandlung des bekannten Zitats aus Friedrich Nietzsches *Zarathustra*, wo anstelle des *sterben* das Wort *spielen* steht. Der Dreizeiler stammt aus den Jahren nach 1989, wurde 1996 aus Müllers Nachlass durch das Berliner Ensemble erstveröffentlicht und gelangte so in den Gedichtband der Suhrkamp-Werkausgabe. Die anekdotische Charakterisierung Müllers bei Seiler trifft die Persönlichkeit des Dramatikers, der wie Bertolt Brecht zugleich ein produktiver Lyriker gewesen ist. Die Antwort, die scheinbar eine ganz andere Frage beantwortet, die leise Stimme, die Stummheit, die Zigarren, sein komplexes, aber doch wissensgesättigtes Denken, die scheinbare Einfachheit der Formulierungen, der Alkoholkonsum. Das sind Eigenarten, die Müller über den Epochenwechsel hinaus erhalten bleiben und die diese Persönlichkeit des deutschen, sogar des internationalen Theaters ausgemacht haben. Heiner Müller ist einer der großen Dramatiker, so schwer zugänglich sein Werk manchen auch erscheinen mag. In den Jahren nach dem Mauerfall wird er eine der wichtigen Figuren unter den Berliner Kulturleuten. Heiner Müller ist als Akademiepräsident Gegenüber von Ulrich Roloff-Momin bei dessen Vorhaben, beide Institutionen zu vereinigen. Müller übernimmt am Ende eines ebenso wie Jahre zuvor am Schillertheater gescheiterten Versuchs einer Teamleitung die Intendanz von Brechts ehemaligem Theater, des *Berliner Ensembles*, allein. Denn er blieb übrig.

Wir skizzieren Heiner Müllers Werdegang bis zu Intendanz und Präsidentschaft im Ost-Berlin der Nachwendezeit. Woher wissen wir von seinem Leben? *Krieg ohne Schlacht* hat Heiner Müller das Buch genannt, das er mit den Untertiteln *Leben in zwei Diktaturen* sowie *Eine Autobiographie* versehen hat. Es handelt sich, wie ein Rezensent des 1992 erschienenen und überaus gut verkauften Buchs formuliert, um ein *großes autobiographisches Interview*. Nahezu 1000 Seiten dick war das Typoskript der Interviews, das gegliedert, bearbeitet, komprimiert wird. Doch, so Müller, er hat die Schrift nicht zu Literatur gemacht, machen können. Seine Kontakte zur Staatssicherheit erwähnt er erst nicht. Das wird wie für viele DDR-Künstler zum Skandal. Die zweite Auflage von 1994 enthält ein Dossier mit Unterlagen, Akten, Dokumenten. Müller hat zwischen 1981 und 1989 mit der Stasi geredet, hat versucht, sie zu manipulieren, will niemandem geschadet haben. Es gibt keine Spur einer Verpflichtungserklärung als Informeller Mitarbeiter. Lassen wir das so stehen. Das Buch ist Grundlage jeder Lebensbeschreibung Heiner Müllers. Auch der 619 Seiten starken, heute wohl maßgeblichen Müller-Biografie des Literaturwissenschaftlers Jan-Christoph Hauschild von 2001.

Wie Lutz Seiler stammt Müller aus Mitteldeutschland, ist Sachse. Noch eine Übereinstimmung liegt darin, dass auch Müller von seinen Eltern verlassen wird. Anders als sein jüngerer Bruder Wolfgang bleibt er 1951 in der DDR zurück, aus Überzeugung. Wie Seiler geht Müller daraufhin nach Ost-Berlin, kommt bei einem Klassenkameraden in dessen Zimmer in der Warschauer Straße in Friedrichshain unter. Seiler vergleichbar, führt Müller ein karges Leben ohne die nötige Zuzugsgenehmigung für Berlin, ohne Arbeit, ohne Wohnung. Er zieht durch Kneipen, nachts geöffnete Gaststätten. Es sind politische Gründe, die den Vater, Kurt Müller, veranlasst haben zu flüchten. Das Elternhaus ist sozialdemokratisch. Erst Drangsalierungen der Sowjets zwingen den Vater, der Vereinigung der SPD mit der KPD zuzustimmen. Weil er so angesehen war, musste er sich öffentlich und gegen seine Überzeugung dafür einsetzen. Er hatte Kontakte zu dem antikommunistisch aktiven *Ostbüro* seiner Partei, kannte Leute, die mit der von Rainer Hildebrandt 1948 gegründeten West-Berliner Organisation *Kampfgruppe gegen Unmenschlichkeit* zu tun hatten. Das ist des Vaters Schicksal in der zweiten der beiden Diktaturen, die der Untertitel aufruft. Der erste Sohn Reimund Heiner kommt am 9. Januar 1929 im östlich von Chemnitz, der Heimatstadt des DDR-Schriftstellers Stefan Heym, gelegenen Eppendorf zur Welt. Der sozialdemokratisch geprägte Großvater kümmert sich, der Junge liest in dessen SPD-Zeitschriften, die literarisch hochwertig waren, das erste Mal Texte des Philosophen Friedrich Nietzsche. Es gibt diese so gar nicht marxistisch anmutende Unterströmung in Müllers Denken, eine Faszination durch die Denkwelt auch Rechtskonservativer, die 1988 zu der von Müller ersehnten Begegnung mit dem greisen

Wo Heiner Müller angeblich an der Hotelbar Whisky trank: das Palasthotel an der Karl-Liebknecht-Straße im Sommer 1991. Es wurde 2000 abgerissen, um Platz für ein neues Hotel zu machen.

Den renommierten und als rechtskonservativ geltenden deutschen Autor besuchte Heiner Müller 1988 in seiner Wohnung: Ernst Jünger in seinem Haus in Wilflingen im Jahr 1997

Schriftsteller Ernst Jünger in dessen Haus in Wilflingen führt. An Bertolt Brecht fasziniert Müller ausgerechnet die *gotische Linie*, auch *das Deutsche*, Müller nennt den Knittelvers. In seiner Autobiografie erwähnt er die 1944 erfolgte Lektüre des im nationalsozialistischen Nibelungen-Verlag erschienenen Buchs von Karl Albrecht *Der verratene Sozialismus. Zehn Jahre als hoher Staatsbeamter in der Sowjetunion.* Es ist eine Schrift über die Straflager der Sowjetunion, über die Gulags, die Geheimpolizei GPU. Der Autor war Kommunist, bevor er Nationalsozialist wurde, und führte ein Iwanowitsch als Vatersnamen. Müller betont, er habe von Lenins Gefährten Leo D. Trotzki, dessen Ermordung in Mexiko, den Säuberungen Stalins und den Prozessen gewusst. Dieses Wissen prägte sein Sozialismus-Bild.

Die erste Diktatur verschafft dem Sohn ein traumatisches Erlebnis. 1933 wird er Zeuge, wie die SA den Vater verhaftet. Der ist zu dieser Zeit in der von der SPD abgesplitterten Sozialistischen Arbeiterpartei Deutschlands, deren prominentestes Mitglied der junge Herbert Frahm ist, der seinen Kampfnamen Willy Brandt den SAP-Genossen verdankt. Es gibt den unvergesslichen Besuch des Kindes mit der Mutter Ella beim Vater im Konzentrationslager Sachsenburg. Ein Erlebnis, das Müller mit dem ihm in Ost-Berlin gut bekannten Wolf Biermann teilt, der mit seiner Mutter dem inhaftierten Vater ebenfalls noch einmal im KZ begegnete. Kurt Müller wird unter der Auflage entlassen, dass der Verwaltungsangestellte Eppendorf verlässt. Im 20 Kilometer entfernten Bräunsdorf geht der Sohn dann auf die Volksschule. Die Familie folgt dem vom NS-Regime weiter bedrängten und lange Zeit arbeitslosen Vater. Bizarr, dass ihn zunächst noch der KZ-Kommandant beschäftigt hatte. Arbeit bekommt der Vater in Mecklenburg. In Waren an der Müritz gilt Heiner den Mitschülern als *Ausländer*, er ist Sachse, und das ist nicht die erste, auch nicht die letzte Außenseitererfahrung des zarten, schwächlichen, kleinen Jungen, der Linkshänder ist und umgeschult wird. *Isoliert* zu sein, das ist eine ihn prägende, frühe Erfahrung. Auch der erwachsene, schlanke Mann ist kein Riese, was manchen überrascht, der ihm nach der Wende begegnet. 1943 muss der Junge in die Hitlerjugend, gezwungenermaßen war er zuvor in der nationalsozialistischen Kinderorganisation Jungvolk. Unvermeidlich für ihn ist im Dritten Reich der Reichsarbeitsdienst, auch die Werwolf-Vorbereitung und ums Kriegsende das Umherirren zwischen Amerikanern und Sowjets. Das erinnert an den Schriftstellerkollegen Erich Loest aus Mittweida, auch ein Sachse. Dank des Vaters wird Müller 1945 Mitarbeiter im Landratsamt Waren, denn der Vater, wieder aktiv in der SPD, arbeitet dort. Auch der Sohn tritt der Partei bei. Dann folgt wieder ein Umzug, denn Kurt Müller wird, jetzt als SED-Mitglied, Bürgermeister in Frankenberg, die Familie ist zurück in Sachsen. Der Sohn geht wieder zur Schule, wo er seine erste Theaterbegegnung hat, als er Heinrich von Kleists *Der zerbrochene Krug* im Schülertheater als Regisseur in Szene setzt. Nach dem Abitur wird er Hilfsbibliothekar. Aussonderung von NS-Literatur ist eine der Aufgaben. Schon zuvor liest Heiner Müller alles, was ihm in die Finger kommt. 1948/49 entdeckt er Brecht-Texte. Seitdem prägt ihn dieser große, Berlin verbundene linke Dramatiker und Theatermann. 1950 besucht Müller Brechts *Mutter Courage* mit Helene Weigel noch im Deutschen Theater, er sieht Brechts Inszenierung von *Der Hofmeister* von Jakob Michael Reinhold Lenz. Das ist die Initialzündung. Seit diesen Theatererlebnissen hat er „kein anderes Ziel mehr, als zum Berliner Ensemble gehören und dort zu arbeiten." Das ist sein Berliner Traum, und er wird sein Ziel erreichen. Aber seine damalige erste Bemühung, verbunden sogar mit persönlicher Begegnung mit Brecht, scheitert. Und das, obwohl Müller Brecht auch in dem schwierigen Verhältnis zu Staat und Staatspartei ähnelt.

Der junge Müller ist in der FDJ und macht erste Schreiberfahrungen, arbeitet ab 1949 für die Zeitung. Die FDJ fördert ihn mit der Teilnahme am Schriftstellerlehrgang. Ebenfalls im Schlüsseljahr 1950 ist er wie Loest und der dort zu Loests Freund werdende Lyriker Günter Kunert aus Berlin beim von Johannes R. Becher initiierten Schriftstellerlehrgang in Bad Saarow. Müller hat erste Texte publiziert, geht eine kurze Ehe ein, eine Tochter wird geboren. 1952 geht er endgültig nach Ost-Berlin und schlägt sich als Lektor beim von Becher mitgegründeten Aufbau Verlag und als Journalist durch. Seine Mitgliedschaft in der SED vernachlässigt er, er wird wegen Unauffindbarkeit gestrichen. 1953 heiratet er seine erste Frau noch einmal und lernt im selben Jahr die verheiratete Berlinerin Ingeborg Schwenkner kennen, die er 1955 nach erneuter Scheidung heiratet. Die Lyrikerin führt als Inge Müller mit ihm eine Dichterehe, deren wechselseitige Anteile an den Arbeiten beider noch nicht recht ausgelotet zu sein scheinen. Beide leben zu dieser Zeit unter prekären Verhältnissen in der 1959 bezogenen gemeinsamen Wohnung am Kissingenplatz 12 in Pankow. An beide erinnert dort eine Gedenktafel. Inge Müller bringt sich 1966 in der Küche mit Gas um. Beide tranken, beide rauchten, sie aber war traumatisiert vor allem durch ihre Kriegserlebnisse. In den letzten Kriegstagen war die Luftwaffenhelferin verschüttet, wurde gerettet, und sie grub ihre Eltern aus den Trümmern des zerbombten Berliner Wohnhauses aus. Heiner Müller findet seine tote Frau.

Mit ihr hatte er 1955/56 das Hörspiel *Der Lohndrücker* beim DDR-Rundfunk platziert, hatte ein Stipendium bekommen, als er für den Deutschen Schriftstellerverband arbeitete. Der Stoff wird sein erstes großes Stück, das 1958 im Maxim Gorki Theater in Ost-Berlin uraufgeführt wird. Zu seinen als *Produktionsstücken* bezeichneten Dramen dieser Schaffensphase gehört das 1961 von den Studenten der Hochschule für Ökonomie, der Kaderschmiede der SED für einige der Berliner Oberbürgermeister der Wendezeit, aufgeführte, aber zum Ausschluss Müllers aus dem Schriftstellerverband führende Theaterstück *Die Umsiedlerin oder Das Leben auf dem Lande*, das die SED-Landwirtschaftspolitik kritisch hinterfragte. Müller war Sozialist, hielt nichts vom westdeutschen System, aber er war kein blinder und stummer Gefolgsmann, sondern erfuhr nach der Förderung durch die SED schroffe Zurückweisung und unterlag einem faktischen Berufsverbot. In seinen Erinnerungen scheint wieder das Motiv des Außenseitertums von Kindheit und Jugend auf: „Die Isolierung nach der ‚Umsiedlerin' war aber auch sehr wichtig, zwei Jahre Isolation." Er sei *tabu* gewesen, und er schrieb das Stück *Philoktet*. In den 1960er-Jahren wird er zum produktiven Dramatiker, der sich antiken Stoffen und ihrer Bearbeitung zuwendet, weg vom Aktuellen, vom Anstößigen, vom Gefährlichen. Sein zentrales Motiv, so Müller in der Autobiografie: „Meine eigentliche Existenz war die als Autor, und zwar als Autor von Theaterstücken, und die Realität eines Theaterstücks ist seine Aufführung." Vor ihm lag jedenfalls in seinem Land, das er auf keinen Fall verlassen wollte, eine lange Durststrecke. 1970 heiratet er die aus

Das Brecht-Erlebnis, das Heiner Müller sein Leben lang prägen sollte: 1950 sah er dessen *Mutter Courage* mit Brechts Frau Helene Weigel in der Hauptrolle noch im Deutschen Theater.

Bulgarien stammende Theaterfrau Ginka Tscholakowa, die Ehe hält 16 Jahre, und er wird für sieben Jahre Dramaturg am Berliner Ensemble, also am Hause des von ihm bewunderten und als Vorbild betrachteten Brecht. 1976 unterzeichnet er die Biermann-Petition, wird seitdem von der Stasi kontrolliert, vollzieht aber zumindest in der Wahrnehmung der Partei eine Distanzierung und kann als Dramaturg an die Volksbühne wechseln, wo er bis 1982 arbeitet. Er hat sich durchgesetzt. Ende 1979 zieht Familie Müller in die Erich-Kurz-Straße 9, wo heute eine Gedenktafel hängt, in eine Sechs-Zimmer-Wohnung im 14. Stock eines Plattenbaus mit Blick auf den Tierpark Friedrichsfelde. Das ist kein Luxus, es regnet durch, der Fahrstuhl reicht nur bis zur 13. Etage. Seine Wohnungen sind kaum möbliert, überall Papier, Bücher, er schreibt auf der mechanischen Schreibmaschine, sein Freund und Interviewer, der Filmer Alexander Kluge, weiß vom Schreibpult. In dieser Zeit gewinnt Müller an Bewegungsfreiheit auch über die Mauer hinweg, erweitert seinen Aktionsradius ins westliche Ausland, er hat sich einen klangvollen Namen erarbeitet, obwohl ihm klar ist, dass er eigentlich einen Allerweltsnamen trägt. Im Alltag führt er ein privilegiertes gesamtberliner Leben, zieht als Ost-Berliner durch die Kneipen Charlottenburgs, wird prominenter Gast der *Paris Bar* und bei *Diener* in der Grolmannstraße. Für Müllers Erfolg stehen zwei bedeutende Auszeichnungen, nämlich 1985 der westdeutsche Georg-Büchner-Preis und 1986 der Nationalpreis Erster Klasse der DDR. Von 1987 bis 1991 ist Müller am Deutschen Theater, an dem ihn Intendant Dieter Mann fördert. Müller bringt seine Stücke *Der Lohndrücker*, *Hamlet/Maschine* und *Mauser* auf die Bühne. Am 4. November 1989 gehört er zu den Rednern auf der Demonstration auf dem Alexanderplatz, beruhigt sich mit einem Wodka, weiß nicht, was er reden soll, trägt dann ein Flugblatt vor, das ihm in die Hand gedrückt worden war und in dem es um die Gründung freier Gewerkschaften ging. Mit der Öffnung der Berliner Mauer wandelt sich die Rolle Müllers. Seine Produktivität als Autor schwindet, er beginnt zur öffentlichen Mediengestalt zu werden, vor allem aber wechselt er auf Chefpositionen gleich zweier bedeutender Berliner Kulturinstitutionen. 1990, im Jahr, als er den Kleist-Preis bekommt, wird er zum – letzten – Präsidenten der Ost-Berliner Akademie der Künste Berlin gewählt. 1992 wird er Direktoriumsmitglied des ihm so sehr vertrauten und persönlich wichtigen Theaters am Schiffbauer Damm. Und die Öffnung der Mauer? Zu dieser Zeit begleitet er die Proben der ersten Aufführung seines nach der Anmarschroute der Wehrmacht 1941 vor Moskau benannten Zyklus *Wolokolamsker Chaussee* im Berliner Ensemble:

Der Dramatiker als Theatermann: Heiner Müller (2. v. l.) bei den Proben für sein Stück *Hamlet/ Maschine* mit dem Schauspieler Ulrich Mühe (r.), der den Hamlet gab

Während des Probenprozesses fiel die Mauer, ging die DDR bankrott, das BE stürzte in eine existenzielle Krise und auch für das Publikum war eine neue Situation entstanden, das Theater hatte seine Funktion als Ersatzöffentlichkeit verloren.

BERLINER ENSEMBLE. Der Kultursenator wusste darum, dass das Theater Brechts ein besonderes Haus war, aber: „In Gesprächen mit Ivan Nagel und auch mit Heiner Müller schwang immer wieder Unschlüssigkeit darüber mit, was mit dieser Bühne passieren sollte." Der Regisseur Manfred Wekwerth war 1951 von Brecht in einer Laiengruppe entdeckt worden und hatte in Ost-Berlin an dessen Haus das Handwerk erlernt. Wekwerth war als Nachfolger der Brecht-Vertrauten Ruth Berghaus seit 1977 Intendant. In seinen Memoiren *Erinnern ist Leben* aus dem Jahr 2000 stellt er fest, die 40. Spielzeit des Hauses 1989 sei zugleich das 40. Jahr der DDR gewesen. Er berichtet, dass die Partei, der er selber als ZK-Mitglied angehörte, anders als die Berliner Theaterleute und das Berliner Ensemble die Zeichen der Zeit nicht erkannt habe. Zur Eröffnung der neuen Spielzeit habe sein Haus deshalb Stücke ausgewählt, die folgendes Ziel verfolgt hätten:

Es ging uns um die politische Auseinandersetzung in der Öffentlichkeit, die von Seiten der Politiker unterblieb, und wir schlossen uns dem Vorschlag der Akademie der Künste an, alle Feiern zum 40. Jahrestag abzusagen und statt dessen diese große Aussprache mit der Bevölkerung zu beginnen.

Das Wort von der *großen Aussprache* stammte von Brecht, der genau dies der SED nach dem Aufstand des 17. Juni 1953 empfohlen hatte. Und auf dem Spielplan zu Beginn der 40. Spielzeit stand ein Stück von Heiner Müller, an dem er 1956 begonnen hatte zu schreiben. Das war das Jahr der gegen den 1953 verstorbenen Josef W. Stalin gerichteten Rede des KPdSU-Generalsekretärs Nikita S. Chruschtschow gewesen, die das *Tauwetter* einleitete. Vollendet hatte Müller das Stück 1971, im Jahr der mit erneuten Hoffnungen auf Liberalisierung verbundenen Amtsübernahme des SED-Generalsekretärs Erich Honecker. Aber uraufführen konnte Müller es erst 1978, und zwar in München, also in der Bundesrepublik. *Germania Tod in Berlin* in den Wendetagen aufzuführen, das war eine bewusste Positionierung des Berliner Ensembles zur aktuellen gesellschaftlichen Lage im Land und in Ost-Berlin. Eine Positionierung war es ebenso gewesen, das dem Deutschen Theater zwei Jahre lang verbotene Stück Müllers 1987 im Berliner Ensemble das erste Mal in der DDR auf die Bühne zu bringen. Müllers Drama ist ein großes deutsches Geschichtstheater, das 1918 mit der Novemberrevolution beginnt und in seiner Szenenfolge zeitgeschichtliche Vorgänge mit realem Alltagsleben der DDR einander spiegelt. *Germania* ist das in Gestalt einer waffentragenden Frauenfigur inkarnierte Deutschland, das seinen Tod in seiner Hauptstadt erlebt. Die Müller-Kennerin Genia Schulz: „In der gespaltenen Hauptstadt, dem Herzen der Nation, stirbt, nach Müllers Text vorläufig endgültig, die Kraft der deutschen Arbeiterbewegung, stirbt auch Deutschland – Germania(s) Tod in Berlin." Die Aufführung im Berliner Ensemble fand am 11. Oktober 1989 statt. So eröffnete Brechts Theater seine 40. Spielzeit. Zuvor hatte die Compagnie während der renovierungsbedingten Schließung des Theaterbaus als erstes DDR-Ensemble in Israel gastiert. Bei der Durchsetzung dieser Reise bei der Partei hatte Brecht-Tochter Barbara Schall-Brecht, für viele Jahrzehnte Wahrerin der Rechte an den Texten ihres Vaters und dem Haus eng verbunden, geholfen. Die Politiker, Wekwerth meint die von seiner SED, hätten schweigen müssen, als Schall-Brecht von ihrer Mutter gesprochen hatte: „Denn Helene Weigel hatte als Jüdin ihre gesamte Familie in Auschwitz verloren." Das Berliner Ensemble hatte, so fassen wir kurz zusammen, unter Wekwerth ähnlich wie Dieter Mann im Deutschen Theater im Vorfeld der Wende einen *Aufbruch* versucht und, so stand es im seitens der Partei ungeliebten Volker Braun auf Anforderung der Theaterleitung gedichteten Prolog zur neuen Spielzeit, das „[...] Gespräch/Über die Wende im Land" eröffnet. Solche Entscheidungen waren damals noch durchaus risikovoll, denn sie hätten Repressalien zur Folge haben können. Beide Theater hatten Anteil an der großen Demonstration am 4. November 1989. Statt die Vorgeschichte seines Abgangs als Intendant am Schiffbauer Damm selbst zu schildern, druckt Wekwerth 2000 einen polemischen und von Verbitterung zeugenden Artikel des Filmemachers Gerhard Scheunemann in seinen Memoiren, der so beginnt:

Was mag den Kultursenator des Landes Berlin, Ulrich Roloff-Momin, dazu bestimmt haben, seine öffentliche Attacke gegen Manfred Wekwerth zu reiten, zuletzt – da besonnene Stimmen sich hören ließen – ohne Rücksicht auf persönlichen Verlust? Fühlt sich der einzige Parteilose im Senat unter Bewährungszwang? Ein Fall für Profilneurose also?

Schlagen wir in Roloff-Momins Bericht von 1997 nach. Beim Antrittsbesuch 1991 habe Wekwerth ihm das reparatur- und renovierungsbedürftige Theater und die Werkstätten gezeigt. Dem Senator sei merkwürdig erschienen, dass Wekwerth mit seinen politischen Überzeugungen die Wende überstanden und weitergearbeitet habe. Roloff-Momin fragt, und das spiegelt später Scheunemanns Polemik wider, ob Wekwerth einen Unterschied sehe zwischen der SED-Kulturpolitik und der Kunstfreiheit des Grundgesetzes. Wekwerth habe verneint. Roloff-Momin ist verblüfft. Er sagt: „Wenn Sie keinen Unterschied in der Arbeit für die Kunst zwischen Diktatur und Demokratie erkennen, werde ich öffentlich Ihre Ablösung fordern." Am Abend ist der Senator Gast einer Talkshow des *Deutschen Fernsehfunks*, also des DDR-Fernsehens, in der Jägerstraße. Roloff-Momin sagt live: „Wer solche Ausführungen macht und auf Nachfragen nichts davon zurücknimmt, ist für mich als Intendant eines Theaters nicht länger tragbar." Am nächsten Morgen steht alles in den Zeitungen. Wekwerth stellt einen Tag später auf der Betriebsversammlung die Vertrauensfrage. Roloff-Momin: „Keine Hand erhob sich." Umgehend habe Wekwerth den Dienst quittiert.

Demonstration der Berliner Kulturschaffenden am 4. November 1989 auf dem Alexanderplatz: Heiner Müller trug den Text von Gewerkschaftern vor, der ihm in die Hand gedrückt worden war.

Der Senator musste einen Nachfolger finden. Heiner Müller habe abgewunken. Ivan Nagel hatte ihn im Auftrag von Roloff-Momin gefragt. Nach Beratung mit Nagel sei nur der Name Matthias Langhoff geblieben, der Bruder von Thomas, der in diesen Tagen in Lausanne in der Schweiz arbeitete. „Ihr sitzt richtig in der Scheiße", sagte Langhoff, seine Inventur des Hauses ergab die Notwendigkeit einer fundamentalen Erneuerung des Berliner Ensembles einschließlich vieler Kündigungen, aber: „Das mache ich nicht. Die Hände mache ich mir nicht schmutzig." Das Angebot von Barbara Schall-Brecht, die Leitung zu übernehmen, lehnte der Senator ab. Aber Matthias Langhoff stand für ein *Zukunftsmodell* zur Verfügung. Was herauskam, das war ein Quintett. Außer Langhoff mit dem großen westdeutschen Theatermann Peter Zadek der vertriebene Jude, der nie wirklich in Berlin angekommen war, der frühere Brecht-Assistent Peter Palitzsch, der in den Westen gegangen war, Fritz Marquardt, seit 45 Jahren im Haus, und Heiner Müller. Das war im März 1992. Roloff-Momins Charakterisierung Müllers: „Ein Literat in der Nachfolge Brechts. In der DDR geliebt und gehasst, hoch gelobt und tief gefallen. Ein Zyniker." Die Öffentlichkeit lehnte die Lösung ab. Kollektivleitungen, so die allgemeine Überzeugung, mussten scheitern. Auch diese scheiterte. Aber zunächst bekam Roloff-Momin grünes Licht vom Regierenden Bürgermeister Diepgen: „Ich trage das mit." Die Finanzierung machte – wie immer – Probleme. Die fünf Intendanten, das weiß der Ex-Senator im Nachhinein, versäumten es, die Presse zu gewinnen. Heiner Müller und Peter Zadek redeten gar nicht mit Journalisten. Sie kümmerten sich nicht ums Betriebsklima. Die ersten Inszenierungen fielen durch. Rolf Hochhuths Stück *Wessis in Weimar*, inszeniert vom Westdeutschen Einar Schleef, wurde der große Publikumserfolg und der Anfang vom Ende des Quintetts. Zadek hatte Schleef verhindern wollen und forderte, dass dieser nie mehr verpflichtet werden sollte. Langhoff stieg deswegen aus. Hinzu kam die schwere Krankheit Heiner Müllers, die ihn zunächst lahmlegte. Die Erosion beschleunigte sich. Roloff-Momin nennt Müller den neuen starken Mann und sprach mit ihm: „Ich wußte um seine schwere Krankheit, doch er vermittelte mir den Eindruck, daß er durchaus noch ein Stück Lebensweg gehen wollte. Er wirkte wieder vital und voller Tatendrang. Die Fünfer-Lösung war gescheitert, Müller wurde alleiniger Herrscher des Hauses." Der krebskranke Dramatiker ist es bis zu seinem Tod am 30. Dezember 1995 geblieben.

DEUTSCHE AKADEMIE DER KÜNSTE. Manfred Wekwerth und Heiner Müller waren zusammen mit dem West-Akademievorstand, dem Tübinger Rhetorikordinarius Walter Jens, zentrale Akteure beim Zusammenschluss der beiden Berliner Akademien. Moderator war wiederum Senator Ulrich Roloff-Momin. 1696 war die *Preußische Akademie der Künste* gegründet worden. Nach dem Dritten Reich war sie mit dem Staat Preußen untergegangen. Die geteilte Stadt gebar zwei Nachfolgeinstitutionen: Am 24. März 1950 wurde im Admiralspalast in Ost-Berlin die *Deutsche Akademie der Künste* und am 12. Dezember 1954 in West-Berlin die *Akademie der Künste* gegründet. Die

Abwicklung der Ost-Berliner Akademie hatten Senat und Magistrat schon vor dem Vollzug der deutschen Einheit am 3. Oktober 1990 beschlossen, und Roloff-Momins Ziel war eine gemeinsame Akademie. Aber ihm schwebte eine Vereinigung und eine Zusammenführung der Mitglieder vor: „Mußte es unbedingt das Treuhand-Modell sein: abwickeln im Osten, erhalten im Westen?" Der Senat setzte die Ost-Akademie finanziell unter Druck, indem er beschloss, sie nur noch übergangsweise und längstens bis Ende März 1992 zu finanzieren. Heiner Müller war nach dem Abgang Wekwerths 1990 Präsident der Ost-Berliner Akademie. Roloff-Momin setzte sich mit ihm und mit Jens in sein vertrautes Lieblingsrestaurant am innenstadtfernen Steubenplatz in Westend und schlug eine Vereinigung vor. Jens lehnte ab, weil er keine Autonomie der Ost-Akademie erkennen konnte und weil er die vom ZK und der DDR-Regierung lancierten Staatskünstler nicht übernehmen wollte. Müllers Aufnahme illustriert das Problem: Er war im Juni 1981 durch die Sektion Literatur vorgeschlagen worden, das ZK lehnte ab, die Akademie beharrte, schließlich nahm sie 1984 im Gegengeschäft der SED genehme Kandidaten auf und setzte so Müllers Mitgliedschaft durch. Auch Müller wehrte sich gegen die Vereinigung. Er verwies auf die im Einigungsvertrag festgeschriebene Pflicht zur Erhaltung der Substanz der DDR-Kultur, also auch der Akademie. Roloff-Momin hat Müllers lyrische Argumentation in indirekter Rede festgehalten:

Unterzeichnung des Ratifizierungsvertrags über den Zusammenschluss beider Akademien der Künste am 27. September 1993 (am Tisch v. l. n. r.): Stefan Hermlin, für die Ost-Akademie W. Wemmer, Senator Ulrich Roloff-Momin, sein Brandenburger Amtskollege Hinrich Enderlein und Walter Jens für die West-Akademie

Er führte das Beispiel von der Nachtigall an, die, wunderschön singend, zu hoch aufsteigt, erfriert und herunterfällt, und zwar in einen Haufen warmen Kuhmist, sich dort wieder erholt, aber anschließend von einem Storch gefunden und gefressen wird, und leitet daraus dreierlei Moral ab: Man soll über den künstlerischen Höhenflug die Gefahren nicht vergessen, sich über die Wärme selbst eines Kuhhaufens freuen und jedem Retter misstrauen.

Aber das Land Berlin durfte die Ost-Akademie rechtlich gar nicht allein auflösen. Dafür war ein Staatsvertrag aller aus der DDR hervorgegangenen Bundesländer nötig. Der Senator bereitete diesen Vertrag vor. Andererseits aber könnte sein Vereinigungsplan nur gelingen, solange die Ost-Berliner Akademie überhaupt noch existierte. Voraussetzung, so Roloff-Momin, war, dass Müllers Akademie sich von den durch die Partei oktroyierten, also nicht direkt gewählten Mitgliedern trennte. Zweite Voraussetzung war der Abbau des nicht-künstlerischen Personals; es ging um 262 Mitarbeiter. Jens hatte unter diesen Voraussetzungen einem Zusammengehen unter dem Dach der West-Akademie zugestimmt. Im Herbst 1991 wurde der Weg der Umsetzung beschritten. Das war jedoch nur der Anfang. Die Auseinandersetzungen in Berlin begannen jetzt erst, sogar unter Einbeziehung von Bundeskanzler Helmut Kohl. SPD und CDU hatte die Mitgliederbereinigung in der Ost-Akademie nicht überzeugt. Wieder spielte Manfred Wekwerth seine Rolle. Der von 1982 bis 1990 amtierende Vorgänger Müllers war erneut in die Akademie gewählt worden, und er war einer der Steine des Anstoßes. Erst fast zwei Jahre später, am 19. September 1993, beschloss das Abgeordnetenhaus von Berlin in namentlicher Abstimmung das neue Akademiegesetz. Roloff-Momin: „Ich hatte meine politische Zukunft vom Ausgang der Abstimmung abhängig gemacht. Ein Oktroy gegen die Akademie hätte ich nicht mitgetragen, ich wäre zurückgetreten."

1990ER-JAHRE. Die letzten Jahre Heiner Müllers stehen zwar im Zeichen seiner Krebserkrankung. Doch seine Vitalität ist stark. 1992 heiratet er die Fotografin Brigitte Maria Mayer, und er wird Vater. Sein Biograf Jan-Christoph Hauschild vermerkt, dass der Familie, besonders seiner eigenen, distanziert, fremd, beziehungslos gegenüberstehende Müller diese Rolle mit Begeisterung annimmt. Zu seinem wohl bedeutendsten Erfolg im Regiefach wird in seinem letzten Lebensjahr Bertolt Brechts *Der aufhaltsame Aufstieg des Arturo Ui* im Berliner

Ensemble. Auch seine Stadt würdigt ihn, gerade noch rechtzeitig, mit dem Theaterpreis Berlin der Stiftung Preußische Seehandlung. Seine Beerdigung am 16. Januar 1996 auf dem Dorotheenstädtischen Friedhof, neben dem Brecht-Haus, wird live im Fernsehen übertragen. Bei der Trauerfeier im Haus am Schiffbauer Damm sind die Ministerpräsidenten Eberhard Diepgen und Manfred Stolpe dabei, die Spitze der PDS ist vertreten, SPD-Chef Oskar Lafontaine, die großen Namen des deutschen Theaters, auch Günter Grass und Rolf Hochhuth, der Dramatiker mit den komplizierten Eigentumsansprüchen auf das Haus am Schiffbauerdamm. Der Filmer Alexander Kluge, der viele TV-Interviews mit Müller gemacht hat, spricht als Erster, es folgt der wichtige Ost-Berliner Autor Stephan Hermlin, dann der bedeutende Regisseur Robert Wilson. Daniel Barenboim spielt auf dem Klavier. Vom frühen Vorabend der Beerdigung bis in den frühen Morgen waren in der Volksbühne Müller-Texte gelesen worden. Titel der Veranstaltung: *Whisky and Cigars. Eine Nacht für Heiner Müller*.

Der Berliner Heiner Müller ist ein großer Autor der Weltliteratur, viele seiner Werke sind in eine kaum überschaubare Zahl fremder Sprachen übersetzt. Größe und Bedeutung scheinen sich erst mit wachsender Distanz der Zeit herauszustellen. Nicht nur Dramatiker ist er gewesen, auch seine Lyrik, seine Prosa, sein Theaterschaffen als Regisseur sind inzwischen entdeckt. Gewiss reicht er nicht an sein Idol Brecht heran. Müllers Biograf Hauschild meint: „Bis zu seinem Tod vermag es Müller nicht, aus diesem Riesenschatten herauszutreten." Aber kaum einer anderen Figur der Berliner Literatur- und Theatergeschichte ist im zu Ende gehenden 20. Jahrhundert derartige Ausstrahlung rund um den Globus zuzuschreiben wie ihm. Aus der Welt der Musik allerdings kommt in dieser Epoche ein Künstler in die Stadt, der an Weltläufigkeit und Rang den Dichter übertrifft, und der – vielleicht manchen verblüffend – zu Heiner Müllers künstlerischem Partner und Freund wird.

Sein Haus, sein Meister: Trauerfeier für Heiner Müller am 16. Januar 1996 im Berliner Ensemble mit dem Brecht-Denkmal auf dem Bertolt-Brecht-Platz am Schiffbauer Damm

Daniel Barenboim – Wunderkind, Weltmusiker und der *Aufbruch* der Staatsoper

Der Maestro am Pult: Daniel Barenboim dirigiert am 26. Februar 1992 die Berliner Philharmoniker im Schauspielhaus am Gendarmenmarkt.

ER IST EINE FASZINIEREND VIELFÄLTIGE PERSÖNLICHKEIT, ein Musiker, dessen Leben durchströmt ist von Klang, Melodien, Noten. *Die Musik – mein Leben* heißt deshalb Daniel Barenboims in letzter Bearbeitung 2002 veröffentlichte Autobiografie. Klavier und Musik seien Essenz seines Lebens, wichtig wie Essen und Trinken. Barenboim vermag es als Musiker nicht, sich in einen Menschen „ohne Musik" zu versetzen. Das sagt er am 5. Dezember 2016 in Genf im TV-Interview mit Barbara Bleisch in der Sendung *Sternstunde Philosophie* des Schweizer Fernsehens. Wenn es darum gehe, Musik gerade in ihrer *geistigen Dimension* zu erfahren, wenn der Zuhörer sich auf einen Abend eben geistig einstellen wolle, so fragt ihn Bleisch: „Wie soll ich mich vorbereiten?" Barenboim sucht Antwort für das ihm nicht Vorstellbare, extemporiert Gedanken wie den von der Notwendigkeit *totaler Konzentration* des Zuhörers, die vielleicht jener inneren Leere ähnele, die andere beim Meditieren fänden. Dieser Mann ist, lebt Musik. Sie ist ihm wie Atem. Dazu ist er eine Persönlichkeit mit unendlich vielen, oft überraschenden Facetten, einer, der von Kindesbeinen an mit den großen Musikern, großen Dirigenten, den großen Namen, auch den noch künftig großen, schon so früh Umgang hat. Seine Biografie ist eine Schilderung dieser Begegnungen, seines Lernens von diesen Menschen, die seinem Leben oft neue Wendungen geben, des Sammelns seiner Freundschaften. Viele hatten Bezüge zu Berlin, was wir für eine Berliner Kulturgeschichte hervorheben dürfen. Sein Leben und sein Berichten davon sind Barenboims persönlich erlebte eindrucksvolle Weltmusikgeschichte. Wir können für unsere Berliner Kulturgeschichte nur ein paar Schlaglichter festhalten. Berlin ist nur eine, immerhin eine der wichtigeren Facetten in Barenboims künstlerischer Existenz. Doch wir beginnen mit Bayreuth, Richard Wagner und dem großen Ost-Berliner Dramatiker und Regisseur.

HEINER MÜLLER. Barenboim sollte am Grünen Hügel *Tristan und Isolde* dirigieren. Der Franzose Patrice Chéreau, der in Bayreuth in der zweiten Hälfte der 1970er-Jahre schon einmal den *Ring* inszeniert hatte, sagte ihm ab. Barenboim schlug Festspielchef Wolfgang Wagner daraufhin Müller vor. Es waren nicht allein die 60 000 DM Honorar, die den Berliner überzeugten: „Als Barenboim mich zuerst fragte, fand ich das ohnehin ganz absurd. Da ich aber abergläubisch bin und an Schicksal oder was auch immer, aber nicht an Zufall glaube, konnte ich eigentlich nur ja sagen." Barenboim erzählt ähnlich von ihrer Begegnung im Frühjahr 1990 in Ost-Berlin: „Zuerst hielt er mich für verrückt, denn er hatte keinerlei Erfahrung im Inszenieren von Opern, wenig Kenntnis von Musik im Allgemeinen und Wagner im Besonderen." Barenboim hatte Müller und sein Werk schon zuvor gekannt. Er wusste von dem Vorhaben Müllers, mit Barenboims Freund Pierre Boulez eine Oper zu schreiben, erwartete, dass der Dichter und Mann des Sprechtheaters dem Text Wagners Neues abringen würde. Barenboim selber hatte den *Tristan* schon einmal produziert, in West-Berlin mit Götz Friedrich, dem Intendanten der Deutschen Oper. Den Sängern habe der Theaterregisseur Müller nicht geben können, was sie erwarteten, erinnert sich Barenboim. Ohnehin habe Müller sich immer härter und zynischer gegeben, als er eigentlich war. Sympathisch war Barenboim Müllers Konzentration aufs Wesentliche. Aus Hauschilds Müller-Biografie erfahren wir, dass die Premiere am 25. Juli 1993 kein triumphales Debüt für Müller wurde, die Bravos mischten sich mit Buhrufen. Gefeiert wurde erst die Wiederaufnahme im Juni 1994. Barenboim spricht im Nachhinein von einer „mittlerweile legendären Produktion". Der Pianist wird auf Müllers Beisetzung spielen. Ausgewählt hatte er Franz Schuberts letzte Klaviersonate B-Dur D 960. Es erscheint uns überraschend, wie Barenboim über sein Verhältnis zu dem auf den ersten Blick so ganz andersartigen Künstler und Menschen Heiner Müller berichtet:

Schließlich wurde er sogar einer meiner engsten Freunde in Berlin. Unsre Freundschaft wurde erleichtert durch unsere gemeinsame Leidenschaft für kubanische Zigarren und lange Unterredungen bis tief in die Nacht hinein.

VATER UND MUTTER. Von Leidenschaft, sagt Barenboim im Interview mit dem Schweizer Fernsehen, habe er schon einen Begriff gehabt, bevor er einen Blick für Mädchen gehabt habe. Er wählt das als Beispiel dafür, dass er von Musik mehr fürs Leben lerne als umgekehrt. Barenboim kommt am 15. November 1942 in Argentiniens Hauptstadt Buenos Aires zur Welt. Sein Vater Enrique starb 1998, seine Mutter Ada 1986. Die Großeltern beiderseits waren vor den Pogromen im Russland des Zaren Anfang des 20. Jahrhunderts nach Südamerika emigrierte Juden. Eine der Großmütter war Zionistin und Sozialistin. Die Großeltern mütterlicherseits zogen 1952, vier Jahre nach Gründung des Staates, mit dem Enkel und seinen Eltern nach Israel. Die Auswanderung war „eine sehr bewusste Entscheidung für Israel". Die Mutter war die treibende Kraft. Der Vater dagegen war „kein enthusiastischer Zionist". Dort ging der Zehnjährige weiter zur Schule. Er betont, dass die Musik ihm nichts von der Schulbildung genommen habe, obwohl er, außer in musikalischen Dingen, nicht sehr diszipliniert sei.

KLAVIER. Sein intellektuell ambitionierter Vater war hin- und hergerissen zwischen Geschäftsleben und Musik, die ihn von Kind an leidenschaftlich fesselte. Barenboim: „Eigentlich waren meine Eltern beide Klavierlehrer." Der Vater hatte bei dem bedeutenden italienischen Musikpädagogen Vincenzo Scaramuzza aus Kalabrien Klavier studiert, gab Konzerte, auch gemeinsam mit Barenboims Mutter. Das sind die Wurzeln des Pianisten Daniel Barenboim, aber auch die des musikpädagogisch aktiven Musikers. Klavierspielen sei für ihn so natürlich gewesen wie das Laufenlernen. Ungefähr vier Jahre alt war

Der Pianist am Klavier: Daniel Barenboim bei seinem ersten öffentlichen Auftritt in der argentinischen Hauptstadt Buenos Aires am 19. August 1950

er, als er den Vater bei einem Konzert mit einem Geiger erlebte. Also wollte das Kind Geige spielen. Denn es wollte mit dem Vater gemeinsam spielen. Die Eltern suchten eine Kindergeige. Als der Junge sah, wie der Vater ein Klavierduett spielte, verstand er, dass er auch so mit dem Vater musizieren konnte, und entschied sich doch fürs Klavier. Die ersten Stunden gab die Mutter, als er fünf war. Sie lehrte ihn die Noten, dann übernahm der Vater: „Ich habe seit diesen frühen Jahren keinen anderen Lehrer gehabt, und die Basis meines Klavierspiels, die ich durch den Unterricht meines Vaters erhielt, ist mir bis heute geblieben." Das Instrument zeichnet sich für Barenboim durch dessen *Neutralität* aus, und deshalb: „Man könnte den Pianisten vergleichen mit einem Maler, der mit einer vollkommen weißen Wand konfrontiert ist." Diese Wand biete vollkommene Freiheit. Anders die Violine oder die Oboe: „Sie besitzen eine individuelle Färbung." Einzig das Klavier, so glaubt Barenboim, könne „die Illusion anderer Töne hervorrufen."

WUNDERKIND. Es gibt das Foto des Jungen in kurzen Hosen mit Pullunder über dem Hemd, der auf der Kante des zu hohen Stuhls sitzt und auf Hände und Finger blickt, die die Tasten eines niedrigen Spinetts bedienen. Auf dem Weg nach Israel macht die Familie Station in Europa. Das Foto ist 1952 im Geburtshaus des bekanntesten Wunderkinds der Musikgeschichte, im Geburtshaus von Wolfgang Amadeus Mozart an dessen Instrument in Salzburg entstanden. Das andere berühmte *Wunderkind* ist Berlin eng verbunden. Der Geiger und Dirigent Yehudi Menuhin hatte als Zwölfjähriger am 12. April 1929 mit den Berliner Philharmonikern debütiert. Er war 1947 als erster jüdischer Musiker in der Trümmerstadt mit Wilhelm Furtwängler und seinem Orchester aufgetreten. Und Menuhin hatte im Dezember 1989 aus Anlass der Maueröffnung mit der Staatskapelle in Berlin gespielt. Am 12. März 1999 starb er im Martin-Luther-Krankenhaus in Berlin an einem Herzinfarkt. Menuhins Eltern hatte der Geiger und Komponist Adolf Busch, der in Berlin das international bekannte Busch-Quartett gegründet hatte und bei dem Menuhin dann studierte, damals von Auftritten ihres Kindes abgeraten. Bei Daniel Barenboim riet Busch zu. Ihm sei es als Kind ganz natürlich vorgekommen aufzutreten, erzählt Barenboim: „Ich liebte es geradezu, für die Menschen zu spielen." Sein erstes Konzert gab er mit sieben Jahren im August 1950 in Buenos Aires. Diese Biografie ist voller erster Male – das erste Konzert mit einem Orchester gab er dort mit acht Jahren, und er spielte ein Klavierkonzert von Mozart. Ludwig van Beethoven habe ihm als Kind jedoch am meisten bedeutet. Konzerte spielte er schon regelmäßig mit 13 oder 14 Jahren, aber, so schreibt er, „keine langen Tourneen“ wegen der Schule – immerhin: Es waren Tourneen. Er übte bis zu zwei Stunden am Tag. Einmal die Woche durfte er selbst bestimmen, was er spielte: „So konnte ich mein Blattspiel entwickeln und mir ein großes Repertoire aneignen.“

DIRIGENT ODER PIANIST? Dem Vater verdankt Barenboim, dass er von Anfang an große Dirigenten hatte beobachten können. Dazu gehört der aus Rumänien stammende Sergiu Celibidache, der während des Dritten Reichs in Berlin studiert und zwischen 1945 und 1952 die Berliner Philharmoniker geleitetet hatte. Wichtig für Barenboims Werdegang war der in Kyjiw geborene italienisch-französische Komponist und Dirigent Igor Markewitsch, der seinem Vater sagte: „Ihr Sohn spielt wunderbar Klavier, aber an der Art, wie er spielt, kann ich hören, dass er in Wirklichkeit Dirigent ist.“ Markewitsch hatte geraten, den Jungen nach Salzburg zu bringen, wo er dabei war, eine Dirigentenschule zu eröffnen. Im Sommer 1952 war Barenboim bis Ende August in dieser Dirigentenklasse. In Wien, wo der Vater einen Vortrag hielt, spielte er einige Konzerte, ebenso wie in den Jahren in Israel. 1954 entschieden die Eltern, er solle bei Markewitsch in Salzburg das Dirigentenstudium beginnen. Vater und Lehrer stritten darüber, ob er schon in diesem Alter die Entscheidung treffen müsse und das Klavier aufgeben solle. Der Vater habe sich durchgesetzt. Der Sohn: „Auch wenn ich später hart kämpfen musste, um mich auf beiden Gebieten gleichermaßen durchzusetzen.“ Markewitschs Assistent war der später renommierte Wolfgang Sawallisch, dem 1955 in Edinburgh mit den Berliner Philharmonikern sein internationaler Durchbruch gelang. 1955 und 1956 lernte Barenboim Harmonielehre und Komposition bei Nadia Boulanger in Paris. Wohl schon 1955 spielte Barenboim zum ersten Mal in London, in dieser Zeit nimmt er erstmals Schallplatten für Philips auf, im Sommer 1955 ging der Dirigentenkurs in Salzburg weiter. 1956 war er außerordentlicher Hörer eines mit Diplom abgeschlossenen Klavierkurses in Rom, und im Sommer absolvierte er in Siena einen weiteren Dirigierkurs. Dort schließt er Freundschaft mit den später großen Dirigenten Claudio Abbado, zehn Jahre älter, und dem aus Indien stammenden Zubin Mehta, sechs Jahre älter. Abbado ist in den 1990er-Jahren als Nachfolger Karajans Chefdirigent der Berliner Philharmoniker. Ihn findet Barenboim in der Stadt vor, als er an die Staatsoper kommt. Mehta betrachtet Barenboim seit dieser frühen Zeit als *Seelenverwandten*, auch wegen dessen Engagements für Israel. Beide kehren 1967 nach Beginn des Sechstagekrieges nach Israel zurück, betrachten diese Ges-

Daniel Barenboim kannte von Kindheit an die großen Dirigenten seiner Zeit: Das Foto zeigt ihn mit seinem „Seelenverwandten", dem Inder Zubin Mehta (l.).

te als Zeichen ihrer Solidarität. Mehta ist seit 2014 *Ehrendirigent* der Staatskapelle, des Orchesters der Staatsoper Barenboims.

Wir wissen jetzt, dass Barenboim beides geblieben ist. Aber besonders ist, dass Barenboim zugleich Klavier spielt und dirigiert, besonders ist, dass er es kann. Er beginnt damit Ende der 1950er-Jahre. Es sei nicht bei jedem Stück sinnvoll. Bei Mozart gebe es den *Dialog*, den *Dualismus*, zwischen Orchester und Soloinstrument: „Manchmal geht das Klavier mit dem Orchester, manchmal gegen das Orchester." Ziel sei, der Darbietung eine weitere Dimension hinzuzufügen. Sinn von gleichzeitigem Spielen und Dirigieren sei die Gewinnung einer Einheit. Barenboim erläutert: „Es gibt physische Probleme, wenn man komplizierte, sorgfältig ausgearbeitete Passagen spielt, während man gleichzeitig die linke Hand oder seine Mimik verwendet, um dem Orchester zu sagen, was man möchte." Barenboim erwähnt in dieser Passage seiner Autobiografie, dass Orchester wie die Berliner Philharmoniker viele Stücke auch ohne Dirigenten spielen könnten. Auf den Dirigenten zu verzichten, wäre aber eine Beleidigung des Orchesters, und es wäre „gegen die Musik an sich und gegen jede Professionalität [...]."

FURTWÄNGLER. Ein Foto zeigt den großen, schlanken Wilhelm Furtwängler, der sich dem Vater Barenboims zuwendet, links die Mutter, in heller kurzer Hose, gerade so groß, dass er dem Vater an die Schultern reicht, der Junge. Furtwängler, der Stardirigent dieser Zeit, der in Hitlers Berlin geblieben, der wieder Chefdirigent seiner Berliner Philharmoniker geworden war. Barenboim spielte ihm in Salzburg vor, bekam ein Empfehlungsschreiben, das er 20 Jahre lang verwendete: „Der elfjährige Barenboim ist ein Phänomen [...].“ In dem 2004 auf Deutsch erschienenen Gesprächsband *Parallelen UND Paradoxien* schildert Barenboim seinem Freund, dem palästinastämmigen amerikanischen Literaten Edward Said, wie der schon hörgeschädigte Furtwängler ihm Akkorde vorspielt, ihn prüft, ob er die Töne benennen kann. Der Elfjährige spielte ihm jeweils ein Stück Bach, Beethoven, Prokofjew, Chopin vor. Der Junge wohnte Furtwänglers Proben bei, wurde eingeladen, in Berlin mit den Philharmonikern zu spielen: „Das war die größte Ehre, die er mir zuteilwerden lassen konnte, aber mein Vater lehnte ab.“ Im Nachhinein meint der Sohn, angesichts des Holocaust sei es dem Vater wohl zu früh erschienen, nach Deutschland zu fahren. Barenboim hat sich intensiv mit der Arbeitsweise Furtwänglers beschäftigt, hörte ihn live, war von „dem Menschen an sich“ fasziniert. Nach dem Tod des Dirigenten hielt sich Barenboim bei dessen Witwe Elisabeth in deren Haus in Clarens in der französischen Schweiz auf, studierte dort Furtwänglers nachgelassene Unterlagen. Furtwängler hat sich eigentlich in seinem Innersten als Komponist verstanden, Barenboim wird seine Kompositionen aufführen. Das Komponieren, so vertritt er es wiederholt, sei eine besondere zusätzliche Qualifikation, die einen Dirigenten vor anderen auszeichne. Vernunft und Gefühl sieht Barenboim als zwei Ebenen des Dirigierens. Man gewinne bei Furtwängler den Eindruck, „er habe eine ideale Situation hergestellt: mit dem Herzen zu denken und mit dem Kopf zu fühlen.“ Es habe eine Symbiose zwischen ihm und den Berliner Philharmonikern bestanden, bei der man „letztendlich nicht sagen kann, was er ihnen und was sie ihm gegeben haben.“

WELTMUSIKER. Spanisch ist Muttersprache. Hebräisch erlernte Barenboim, als er in Israel in die Schule geschickt wurde. Erst konnte er kein Wort. Sein Englisch war dürftig, als er 1954 in Salzburg war, sein Deutsch bestand zuerst aus den 1952 aufgeschnappten Brocken. Sprachen zu lernen geschah nebenbei. Auch Italienisch und Französisch spricht Barenboim „recht fließend“. In der Sowjetunion oder in Japan empfand er es als „fürchterlich störend“, von Dolmetschern abhängig zu sein und die Schilder nicht lesen zu können. Es war 2008, anlässlich des Konzerts in der Palästinenserhauptstadt Ramallah, dass der Israeli Barenboim die palästinensische Ehrenstaatsbürgerschaft verliehen bekam. Barenboim gastiert rund um den

Musiker-Ehe: Daniel Barenboim und seine Frau, die früh verstorbene britische Cellistin von Weltrang Jacqueline du Pré im Jahr 1967

Erdball, auch in Australien hat er dirigiert und gespielt. Er lernte zu verstehen, dass ein eigenes Orchester besondere Möglichkeiten der Prägung bietet, die sich dem Gastdirigenten nicht eröffnen. Barenboim bewegt sich auf jener Ebene hoher Kunst, die ihn Prägungen von Orchestern durch Chefdirigenten über Generationen hinweg wahrnehmen lassen, die schon seit Jahrzehnten nicht mehr am Leben sind. 1987 hatte er eingewilligt, 1991 Chefdirigent des Chicago Symphony Orchestra zu werden. Bald darauf kam das Angebot, die musikalische Leitung der Bastille-Oper in Paris zu übernehmen. Konnte er beides miteinander vereinbaren? Sein Freund, der Komponist und Dirigent Pierre Boulez sagte, dass seine Pianistentätigkeit darunter leiden würde. Er ignorierte den Rat.

PRIVATMANN. Musikerinnen sind seine beiden Ehefrauen, Musiker seine Söhne. Die Britin Jacqueline du Pré heiratete Barenboim 1967. Bei der Hochzeit in Israel war Staatsgründer David Ben Gurion zu Gast. Die zum Judentum konvertierte Cellistin konzertierte viel mit ihrem Mann. Sie erkrankte schwer und starb 1987 an Multipler Sklerose. 1988 heiratete Barenboim die in Moskau geborene Pianistin Jelena D. Baschkirowa. Der gemeinsame Sohn David ist Produzent, nennt sich in der Szene *KD-Supier*. Der zweite Sohn Michael spielt Violine und Bratsche.

MAUERKONZERT. Kriege und die vielberufenen historischen Stunden waren und sind Anlässe des Musizierens für Daniel Barenboim. 1967 ist es so gewesen, als Israel im Sechstagekrieg stand. 1973 war es so, als das Land im Jom-Kippur-Krieg focht. 1991 war es so, als im Zweiten Golfkrieg irakische *Scud*-Raketen in Israel einschlugen. Menuhin war da, Barenboim, der Violinist Isaak Stern kam dazu, und nach einigen Wochen konnte es im von Saddam Hussein bedrohten Land wieder Vorstellungen geben. Barenboim erinnert sich, wie im Konzert mit dem Israel Philharmonic Orchestra in Jerusalem „die Sirenen heulten, das Orchester zu spielen aufhörte und alle Zuschauer ihre Gasmasken aufsetzen mussten – und Isaac mit seiner Violine auf die Bühne zurückkam, allein dastand und Bach spielte.“ Diese Erlebnisse und der Fall der Berliner Mauer hätten ihn darüber nachdenken lassen, ob Musik tatsächlich nur etwas sei, das anstand, wenn die *wirklichen Probleme* gelöst seien, schreibt Barenboim, und er polemisiert gegen Politiker, die in Etatverhandlungen so argumentierten. Menschen hätten doch vielmehr „ein vitales Bedürfnis nach Musik – die Musiker und das Publikum gleichermaßen.“ Deshalb hätten die Berliner Philharmoniker im November 1989 spontan für die Menschen aus Ostdeutschland spielen wollen:

Das Konzert am 12. November 1989, das ich dirigieren durfte, war nicht nur ein Ausdruck der Freude, die die Musiker empfanden, weil sie für ihre Landsleute spielen konnten, oder der des Publikums, weil sie die Berliner Philharmoniker hören konnten, sondern ein Ausdruck des Bedürfnisses, Musik zu machen und zu hören, das Menschen in Zeiten heftiger Emotionen einfach haben.

ABBRUCH. In der altehrwürdigen und renommierten *Deutschen Staatsoper Berlin* Unter den Linden war der erste gesamtberliner Kultursenator Ulrich Roloff-Momin bei seinem Antrittsbesuch einmal mehr mit *Kadern* des SED-Regimes konfrontiert. Intendant Günter Rimkus, Dramaturg und seit 1984 im Amt, legte dem Politiker die selbstkritische Rede vor, die er nach der Maueröffnung vor der Belegschaft gehalten hatte. Rimkus hatte sich für die Verfehlungen entschuldigt, die unter seiner Leitung geschehen waren, und hatte erklärt, er sei bereit, weiterzuarbeiten. Der Senator ergriff die Gelegenheit und fragte: „Herr Rimkus, ist das Ihr Rücktrittsgesuch?“ Rimkus war konsterniert, bejahte, und sein Verwaltungsleiter stimmt der eigenen Demission gleich mit zu. Die Führungsetage konnte, so schildert es Roloff-Momin, neu besetzt werden.

UNKLARHEIT. Zu diesem Zeitpunkt war dem Senator nicht klar, ob Daniel Barenboim wirklich an die Staatsoper wollte. Roloff-Momins Vorgängerin Anke Martiny hatte keinen direkten Kontakt aufgebaut, es gab lediglich eine nach dem 12. November 1989 nach dem Konzert gefallene wohlwollend-freundliche Aussage Barenboims. Der Senator musste eruieren, ob sie „nur eine unverbindliche Verbeugung vor dem Haus war oder ob er sein Interesse ernst meinte.“

UMSTRITTEN. Es habe sich ferner gezeigt, dass die Zustimmung zu Barenboim in Berlin keineswegs einhellig war. Die drei Autoren des Nagel-Gutachtens standen dem Vorhaben skeptisch gegenüber. Götz Friedrich von der Deutschen Oper, bisher nach Roloff-Momins Worten *Opern-Platzhirsch* in West-Berlin, wenn auch mit Ost-Berliner Vergangenheit, setzte den Kandidaten laut Roloff-Momin angeblich herab, indem er borniert unentwegt von *Barenboom* gesprochen habe. Stimmt, was der Ex-Senator hier hinterbringt?

SCHNEETREIBEN. Auf dem Weg Daniel Barenboims nach Berlin spielte der Kultursenator persönlich eine Schlüsselrolle. Barenboim habe in diesen Tagen, bevor er nach Berlin kommen sollte, mit seinen Gastspielen „wie ein Gestirn die Sonne Berlin" umkreist, schreibt Roloff-Momin, der sich an einem Sonntagabend im Februar 1991 mit dem Dirigenten nach dessen Konzert in Dresden verabredet hatte. Der Fahrer des Senatsfuhrparks weigerte sich, ihn im Schneetreiben in die Sachsen-Metropole zu chauffieren. Der Himalaja-erfahrene Senator setzte sich selbst ans Steuer. Vor dem Treffen wurde ihm die Dimension seines Plans bewusst, er war befangen: „Plötzlich fühlte ich mich klein – ein Politiker, ein Bittsteller." Barenboim erschien im offenen Hemd. Beide Männer fanden einen persönlichen Draht zueinander. Dass er in Dresden sei, sagte der Senator, „könne er als Beweis nehmen, daß ich fest entschlossen sei, ihn nach Berlin zu holen, und mir wünschte, möglichst rasch mit ihm in intensive Verhandlungen einzutreten." Das Ergebnis des Winterabends in Dresden: „Aus Barenboims Wunsch wurde feste Absicht, auch er wollte nun schnell verhandeln." Roloff-Momin rapportierte dem Regierenden Bürgermeister, der sich ebenfalls für einen Vertrag aussprach.

WELTRUF. In den kommenden Monaten wurde klar, was sich der Kandidat für die Staatsoper vorstellte, nicht mehr und nicht weniger als das: „Er wollte eine Oper von Weltruf." Er wollte das Orchester ausbauen und die Musiker besser bezahlen. Eberhard Diepgen vermerkt in seinen Erinnerungen, dass Barenboim noch 2000 den Ost-West-Gegensatz ausgenutzt habe, um mithilfe des Anwalts Gregor Gysi durchzusetzen, dass nicht der Vergleich mit der Deutschen Oper Maßstab für die Musiker der Staatskapelle sein sollte, sondern der Vergleich mit den besser bezahlten Philharmonikern. Das hatte laut Roloff-Momin seine künstlerische Begründung, denn: „Die musikalische Qualität sollte konkurrenzfähig sein mit der des Berliner Philharmonischen Orchesters und auch der Dresdner Semperoper." Außerdem sollte das Ballett aufgewertet werden, und zwar mit dem

Historisches Konzert: Drei Tage nach Maueröffnung am 12. November 1989 dirigierte Daniel Barenboim die Berliner Philharmoniker beim *Musikalischen Mauerrausch.*

teuren Wunschkandidaten Maurice Béjart. Das zerschlug sich. Diepgen lehnte ab. Auch die Gehaltsvorstellung Barenboims schien den Berliner Rahmen zu sprengen; er wollte eine Million DM im Jahr. Als ein grüner Abgeordneter im Parlamentsausschuss fragte, ob Barenboim dieses Geld wert sei, antwortete der: „Herr Abgeordneter, wenn es Ihnen um die Million geht, die spiele ich in einem Monat mit Klavierabenden ein." Schon im Senat hatte es ein Tauziehen um die Finanzierung gegeben, mit dem Finanzsenator, der gar nicht wollte, dem Regierenden, der sich angeblich nur heraushielt, dem Innensenator, der riet, das Geld anderswo im Kulturhaushalt einzusparen.

FREUND. Im Poker um Barenboim schaltete der Senator in seiner größten Not schließlich den mit dem Musiker befreundeten Richard von Weizsäcker ein. Der Senator sorgte dafür, dass das Staatsoberhaupt vor der entscheidenden Sitzung seinen Amtsnachfolger Diepgen anrief. Der sagte deshalb zu Sitzungsbeginn: „Der Bundespräsident läßt Sie alle schön grüßen." Roloff-Momin mutmaßt, spätestens dieses Telefonat habe dem Regierenden klargemacht, „daß es nicht ohne größeres Aufsehen abgehen würde, wenn Berlin das Angebot von Daniel Barenboim ausschlagen würde." Es war „der teuerste Intendantenvertrag, den es in Berlin je gegeben hatte", erklärt Roloff-Momin, und der Kampf um die Durchsetzung sollte noch dauern.

Der Maestro und sein Rechtsbeistand: Daniel Barenboim mit dem PDS-Politiker Gregor Gysi am 18. September 2001 nach Unterzeichnung seines Fünfjahresvertrags als Generalmusikdirektor

INTENDANZ. Dem folgte die Auseinandersetzung mit Barenboim um die Übernahme der Intendanz der Staatsoper, denn der neue Generalmusikdirektor wollte mit deren Arbeit nicht selber befasst sein. Am Ende hieß der Intendant Georg Quander, aber die langwierigen Querelen hatten ihre Spuren hinterlassen. Roloff-Momin: „Die Vertragsunterzeichnung am 31. Dezember 1991, mit der sich Barenboim für zehn Jahre an die Staatsoper band, stand damit unter einem ungünstigen Stern." Ohnehin war die Stimmung in der Musikkritik nicht positiv, so der Ex-Senator, weil aus deren Sicht feststand, „daß Barenboim zwar ein begnadeter Pianist, aber kein guter Dirigent und damit auch kein guter Generalmusikdirektor und Künstlerischer Leiter der Staatsoper sein würde."

AUFBRUCH. Barenboim war vollauf bewusst: „Die Situation in Berlin war völlig neu, der Mauerfall lag erst wenige Jahre zurück." In seinem *Aufbruch* mit seinem neuen Haus steckte auch ein Stück *Abbruch*. Er vergleicht die Staatsoper zur Zeit seines Anfangs „mit einem herrlichen antiken Möbelstück [...], dessen Schönheit unter einer dicken Staubschicht verborgen liegt. Ich wusste um seine hohe Qualität und fing an abzustauben." Er hebt die musikalische Substanz der Staatskapelle hervor und erinnert sich der *seltsamen Atmosphäre*. Unsicherheit habe geherrscht:

Ich hatte mit Leuten zu tun, die viele Jahre in einem totalitären Staat gelebt hatten. Sie hatten so lange keine Freiheit gekannt und keinen Kontakt zur Außenwelt gehabt, dass ihr Verhalten auf vielen Ebenen von Furcht geprägt war.

Der Ensemblegeist sei zu spüren gewesen, zu dessen Erhaltung er die meisten der 1100 Mitarbeiter weiterbeschäftigen wollte. Barenboim wusste um die Problematik der Mitarbeit beim Ministerium für Staatssicherheit, wusste vom Stolz derer, die für die Staatsoper hatten arbeiten dürfen in der Diktatur, und er schreibt, es sei ihm gelungen, die Neuankömmlinge, die er mitbrachte, rasch zu integrieren. Barenboim hatte sich vorgenommen, die musikalische *Essenz* der Staatskapelle zu erhalten. Ebenso habe er mit den Sängern und dem Chor umgehen wollen. Aber das Repertoire wollte er erweitern. Dabei war ihm klar, dass das Orchester „kein reines Opernorchester ist, sondern auch ein Symphonieorchester mit einer sehr langen Tradition." Es sei „das zweitälteste Orchester der Welt" – begründet im Jahr 1570.

RÜCKTRITT. Die Zweifel an Barenboims Bedeutung und seiner Rolle in Berlin sind lange erledigt. Für das Haus, für die Staatskapelle und für die Musikmetropole Berlin bedeutete die Ära den Aufbruch ins neue Jahrhundert. Das gilt trotz der technisch und finanziell schwierigen Sanierung des Gebäudes zwischen 2010 und 2017 durch den am Ende mit der Aufgabe betrauten Architekten HG Merz. „Ich glaube, dass die Staatsoper und ich füreinander ein großes Glück waren. Froh und stolz macht mich insbesondere, dass die Staatskapelle mich als Chefdirigenten auf Lebenszeit gewählt hat", erklärte Barenboim am 6. Januar 2023 zu seinem mit seinem Gesundheitszustand begründeten Rücktritt als Generalmusikdirektor: „Selbstverständlich bleibe ich – solange ich lebe – mit der Musik engstens verbunden und bin bereit, auch künftig als Dirigent zu wirken, auch und gerade mit der Staatskapelle Berlin."

ROLOFF-MOMIN. Der Senator hat mit der Durchsetzung der Berufung Daniel Barenboims etwas Großartiges erreicht, es ist der Gipfelpunkt seines politischen Wirkens. Ihm ist 1997 bei Abfassung seiner Erinnerungen bewusst, dass es sich vor dem Hintergrund der deutsch-jüdischen Geschichte und der Kulturgeschichte Berlins um eine herausragende Besetzung auf einer herausragenden Position mit einem herausragenden Künstler handelte.

STÄDTEBAU

Edzard Reuter – Der Bürgermeistersohn baut am *Neuen Berlin*

Posemuckel ist überall,
Posemuckel darf nur nicht in Berlin sein.

EDZARD REUTER,
VORSTANDSVORSITZENDER DER DAIMLER-BENZ AG,
AM 28. AUGUST 1990 GEGENÜBER DEM *SPIEGEL*

Top-Manager, Bürgermeistersohn, Sozialdemokrat, Opernförderer, Intellektueller, Ehrenbürger von Berlin: Edzard Reuter veränderte mit dem Potsdamer Platz das Antlitz seiner Heimatstadt.

SPEKTAKULÄR WOLLTE BERLIN in den 1990er-Jahren sein. Eine Herausforderung für den Maestro Daniel Barenboim war gewiss sein Auftritt mit schwarzem Mantel und weißem Bauarbeiterhelm, mit einer weißen und blauen Fahne als weithin erkennbaren Taktstöcken auf der in die Höhe gefahrenen, mit einer grünen Plastikgirlande geschmückten Hebebühne. Von dort dirigierte der Chefdirigent der Deutschen Staatsoper am 26. Oktober 1996 das *Ballett der Kräne*, mit dem die *Daimler-Benz AG* auf der mit 68 000 Quadratmetern damals angeblich größten Baustelle Europas das Richtfest des neuen Potsdamer Platzes inszenierte. Der Versuch, Kultur und Bauen in einer gemeinsamen Aufführung zu verbinden, entsprach dem kulturell veranlagten ehemaligen Vorstandsvorsitzenden Edzard Reuter. Eingerichtet war das Ballett nach einer Choreografie von Georg Wübbolt, schrieb der *Spiegel* vorab am 20. Oktober 1996. Wübbolt war TV-Regisseur, geübt darin, Operninszenierungen fernsehgerecht auf die Mattscheibe zu bringen. Die 19 Portaldrehkräne bewegten sich sieben Minuten lang synchron unter dem herbstlich-heiteren Himmel über Berlin. Alle 30 hatten es aus Sicherheitsgründen nicht sein dürfen. Ohnehin handelte es sich um ein gewagtes Unterfangen ohne irgendein Vorbild. Die Kranführer konnten sich so schon nicht alle gegenseitig sehen. Die im Haus des Berliner Verlags am Alexanderplatz herausgegebene Zeitung *Berliner Kurier*, der als einziges in seiner Gestaltung boulevardesk anmutendes Blatt der DDR früher *B.Z. am Abend* geheißen hatte, schilderte das Geschehen ausgehend von Daniel Barenboims Rolle und der Auswahl der Musik am nächsten Morgen so:

Dann schwillt aus Lautsprechern Beethovens Ode an die Freude zum Jubelchor: Und die Kranarme drehen sich im Takt der Meisterhände über die Baustelle am Potsdamer Platz. Der Freudentanz der Giganten war „Höhepunkt" des Richtfestes der „Daimler-City" zwischen Reichpietschufer und Potsdamer Straße. 2000 geladene Gäste vor dem 22stöckigen Rohbau der künftigen debis-Zentrale reckten die Hälse, schauten in den strahlend blauen Himmel. In Straßen und auf Dächern rund um die Baustelle drängten sich rund 20000 Zaungäste. Die Aussichtsplattform der Info-Box mußte wegen Überfüllung schließen. Um 11.50 Uhr hatte Polier Berthold Breitschädel nach alter Sitte ein Sektglas auf dem Boden des von Renzo Piano entworfenen Bürohauses zerschellen lassen. „Der Ort der Spaltung und der Wende findet jetzt und hier ein Ende", deklamierte er, während der fünf Meter hohe Richtkranz am Kranhaken in 100 Meter Höhe schwebte.

Es war ein Wochenende der Feier. Ein Umzug der Bauarbeiter gehörte am Sonnabend des Richtfestes ebenso dazu wie die Gospelsängerin, die hoch droben im Krankorb *Glory, Glory Halleluja* schmetterte. Der Regierende Diepgen sagte: „Am Potsdamer Platz hört man jetzt das Herz Berlins wieder schlagen." Mit anderen Worten sagt Baumeister Renzo Piano das Gleiche: „Das ‚schwarze Loch' in der Mitte Berlins wird lebendig." Manfred Gentz, aufgestiegen in den Vorstand des Konzerns, verspricht, dass in zwei Jahren alles pünktlich fertig sein soll. Gentz leitet die 1990 gegründete Sparte Dienstleistungen, deren Kürzel *debis AG* für die *Daimler-Benz InterServices AG* steht und deren Logo mit den hellgrünen Vierecken als Würfel auf der Spitze des debis-Hauses prangt. Der Name ist im 21. Jahrhundert Geschichte, denn der spätere Vorstandschef des seit 1998 nach dem Zusammenschluss mit dem US-Autokonzern zur *DaimlerChrysler AG* umgetauften Konzerns Jürgen Schrempp hat die debis 2004 verschwinden lassen. Dessen Devise für die Zukunft des Konzerns lautete: Konzentration auf das Kerngeschäft, also auf das Automobil, also auf Mercedes-Benz. Neben Gentz steht beim Richtfest sein ehemaliger Chef, Schrempps Vorgänger bis zu seinem Ruhestand im Mai 1995, Edzard Reuter. Der Abgang dieses Mannes, der 31 Jahre *beim Daimler* gearbeitet hatte, wie es schwäbisch heißt, und der die Rankünen, Kabalen, Rivalitäten im Konzern erlebt, erlitten und seinen Part darin gespielt hatte, war von Dissonanzen bestimmt. Zuletzt hatte Reuter im Februar 1996 sein Aufsichtsratsmandat niedergelegt. Er war es gewesen, der den Autokonzern zu einem *integrierten Technologiekonzern* hatte erweitern wollen, um die absehbar werdenden technischen Entwicklungen vorwegzunehmen, um auch in Zukunft Fahrzeuge auf höchstem Niveau zu bauen und damit Wert und Ertrag des Konzerns zu sichern, sollten die Märkte für Automobile einst gesättigt sein. Reuter hatte beispielsweise die vor der Pleite stehende, mit Berlin verbundene AEG, für die Luft- und Raumfahrt die 1989 als *Deutsche Aerospace Aktiengesellschaft* gegründete DASA und eben für den Dienstleitungssektor die neu geschaffene debis der Mercedes-Benz AG hinzufügen, und diese Sparten unauflöslich miteinander verzahnen wollen. So plante er, das Unternehmen so groß und eigenständig zu machen, dass es nie in Gefahr käme, zum wohlfeilen Übernahmekandidaten zu werden. Unter Reuters Ägide hatte es sogar eine kurzlebige gemeinsame Gesellschaft mit dem Volkswagen-Konzern gegeben, die sich der Batterieentwicklung für spätere Elektroautos widmen sollte. Das war, in groben Zügen skizziert, die Strategie des 1994 abservierten, 1995 in Ruhestand gegangenen Konzernlenkers Edzard Reuter.

Sein Vorname ist friesischen Ursprungs, heißt hochdeutsch Ekkehart. Edzard hatte der 1919 verstorbene jüngere Bruder seines Vaters geheißen, erfahren wir aus David E. Barclays Biografie Ernst Reuters, die 2000 unter dem auf die historische Rede vom 9. September 1948

Einzigartiges Dirigat: Daniel Barenboim dirigierte am 26. Oktober 1996 beim Richtfest für den Potsdamer Platz das Ballett der Kräne.

Edzard Reuters erste Ehe 1952 (v. l. n. r.): Schwiegermutter Frieda Willner, Ernst Reuter, die Braut Christel Reuter, geb. Willner, Edzard Reuter, seine Mutter Hanna Reuter und die Schwester Hella Reuter.

vor der Reichstagsruine Bezug nehmenden Titel *Schaut auf diese Stadt* erschien. Der Vater ist der erste Regierende Bürgermeister von Berlin, geboren in Apenrade, der landsmännischen Zugehörigkeit nach Friese, der in seiner kommunistischen Lebensphase als Genosse, der Wladimir I. Lenin und Josef W. Stalin persönlich begegnet war, den Kampf- und Decknamen *Friesland* geführt hatte. Sein Sohn Edzard Hans Wilhelm Reuter kam am 16. Februar 1928 in Berlin auf die Welt. Seine ersten Erinnerungen hat das Kind aus Magdeburg, wo der Vater 1931 Oberbürgermeister geworden war. Aus dieser Stadt stammen die ersten frühkindlichen Erinnerungsbilder des Sohnes, der die Verhaftung des Sozialdemokraten Ernst Reuter erlebte, den die Nationalsozialisten zweimal ins Konzentrationslager brachten, der aufgrund auswärtiger Intervention freikam und emigrieren konnte. Edzard kam 1935 nach ins Exil. Politisch war der Sohn von Jugend auf. Die Mutter Hanna war ebenfalls Sozialdemokratin, anders als der humanistisch gebildete Vater, der Latein und Altgriechisch liebte und die alten Sprachen pflegte, begeisterte sie sich für die Kunst der Moderne. Tolerant war dieses Elternhaus, später sagt der Sohn, dass es manchmal zu tolerant gewesen sei, weil er sich ab und an gewünscht hätte, dass er klare Ansagen, mindestens hilfreichen Rat bekommen hätte. Er denkt bei dieser Feststellung an seine erste, am 4. Oktober

1952 geschlossene, bald gescheiterte Ehe mit der älteren Christel Willner und an Umwege bei der Berufsfindung. Politisches, Kulturelles, Weltläufigkeit sind drei Prägungen, die Edzard Reuter vom Elternhaus mitbekommt. Die Weltläufigkeit ist aus der Not der Emigration geboren, denn der Vater bekommt Arbeit erst als Ministerialer, dann als Professor für Kommunalwissenschaft in Ankara, der Hauptstadt der sich unter Kemal Atatürks autoritärer Herrschaft rapide verwestlichenden Türkei. Es ist eine bürgerlich-gutsituierte Exilwelt, die bestimmt ist von der Fixierung auf das Dritte Reich, auf das Radio und die Landkarte, die den Kriegsverlauf zeigt, und durch das Miteinander der in der Nähe lebenden deutschen Emigranten. Die Gedanken des Vaters sind in Deutschland, in Berlin, bei der raschen Rückkehr, sobald es geht. Einer der Mitemigranten ist Martin Wagner, der Architekt und Stadtbaurat der 1920er-Jahre, Kollege des Vaters, als der Verkehrsstadtrat in Berlin war. Bruno Taut ist zu Hause Gast, zeichnet beim Gespräch gekonnt Architektur, sie reden davon, wie der Vater die U-Bahn an die Peripherie Berlins führte, Taut in Zehlendorf die Siedlung Onkel Toms Hütte baute. So wurzelt Edzard, vermittelt durch das Elternhaus, in jenem berückenden Berlin der 1920er-Jahre, an das er selbst keine eigene Erinnerung hat. Er bekommt in Ankara Unterricht von einer umfassend gebildeten deutschen Lehrerin, die deutschen Emigrantennachwuchs in kleinen Gruppen auf die Reifeprüfung vorbereitet. Die Kinder gingen natürlich nicht auf die nationalsozialistische deutsche Botschaftsschule. Ernst Reuter sucht die diplomatische Vertretung nur auf, wenn er den Pass verlängern musste. Die angebotene türkische Staatsangehörigkeit hatte er abgelehnt. Der Sohn kann ebenso wie der Vater Türkisch. Als er im Dienst von Daimler-Benz in der Türkei Verhandlungen führt, verschweigt er erst seine Sprachkenntnis, redet nicht von seinem Aufwachsen im Gastland. Aber auf der Fahrt durch Istanbul beim Anblick der Hagia Sophia unterläuft ihm, der einen Moment in Erinnerung versunken war, ungewollt, dass „er, hingerissen von dem grandiosen Anblick, aufgeregt und in bestem Türkisch bat, für eine kurze Besichtigung zu halten.“ Er war elf Jahre gewesen, als er 1939 beim Verlassen dieses Gebäudes mit Mutter und Stiefschwester Hella erfuhr, dass der Zweite Weltkrieg begonnen hatte. Hella und Gerd Harry sind Ernst Reuters Kinder aus erster Ehe. Die Episode steht in der Edzard-Reuter-Biografie von 1991, die der beschlagene Wirtschaftsjournalist, *Spiegel*-Redakteur und Berliner Hans Otto Eglau auf Basis von Gesprächen mit Reuter verfasst hat. Die Episode zeigt etwas von der Zurückhaltung, dem Bemühen um Emotionslosigkeit, die den Vernunftmenschen Edzard Reuter kennzeichnen. Unendlich viel gelesen hat er in der türkischen Jugendzeit, klassische deutsche, auch englische Literatur, unter den Philosophen schätzt er schon früh Immanuel Kant und dessen optimistisches Menschenbild und ähnelt darin dem Vater, dessen Rationalismus vom neukantianischen akademischen Lehrer Hermann Cohen herkommt. Distanz ist Edzard Reuter eigen, Kühle, er ist ein kontrollierter, beherrschter Mann, nicht ohne die Fähigkeit zu Leidenschaft, Entschiedenheit, besonders für Berlin, er ist einer, der das Du spärlich verwendet, besonders im beruflichen Leben, er will das Persönliche vom Geschäftlichen penibel trennen. Vielleicht ist in der Lautung seiner Sprache für geschulte Zuhörer bis heute noch immer eine Spur des Berlinischen zu ahnen.

Die Begegnung mit der *Wüste* Berlin im November 1947 ist für den 18 Jahre alten Edzard Reuter ein herber Schock. Kälte, zwei Zimmer mit kaputtem Kachelofen in Tempelhof, so ist der Anfang für die dreiköpfige Familie. Edzard Reuter kennt niemanden in Berlin. Er erlebt hautnah das politische Engagement des Vaters mit, auch dessen Mühsal, die Abgründe, Niederlagen. Der Sohn tritt der SPD bei, die Jungsozialisten langweilen ihn rasch, der Vater muss 300 DM Beitrag nachzahlen, weil der Sohn beim Abteilungskassierer säumig war. Blockadezeit und Berlin-Krisen, das erlebt er in Berlin. Schon in Ankara spielte er leidenschaftlich Tennis, er setzt das in Zehlendorf im Verein der *Wespen* fort, ist Vereinsmeister, beseitigt zusammen mit anderen den Vorstand der alten Herren. Er reitet sein Leben lang gern und hat in Ankara auf dem nahen Übungsturm von Fallschirmspringern der türkischen Streitkräfte auch dafür eine Begeisterung entwickelt. Dass der sportliche, immer schlank, drahtig wirkende Mann im höheren Alter den Tandemsprung ablichten lässt, mag zur Imageinszenierung eines bundesdeutschen Industrieführers gehören, dem Presse- und Öffentlichkeitsarbeit ebenso wie Produktwerbung Lebensnotwendigkeit sind. Ansonsten mag er kein Gewese um seine Person, als Nichttänzer mag er keine Bälle, Frack, so hat er sich geschworen, trägt er nicht. Orden, Auszeichnungen mag er nicht, bis auf solche aus Berlin, das ihn 1998 zum Ehrenbürger macht. Edzard Reuter macht das Abitur nach, das Wissen aus Ankara machte es leicht. Paulsen-Schule in Steglitz hieß diese Lebensstation. Er will an die Humboldt-Universität, er wird nicht zugelassen. Der Vater interveniert erfolgreich bei dem ihm aus seiner Zeit in der KPD bekannten, in Ost-Berlin für die Hochschulen zuständigen SED-Funktionär Paul Wandel. Erst wählt der Sohn im Herbst 1947 Mathematik und Physik, die Wahl stellt sich dann ein Jahr darauf an der Universität in Göttingen als falsch heraus. Unter dem Einfluss seines sozialdemokratischen Kommilitonen Horst Ehmke, nachmals Kanzleramtsminister unter Willy Brandt, entscheidet sich Reuter für die Juristerei. Von 1949 bis 1952 bringt er dieses Studium an der FU in Dahlem zum Abschluss. Brandt übernimmt nach dem überraschenden Tod des Vaters im Amt im September 1953 den Landesvorsitz der SPD und geht davon aus, dass Edzard in die Politik geht. Reuter erzählt in seinen 1998 erschienenen *Erinnerungen*, denen er den Titel *Schein und Wirklichkeit* gegeben hat, dass er Brandt sagt, er wolle erst unabhängig werden, um sich nie von Parteifreunden und politischen Wirrungen abhängig machen zu müssen. Er will jederzeit gehen können. Das ist die Lehre dessen, was er beim Vater erlebt hat. Die innerparteilichen Kämpfe sind nach Auffassung von Sohn und Mutter einer der Faktoren für den Herztod Ernst Reuters, der ein distanziertes Verhältnis zur Partei hatte, obwohl er ein exzeptioneller Exponent der SPD war. Auch in dieser Hinsicht ähnelt ihm der Sohn, der in seiner Karriere immer wieder daran zu knabbern hat, dass er ein *Roter* ist, der das Parteibuch über alle tiefen Zweifel hinweg bis heute behalten hat. Vom Vater kommt die Begeisterung für Mercedes-Automobile. Ernst Reuter besaß als Kleinaktionär eine Aktie des Unternehmens, fuhr allerdings, auch als Dienstwagen, lange VW-Käfer. Es gab nach dem Zweiten Staatsexamen am 30. November 1955 das erste Bewerbungsgespräch bei Daimler-Benz bei

An dieser Schule hatte ebenso wie Edzard Reuter auch der Regierende Bürgermeister Klaus Schütz Abitur gemacht: das Paulsengymnasium in der Gritznerstraße in Berlin-Steglitz

dem damals fürs Personelle zuständigen Hanns Martin Schleyer. Trotz hoffnungsvoller Zusage führt es am Ende nach vielen Wochen doch nur zu einer nichtssagenden Absage. Später erfährt Reuter, dass es am Parteibuch gelegen hat. Bei Daimler-Benz wollte die Flick-Familie die Aktienmehrheit, man wollte ihr keinen SPD-Mann zumuten, so hatte es sogar der Vorstand beschieden. Dieser Kontakt ebnete dann im zweiten Anlauf Reuters Weg in den Konzern. Erst blieb er nach mancherlei Bemühungen in Berlin bei der Filmgesellschaft UFA. Dort wurde er Prokurist, sogar faktisch Produktionschef, empfing als Gast 1963 die Berlinerin Marlene Dietrich, führte sie durch die nagelneuen Filmstudios in der Oberlandstraße in Tempelhof. Wir nehmen zur Kenntnis, dass es auf dem Areal rund um den neuen Potsdamer Platz, der im Berlin der Nachwende Ort der Internationalen Filmfestspiele geworden ist, den *Marlene-Dietrich-Platz* gibt und den *Boulevard der Stars*, auf dem die Dietrich am 12. Februar 2010 den allerersten Stern bekam. Für das Gedenken an den Helfer vieler, die NS-Deutschland verlassen mussten, hatte sich Reuter in Gestalt der *Varian-Fry-Straße* nach eigenem Bekunden selber eingesetzt. In der Karriere vor Daimler gab es die unerfreuliche Stippvisite beim Bertelsmann-Konzern, die Reuter die Bekanntschaft mit seiner zweiten Frau Helga Roeder, damals dort Sekretärin, einbringt. Reuter verschafft sich auch nach oben Respekt. Er weiß um seine Qualitäten, ist sich seiner Fähigkeiten bewusst. Wir haben es mit einem welterfahrenen Topmanager zu tun, für den Gespräche mit Kanzlern, Kontakte auch mit dem späteren DDR-Wende-Ministerpräsidenten Hans Modrow schon im Herbst 1988 noch als SED-Chef in Dresden und mit Staatschefs wie in Rot-China Normalität sind. Reuter kennt auch in der Welt der Kunst und Kultur jenseits von Wirtschaft und Unternehmenswelt unendlich viele Persönlichkeiten nicht nur von der Hochkarätigkeit eines Daniel Barenboim.

Der Boulevard der Stars liegt im Herzen des neuen Potsdamer Platzes: Den ersten Stern bekam 2010 die Berlinerin Marlene Dietrich, der Edzard Reuter in seiner Zeit als Medienmanager in Berlin begegnet war.

Bereits Mitte 1989 schien es Reuter aufgrund der anhaltenden Öffnungstendenzen in Osteuropa an der Zeit, ein Zeichen in Berlin zu setzen. Es sollte ein Zeichen des Konzerns sein für die „Zuversicht in die wirtschaftliche und politische Zukunft“ der Stadt. Sein engster Partner in der Konzernführung, Werner Niefer, unterstützte ihn. Andere Kollegen im Vorstand mussten, schreibt Reuter, mit sanfter Gewalt überzeugt werden. Daimler-Benz war in Berlin mit der Niederlassung am Salzufer in Charlottenburg und mit dem Werk in Marienfelde vertreten. Beide Standorte waren auf Betreiben Reuters konsequent ausgebaut worden. Im 21. Jahrhundert verkündet das Werk in der Daimlerstraße stolz im Internet: „Das 1902 gegründete Werk Berlin ist der älteste produzierende Standort der Mercedes-Benz Group.“ Reuter machte sich mit dem Werksleiter Peter-Hans Keilbach auf die Suche nach einer Liegenschaft für seine Pläne. Der Senat bietet erst ein Grundstück am Klingelhöfer Dreieck am westlichen Ende des Tiergartens an. Diepgen weist dann auf ein der Stadt gehörendes Grundstück am Potsdamer Platz hin. Reuter erinnert sich: Im Hotel *Esplanade*, dessen Reste dort noch standen, hatte er 1948 die Studentenversammlung erlebt, die eine *freie Universität* forderte, und am 17. Juni 1953 hatte er von hier die Steine werfenden Arbeiter in Ost-Berlin gesehen. Am 13. Januar 1990 machte Reuter sich selber

Wüstenei im Herzen der Stadt, wie Edzard Reuter sie vorfand: der Potsdamer Platz 1991 – im Vordergrund rechts das Hotel Esplanade

ein Bild. Das Grundstück schien ihm zunächst viel zu groß. Anfangs hatte er bei seiner Entscheidung für diesen Standort noch an etwas gedacht, das sich eher symbolisch ausnehmen sollte. Er dachte dabei an den symbolhaft gewählten Standort für den Bau des Verlegers Axel Springer in der Kochstraße im alten Berliner Zeitungsviertel unmittelbar an der Mauer. Den Abend des 3. Oktober 1990, dem *Tag der Deutschen Einheit*, verbrachte Reuter bei einer Feier der Mercedes-Niederlassung auf dem Dachgarten des Hotels *Intercontinental* in der Budapester Straße. Kurz vor Mitternacht, als die staatsrechtliche Einheit vollzogen werden sollte, forderte er die ausgelassenen Gäste mit schneidender Stimme auf, sich des historischen Moments bewusst zu werden und auf den Fernsehgeräten die Flaggenhissung vor dem Reichstag zu verfolgen. Dieser Tag ist ihm Anlass, das Grab seiner Eltern auf dem Waldfriedhof in Zehlendorf aufzusuchen, Bundeskanzler Helmut Kohl lässt Ernst Reuter zur Ehre Blumen ablegen, in Erinnerung an die Mahnung von Theodor Heuß 1953 auf der Trauerfeier. Der damalige Bundespräsident hatte mit getragener Stimme gesagt, dass eines Tages die Menschen aus dem Osten an dieses Grab treten würden, um Blumen abzulegen, wenn denn die Einheit des Landes erlangt sei. Am 4. Oktober spazierte Reuter mit seiner Frau die Mauer entlang zum Brandenburger Tor, gab der US-Fernsehgesellschaft *ABC* ein Zufallsinterview. Seine Entscheidung für den Potsdamer Platz war gefallen. Er sagt, er habe sich *per Handschlag* mit dem rot-grünen Senat auf einen Quadratmeterpreis von 1000 DM geeinigt, beim Notarvertrag ein halbes Jahr später waren es schon 1500 DM. Angriffe auf ihn als angeblichen *frühkapitalistischen Profithai* nimmt er persönlich, er will, so formulierte es einer seiner Ratgeber, „in der Stadt seines Vaters Weltarchitektur erster Klasse entstehen lassen [...]“. Schließlich hat sein Konzern die Gesamtplanung für das Areal des Potsdamer Platzes übernommen. Sein Votum für Berlin als Hauptstadt verbindet Reuter oft sogar mit ätzender Kritik. Er hat seine Rede vom 12. April 1991 vor dem *Stadtforum* in Berlin selbst geschrieben, in der er klagt, dass *reale Visionen* für die Stadt eher bei internationalen Investoren als bei den Berlinern selber vorzufinden seien:

Glauben Sie mir, ich weiß von Leuten, die aufmerksam zusehen, was hier geschieht, und von Befremden nicht mehr allzu weit entfernt sind. Weiß die Stadt wirklich nicht, was sie will? [...] Unser Entschluß, hier zu investieren, lange vor dem Fall der Mauer gefaßt, war ein Entschluß für die deutsche Metropole in Europa.

Reuter hält sich bei der Verwirklichung der langwierig mit dem Senat verhandelten Lösungen für den Potsdamer Platz, die schließlich der Absegnung durch die Europäische Union bedürfen, und beim 1992 gestarteten Wettbewerb, der ohne Beteiligung des Konzerns stattfindet, an seine eigene Maxime. Er war mit dem Architekten Renzo Piano bekannt gemacht worden, dem er in seinen Erinnerungen 1998 schon vor dem endgültigen Abschluss der Bautätigkeit bescheinigt, mit anderen bedeutenden zeitgenössischen Architekten wie Arata Isozaki, Rafael Moneo, Hans Kollhoff, Richard Rogers, Ulrike Lauber und Wolfram Wöhr ein *wirkliches Team* gebildet zu haben, „das zum Schluß eine in diesem Jahrhundert einmalige städtebauliche und architektonische Herausforderung erfolgreich bewältigt haben wird." Offen war 1998 allerdings, ob das Projekt ein wirtschaftlicher Erfolg sein würde. Er habe, schreibt Reuter, mit Piano schon bei der ersten Begegnung eine gemeinsame Sprache gefunden. Es habe für das Vorhaben „kein Korsett abstrakter Wunschträume oder gar irgendwelcher Ideologien" geben dürfen. Beide waren einig,

daß die Baumassen und ihre Proportionen nur ein Gesetz kennen dürfen, nämlich das humane Maß, und daß zwischen der Gefahr eines chaotischen Fassadenwirrwarrs auf der einen, der Langeweile einer einheitlichen Vorgabe auf der anderen Seite durch behutsame Abstimmung des äußeren Erscheinungsbildes der Gebäude ein Mittelweg gefunden werden muß.

Piano ist 1937 in Genua in eine Familie von Bauunternehmern geboren, und er schreibt in seinem Lebenslauf, dass er es liebe, „mit Schriftstellern, Musikern, Künstlern, Dichtern und allen, die einen anderen Zugang zur Arbeit des Architekten haben, die Grenzen der Architektur zu überschreiten." Wahrscheinlich ist diese Haltung jenseits enger Fachfixierung das, was ihn mit dem ähnlich ausgerichteten Reuter sofort in Beziehung gebracht hat. Piano beschreibt in seinem im Rahmen einer Werkschau in der Kunst- und Ausstellungshalle der Bundesrepublik Deutschland in Bonn 1997 erschienenen Publikation *Mein Architektur-Logbuch* sein bisheriges Lebenswerk und darunter auch die Konzeption des Potsdamer Platzes. „In Berlin erreichen die Probleme des Städtebaus ihre höchste Komplexität und Brisanz", schreibt Piano, der sich der besonderen zeitgeschichtlichen Gegebenheiten der Stadt und des Bauplatzes bewusst ist: „Denn im Lauf des 20. Jahrhunderts hat Berlin sämtliche Exzesse, zu denen eine Metropole fähig ist, stellvertretend durchlebt.“ Städte seien schön, „weil sie langsam entstehen, weil sie von der Zeit geschaffen werden.“ Doch Zeit zu wachsen gab es in diesem Fall keine: „Eine Stadt braucht fünfhundert Jahre, ein Stadtviertel fünfzig.“ Aber am Potsdamer Platz sei es darum gegangen, „einen großen Teil Berlins in fünf Jahren wiederherzustellen.“ Was Piano vorfand, war die Mauer: „Die Mauer hatte [...] eine stadtfeindliche Funktion: denn Städte bestehen aus sozialen Bindungen und ökonomischen Beziehungen, die Mauer repräsentierte die Negation von beidem.“ Städtebaulich hätten sich beide Stadthälften nicht für das interessiert, was auf der anderen Seite geschah. Hans Scharouns monumentale Staatsbibliothek und die damit verbundene Planung des Kulturforums habe der Mauer den Rücken zugewandt, weil alles in Richtung Westen geblickt habe. Dieses Konzept und das Denken Scharouns, Piano spricht von dessen *heiligem Berg* und meint die Staatsbibliothek mit ihrer goldschimmernden Fassade, habe in das Neue integriert werden müssen: „Also haben wir ihm, gleichsam zur Vollendung des Massivs, die beiden ebenfalls anormalen und unberechenbaren Volumina des Theaters und des Spielkasinos zur Seite gestellt, mit dem überdachten Platz, der sie trennt und vereint.“ Die Lösung war, wer heute die schmale Straße im Rücken des Scharounbaus entlanggeht, der erlebt es, dass das neu Hinzugefügte dem Vorgefundenen ebenfalls nichts

Intellektueller Partner Edzard Reuters: der italienische Architekt Renzo Piano 1993 vor seinem Masterplan für die Bebauung des Potsdamer Platzes

anderes als seinen flächig-unattraktiven Rücken zuwendet. Jetzt erst, proklamiert Piano, werde das Kulturforum in die Stadt einbezogen, „indem es nach Osten an die dichte Bebauung anschließt, während es im Westen und Nordwesten weiterhin zum Tiergarten hin auflöst." Zur Heilung der Wunde der Teilung, die an diesem Ort der Leere 1989 ganz besonders fühlbar gewesen war, hätten die Planer auf das Element Landschaft gesetzt: „Anstelle der alten von Menschenhand geschaffenen Teilung haben wir als neue Verbindungs- und Scharnierelemente Grünanlagen und Wasser gesetzt." Spröde, oft grau sei Berlin, und der Südländer Piano setzt dem eine „andere Dimension städtischen Lebens" entgegen, die er als Wiederanknüpfen an die Dynamik der 1920er-Jahre begreift, nämlich eine „vitale, fröhliche, von öffentlichen Aktivitäten pulsierende" Dimension. Mediterran firmieren die Bauten in terrakottafarbenen, manche in tonigem leichtem Rotbraun ausgestalteten Fassaden. Zum Baugeschehen schon gehörte epochenkennzeichnend Spektakuläres. Piano bekennt, er habe nie zuvor mit Tauchern auf dem Festland gearbeitet. Beim Bau des debis-Turms zwischen Spree und Landwehrkanal stieß der Aushub für die Fundamente nach wenigen Metern auf Wasser. Die grüne Partei habe dagegen protestiert, das Wasser abzupumpen, weil sie Veränderung des Grundwasserspiegels befürchtete. Also rückten 120 Taucher aus Russland, aus der Ukraine und aus Holland an. Sie arbeiteten in 15 Metern Tiefe und in tiefer Dunkelheit. Sie arbeiteten auch im Winter unter Wasser, fanden in ihren klimatisierten Anzügen jene Stellen viel leichter als in der warmen Jahreszeit, an denen der jeweils vorige Kollege gearbeitet hatte, denn sie mussten sich nur durch das Eisloch hinunterlassen, aus dem der andere ausgestiegen war. Piano schwärmt vom Richtfest. Dezent deutet er an, dass Edzard Reuter nicht mehr in führender Rolle dabei war, wenn er ihn mit dem Hinweis erwähnt, dass sie ihn „schon lange nicht mehr gesehen hatten [...]." Und die Baukräne? Piano: „Ich habe noch nie so große Gegenstände sich mit solcher Leichtigkeit bewegen sehen."

SONY CENTER. Der japanische Konzern Sony trug mit seinem Investment seinen Teil zu den Geldern bei, die in den 1990er-Jahren in den neuen Potsdamer Platz geflossen sind. Der zweite Großinvestor neben Daimler-Benz hat seinen Sitz in Japans Hauptstadt Tokio, das bereits am 14. Mai 1994 mit Berlin seine Städtepartnerschaft geschlossen hatte. Um für den vom weltweit aktiven Unterhaltungselektronik-, Musik- und Filmkonzern geplanten neuen Berliner Stadtteil Baufreiheit zu gewinnen, mussten die Reste des auf dem Potsdamer Platz verbliebenen *Hotel Esplanade* beseitigt werden. Aber das Vorhaben hatte eine Komplikation, die sich Sony 50 Millionen DM kosten ließ: Zwei besondere historische Säle sollten erhalten bleiben. So geriet die Verschiebung des Kaisersaals und des Frühstückssaals zu einem der zahlreichen Berliner Spektakel und zu einer der Berliner Premieren dieses Jahrzehnts. Das Vorhaben wird auf der Internetseite *Orte der Einheit*, verantwortet von der Stiftung *Haus der Geschichte der Bundesrepublik Deutschland*, in seiner bautechnischen Einzigartigkeit so beschrieben:

Das gab es noch nie. Arbeiter und Ingenieure sägen einen 1300 Tonnen schweren Saal aus einem Gebäude heraus und packen ihn ein. Sie setzen ihn auf Schienen und verschieben ihn mit Hydraulikpressen. Knapp 70 Meter legt der prächtige Kaisersaal im März 1996 zurück. In den Resten des Luxushotels Esplanade nahe dem Potsdamer Platz hat er die Jahre überdauert. Der Zweite Weltkrieg beschädigte das Hotel und viele weitere Bauten schwer. […] Und so wollen die Behörden, dass wenigstens der Kaisersaal erhalten bleibt.

Helmut Jahn heißt der 1940 in Zirndorf in Franken geborene Architekt des 2000 fertiggestellten Multimediakomplexes, mit dem Kino Arsenal und der *Deutschen Kinemathek – Museum für Film und Fernsehen*. Jahn lebte in den USA, hatte zeitweilig eine Wohnung und eine Vertretung seines Architekturbüros in Berlin. Der US-Architekturprofessor Aaron Betsky schreibt in dem 2015 vorgelegten repräsentativen Fotoband, der Jahns *Buildings 1975–2015* präsentiert, der 2021 bei einem Fahrradunfall ums Leben gekommene Baumeister habe viele öffentliche Räume entworfen, die „spannend, fragmentarisch und voller Leben und Licht" seien. Der größte und dynamischste dieser Räume sei das Sony Center:

In der Kombination aus öffentlichen und Firmenräumen und in dem Mix aus Kurven und Kästen, Blöcken und Türmen greift er auf vieles von dem zurück, was die typische Handschrift Jahns ausmacht. An einer Straßenkreuzung stehend, wo heute Regierungsbauten, kulturelle Einrichtungen und Geschäfte ineinander übergehen, ragt der Komplex aus seinem offenen Zentrum unter Zeltdächern empor und umfasst eine Vielfalt von Funktionen, um sich dann in seiner Ansammlung von Containern zu verfestigen, die nie eine völlige Auflösung erreichen.

Die mit dem Jubel und dem Brimborium des Richtfestes verbundenen Hoffnungen der Investoren, die insgesamt wohl acht Milliarden DM für rund 700 000 Quadratmeter Geschossflächen für Büros, Handel, Wohnen, Kultur ausgegeben haben, sollten sich zunächst nicht erfüllen. Der rasche Boom blieb aus. Hochfliegende Träume wie die Edzard Reuters fanden sich auf dem Boden der Tatsachen wieder. Ein Mann musste in den 1990er-Jahren, er sagt das später mit nachträglichem Verwundern über seine damalige Rolle, mit weltläufigen Persönlichkeiten wie Edzard Reuter, die er als Repräsentanten internationaler Wirtschaftsinteressen wahrnahm, verhandeln und diese bei allem guten Willen zuletzt doch an Profit orientierten Bauherren auf den Boden der geltenden Berliner Bauvorschriften zurückholen. Als Senatsvertreter wollte er die renommierten Architekten und Planer auf das Raster der überkommenen Straßen und auf die Traufhöhen der Häuser verpflichten. Dennoch hat Hans Stimmann als Ausnahmen die vier Hochhäuser des Potsdamer Platzes zugelassen. Der leidenschaftliche und streitbare Kämpfer für seine stadtarchitektonischen Überzeugungen stammte aus einer Stadt ähnlichen Alters wie Berlin, die ebenfalls im Zweiten Weltkrieg zerstört war, aus dem altehrwürdigen, mittelalterlich geprägten Lübeck. Sie ist im Unterschied zu Berlin bis heute Hansestadt. Hans Stimmann war Lübecker wie Willy Brandt und Sozialdemokrat.

Aufsehenerregende Integration des Alten: der in das Sony Center integrierte Frühstückssaal und der Kaisersaal (r.) des ehemaligen Hotels Esplanade im Jahr 2000

Hans Stimmann – Der Lübecker kämpft für das neue Alte Berlin

Hat Bau von der Pike auf gelernt: Senatsbaudirektor Hans Stimmann im August 2000 auf der Baustelle der Musterfassade von Karl Friedrich Schinkels Berliner Bauakademie

HÖFLICH, ABER KRITISCH äußerte sich im Nachhinein auch der Architekt des Potsdamer Platzes, Renzo Piano, über den markigen Senatsbaudirektor Hans Stimmann. Als Leitlinie habe der „Zuschnitt des traditionellen Berliner Blockrasters" gegolten. Das vorgegebene Ziel sei gewesen, „eine Brücke zur Vergangenheit zu bauen und historische Straßen und Gebäude Berlins durch eine neue Interpretation ihrer Modelle wiederaufleben zu lassen." Das sei für Stimmann unverrückbar gewesen, und er habe die Architekten dazu „mit wahrhaft preußischer Disziplin" gezwungen:

Wir hatten die Wahl: entweder die Devise ohne Wenn und Aber befolgen oder mit guten Gründen den Gehorsam verweigern.

Stimmann führte dabei letztlich auch seine politischen Vorgaben aus und hatte die Unterstützung des Senats, selbst wenn das nicht in jedem Fall ohne Auseinandersetzungen abgegangen sein mag. Der Regierende Bürgermeister wiederum vertrat mit seiner Landesregierung Stimmanns Maßgaben vor dem Hintergrund der damaligen Analyse der nach dem Fall der Mauer gegebenen Sachlage. Eberhard Diepgen formuliert für die stadtplanerische Zielvorstellung als Regierungschef 2004 diesen einfachen Satz, der zugleich ein großer Anspruch ist: „Wir bauen die Stadt des 21. Jahrhunderts." Bestimmt wurde die Planung von Erwartungen an die bevorstehende Bevölkerungsentwicklung. Diese Erwartungen sind zunächst nicht, nicht im vorhergesagten Umfang und dann erst mit großer Verspätung eingetroffen. Diepgen gibt an, für die Vorsorge für die Infrastruktur habe man für 2010 mit 4,5 Millionen Einwohnern kalkuliert. Diese Zahl ist auch 2024 nicht erreicht. Die grundlegende Antwort für die neu vereinigte Stadt sei die „Verdichtung des städtischen Zentrums von der historischen Mitte bis zur City West" gewesen, denn: „Die Stadt sollte nicht planlos in das verfügbare Land über die Grenzen der heutigen Stadt hinauswuchern." Der ehemalige Regierende nennt drei Überlegungen, die für das Stadtbild des neuen Berlin gelten sollten. Im von ihm in Großbuchstaben geschriebenen *NEUEN BERLIN* sollte die althergebrachte *Berliner Mischung* in zeitgemäßer Form weiterleben. Wohnen, Leben und Arbeiten sollten künftig weiter in einem gemeinsamen stadträumlichen Zusammenhang konzipiert werden. Moderne Architektur und Rekonstruktion sowie Instandsetzung alter Gebäude sollten nebeneinanderstehen. Und: „Der historische Stadtgrundriss sollte Ausgangspunkt für die weitere Stadtplanung sein." Diepgen schreibt, ihm sei das Bauen persönlich wichtig gewesen. Am liebsten hätte er sich noch häufiger eingeschaltet. Er respektierte jedoch die Zuständigkeit des Bausenators Wolfgang Nagel und vor allem des Mannes, über den sich viele aus der Baubranche wegen des starken Einflusses beschwerten, Hans Stimmann. 15 Jahre hat der großgewachsene Mann mit Schnäuzer, buschigen Augenbrauen und späterhin schlohweißem, im Alter noch immer vollem Haar die Baukultur der Stadt bestimmt. 1991 war er Senatsbaudirektor geworden, 1996 bis 1999 arbeitete er dann unter Senator Peter Strieder als Staatssekretär, Senatsbaudirektorin war Barbara Jakubeit, danach war bis 2006 wieder Stimmann Senatsbaudirektor. Eberhard Diepgen bewertet ihn 2004 in zeitlicher Distanz wohlwollender als noch in den 1990er-Jahren:

Mir missfiel der rüde Umgangston, über den sich die Bauherren immer wieder beklagten. Im Rückblick muss ich aber festhalten, dass die Stadt in diesem Bauboom der Neunziger Jahre eine starke Hand bei der Stadtgestaltung brauchte, auch die Bereitschaft, sich einzumischen und in einzelnen Fällen den Konflikt zu suchen.

Hans Stimmann hat das Fach von der Pike auf und in sämtlichen Facetten gelernt. Sehr wesentlich ihm, der sich nach seinem Ausscheiden auf das Schreiben und Publizieren verlegte, verdankt das Berlin des 21. Jahrhunderts sein bauliches Gesicht. Das dokumentiert Stimmann in dem 2005 herausgegebenen großformatigen und mit eindrucksvollen Fotografien versehenen Band *Die Architektur des neuen BERLIN*. Über seine Herkunft und seinen Weg nach Berlin spricht er am 28. April 2022 im Interview mit dem Chefkorrespondenten des *Deutschlandradio* im Hauptstadtstudio Berlin und ehemaligen Chefredakteur des *Deutschlandfunk* Stephan Detjen. Stimmanns

Biografie ist zugleich stete Reflektion der ihn umgebenden Bauten und der Architektur der Städte. Sein Geburtstag ist der 9. März 1941. Ein Jahr später, am 28. März 1942, vernichten Bomber der britischen Royal Air Force mit dem Zentrum Lübecks erstmals den inneren Kern einer deutschen Großstadt. Stimmann betont, dass er als Kind die uns gewohnte Silhouette der Hafenstadt mit ihren sieben Türmen nicht kannte. Denn die Kirchen waren zerstört. Getauft wurde er aber noch im unzerstörten Dom mit den noch stehenden beiden Türmen. Stimmann erwähnt dabei, dass es eine Taufe einer Gemeinde der nationalsozialistischen Deutschen Christen war. Was er *Faschismus* nennt, hat er aufgrund seines Kindseins nicht mehr mitbekommen. Seine bewusste Wahrnehmung beginnt in der Nachkriegszeit des Wiederaufbaus. Er wächst auf im *Arbeitermilieu.* Das sei gewesen wie im Ruhrgebiet, sagt er 2022, „also Stahlwerke, große Werften, Hochofenwerke, Kraftwerke, Steinwerke, alles, was Industrie ausmachte, Fischwerke, Fischfabriken und so weiter, Holzindustrie – ein richtiges Industriegebiet, heute alles mausetot." Er nimmt das nahegelegene Flüchtlingslager wahr mit den primitiven Unterkünften, den nach ihrem aus Kanada stammenden Erfinder Peter Norman Nissen benannten, aus Wellblech gefertigten Nissenhütten. Sein Lebensweg ist der eines dank sozialdemokratischer Bildungswertschätzung und Bildungspolitik beruflich und sozial vorankommenden Aufsteigers, der 1958 die Mittlere Reife macht. Er kommt aus einer Handwerkerfamilie: „Ich weiß nicht warum, mein Bruder ist Schlosser, meine Schwester Krankenschwester – und ich wurde eben Maurerlehrling."

Das prägte Hans Stimmann als Protagonisten der alten Stadt: So stellte sich seine im Zweiten Weltkrieg zerstörte Heimatstadt Lübeck 1949 in der Nachkriegszeit dar.

Das prägte Hans Stimmann politisch: Er nahm während der Studentenrevolte in Frankfurt an Demonstrationen gegen die Notstandsgesetze und den Vietnamkrieg teil.

Er absolvierte den Bundeswehrdienst, passenderweise bei den mit Bauen befassten Pionieren, machte den Lkw-Führerschein. 1965 schließt er sein Studium an der zum Studienende zur Fachhochschule geadelten Lübecker Bauschule als graduierter Ingenieur ab. Stimmann bleibt sein Leben lang Praktiker, Macher, eben Handwerker. Theorie, das Abstrakte, liegt ihm fern. Sein erstes Studium beschäftigte sich wenig mit Architektur, denn „meine Ausbildung war die eines Meisters, das war vollkommen unakademisch, sehr praktisch, sehr technisch angelegt." Die folgende Etappe in Frankfurt am Main stellte Weichen. Er arbeitete dort für Architekturbüros, darunter ein amerikanisches, machte Wohnungsbau, baute an Schulen mit. Erstmals war er dort Bauleiter. Die Proteste gegen die städtische Immobilienpolitik beschäftigten ihn nicht, aber die Demonstrationen gegen den Vietnamkrieg und die Notstandsgesetze besuchte er. Er sagt, dass er sich in dieser Zeit vom Handwerkersein emanzipierte und dass er sich politisierte. 1969 trat er in der hessischen Metropole in die SPD ein, und er zählt sich zu deren linkem Flügel. Stimmann erwähnt Heidemarie Wieczorek-Zeul, die Mitte der 1970er-Jahre Juso-Bundesvorsitzende war und 1998 Bundesministerin wurde, und das *rote* Hessen-Süd. Offenbar machte sich Stimmann mit den marxistischen

Klassikern bekannt, er nennt Friedrich Engels' Schrift *Die Lage der arbeitenden Klasse in England* von 1845. Stimmann will aktiv eingreifen in die Verhältnisse und begreift: „Wenn du die Welt verändern willst, kannst du das nicht mehr mit neuen Häusern machen, mit neuen Wohnungen oder mit neuen Kindergärten, sondern du musst erst mal die Grundsatzfragen lösen, also die Bodenfrage und überhaupt die Wohnungsfrage, so wie sie Friedrich Engels gestellt hat." In seinem Umfeld sagen sie dem inzwischen verheirateten Stimmann, dass er damit in West-Berlin richtig ist. Außerdem bot ihm die dortige TU die Möglichkeit, sich ohne Abitur zu immatrikulieren. Er studierte ab 1970 Stadt- und Regionalplanung, machte das Diplom, promovierte 1977 und arbeitete schon parallel als Technischer Referent in der Verwaltung des Senators für Bau- und Wohnungswesen am Fehrbelliner Platz sowie als Wissenschaftlicher Mitarbeiter. In West-Berlin wurde zu dieser Zeit die *Alternative Liste* groß, und er setzte sich intensiv mit Autobahnbau und Verkehrsplanung auseinander. Es war 1986, dass die Lübecker Partei ihn fragte, ob er in seiner Heimatstadt Bausenator werden wolle. Er kehrt an die Ostsee zurück und leitete erstmals eine Behörde, erzählt er im Rundfunkinterview:

Das war für mich eine wahnsinnige Lehrzeit. Ich hab alles, was ich später hier in Berlin verwenden konnte, sozusagen administrativ, technisch und diese ganze Verfahrenstechnik, der Umgang mit der Bürgerschaft – die Bürgerschaft ist in Lübeck das Parlament, also das lokale Parlament –, der Umgang mit den Parteigremien, der Umgang mit Bürgerinitiativen. All das, was man ja eigentlich braucht, da man administrativ-politisch tätig werden will, das hab ich in Lübeck gelernt.

Dann kamen die Maueröffnung und 1991 der Anruf des damaligen Berliner Bausenators Nagel. Der sagte, man brauche wieder einen Gesamtverantwortlichen für die Bauangelegenheiten, und der Sozialdemokrat fragte Stimmann, ob er das seit 1982 unbesetzte Amt des Senatsbaudirektors übernehmen wollte. Dessen bisher prominentester Inhaber war von 1960 bis 1966 der Architekt Werner Düttmann gewesen, Architekt der Kongresshalle und Vertreter der Nachkriegsmoderne. Das Pendant zum Senatsbaudirektor in Ost-Berlin hatte Chefarchitekt geheißen. Der bekannteste ist der Architekt Hermann Henselmann, der dieses Amt im Magistrat von 1953 bis 1959 bekleidete. Auch der spätere Architekt des Palastes der Republik, Heinz Graffunder, hatte diese Funktion von 1976 bis 1988. Stimmann übernimmt die Aufgabe 1991, dem Jahr, in dem der Deutsche Bundestag den Beschluss zum Hauptstadtumzug fällt. Rückblickend schildert Stimmann aus planerischer und architektonischer Sicht, was er an der Spree vorfand. Er betont immer wieder, dass das Besondere und Einzigartige an Berlin die Teilung mit ihren baulichen Konsequenzen gewesen sei. Deshalb war sein primäres Anliegen:

Meine wichtigste Idee war, diese gegensätzlichen Haltungen, die beide Hälften der Stadt geprägt haben, irgendwie zu heilen. Sie müssen sich mal vorstellen, es war [sic] nicht nur unterschiedliche Auffassungen, es war [sic] gegensätzliche Aufstellungen.

Was er meint: Im Osten wurde entlang der Einfallstraße von Osten, über die 1945 die Rote Armee auf den Alexanderplatz und am Ende bis zum Brandenburger Tor gezogen war, die Bebauung der Stalinallee hochgezogen. In West-Berlin, er nennt namentlich den ersten Baustadtrat nach 1945 und Schöpfer der Philharmonie Hans Scharoun, sei „keine Rücksichtnahme auf irgendwelche alten Einfallstraßen und keine Rücksichtnahme auf historische Bautypologien" erfolgt, sondern West-Berlin baute „eine neue Welt für eine neue Gesellschaft, und das war das Hansaviertel am Tiergartenrand." Im Interview in der Reihe der *Berliner Städtebaugespräche* schildert er am 9. März 2021, wie die West-Berliner nach dem Bau der Mauer 1961 von ihren zentralen kulturellen Einrichtungen abgeschnitten waren. Also hätten sie ihre eigene Bibliothek, Philharmonie, Gemäldegalerie errichtet, er meint die Staatsbibliothek und die Philharmonie Scharouns sowie die Neue Nationalgalerie Ludwig Mies van der Rohes. Daher rühre die Doppelung der Einrichtungen und ihrer Gebäude. Deshalb nennt er das Kulturforum auch *Anti-Museumsinsel*. Das nach Scharouns Stadtidee, die das Vorgefundene, das Historische völlig ignorierte, konzipierte Kulturforum sollte gewissermaßen dem West-Berliner den Ersatz für die nicht mehr zugängliche Museumsinsel bieten. Stimmann betont immer wieder, dass die Mitte der Stadt im Stadtbezirk Mitte gelegen habe. Und er weist auf die Absurdität hin, die aus der Teilung und ihrer Dauer resultiere, dass es in West-Berlin üblich war zu sagen, dass man *nach Ost-Berlin* fahre, wo man doch die historische Mitte der Stadt benennen wolle. Gern weist Stimmann darauf hin, dass weder der Bildhauer Johann Gottfried Schadow noch der jüdische Gelehrte Moses Mendelssohn in Ost-Berlin gewohnt hätten, sondern in der Mitte der Stadt. Das sei ein Verlust von

Identität, der dadurch verursacht sei, dass die DDR mit der von ihr so bezeichneten *Hauptstadt der DDR* ihre *Staatsmitte* in ihr Stadtzentrum gelegt habe. Das habe sich in West-Berlin gerade nicht vollzogen, denn die *Staatsmitte* der Bundesrepublik sei Bonn am Rhein gewesen. Die *Staatsmitte* der DDR habe sozusagen die Altstadt Berlins überdeckt. Von dieser Sicht bestimmt ist auch Stimmanns der *Berliner Altstadt* gewidmetes Buch von 2009, dem er deshalb den Untertitel *Von der DDR-Staatsmitte zur Stadtmitte* gegeben hat. Das hatte in Stimmanns Analyse Auswirkungen auf das von ihm 1991 vorgefundene Bewusstsein der Stadtbewohner:

Das war sozusagen die wichtigste Aufgabe, nicht nur physisch diese Strukturen wieder zu reparieren, sondern man musste sie auch emotional wieder heilen. Die Staatsoper Unter den Linden oder die Nationalgalerie oder die Gemäldegalerie, das waren ja Orte, mit denen sich Leute, ganz viele Bewohnerinnen und Bewohner von dem damaligen Ostberlin identifiziert haben, genauso wie sich die Bewohnerinnen und Bewohner von Westberlin mit der Philharmonie und mit der Gemäldegalerie und mit der Neuen Nationalgalerie identifiziert haben. Das war ja ihr Bild von Gesellschaft, ihr Bild von Stadt. Und das irgendwie zusammenzubringen, war die wichtigste Aufgabe.

Hans Stimmanns architektonische Deutung des geteilten Berlin: Das Kulturforum (Foto von 1992) mit Neuer Nationalgalerie und Philharmonie in West-Berlin fasste er als *Anti-Museumsinsel* auf.

Hans Stimmanns Chef und städtebaulicher Partner: der Sozialdemokrat Peter Strieder im April 1996 als Senator für Stadtentwicklung, Umwelt und Technologie

Hans Stimmann bildete spätestens als Senatsbaudirektor Leitbegriffe heraus, in denen die wesentlichen Ansätze für die Gestaltung Berlins kondensierten und die sein Verständnis von Stadt und von der darauf fußenden Orientierung für das neue Alte Berlin schlaglichtartig zusammenfassen.

EUROPÄISCHE STADT. Stimmann erzählt 2022 mit Staunen, dass „europäische Stadt" damals ein *Kampfbegriff* gewesen sei. Ihm nämlich scheint das trivial zu sein: „Wir sind ja keine afrikanische oder asiatische Stadt, sondern wir sind eben eine europäische Stadt [...]." Die Stadt in Europa zeichne sich durch traditionelle Straßen und Plätze aus: „Die haben irgendwann mal die Leute in der Innenstadt von Berlin im Mittelalter angelegt. Und dann später rund um den Gendarmenmarkt oder Unter den Linden: eine barocke Prägung, aber auf jeden Fall sind das Straßenfiguren, die Teil unserer Identität geworden sind und die man auslöschen wollte oder auch ausgelöscht hat." Diese Städte seien keine riesigen Maschinen, keine Wohnmaschinen, wie West-Berlin sie mit dem nach Le Corbusier benannten Bau in der Flatowallee in Westend kennt, wie die Wohnpaläste der Stalinallee oder der *Sozialpalast* genannte Wohnbau auf dem Areal des Sportpalastes. Diese Bauten prägten dennoch die Identität Berlins: „Kein Mensch würde das heute mehr in dieser Form machen, aber es ist eben ein Teil unserer Identität, und deswegen habe ich auch vorgeschlagen, nichts abzureißen."

KRITISCHE REKONSTRUKTION. Stimmann weist die Vorwürfe zurück, er habe abreißen wollen. Eines seiner Dogmen sei gewesen: „[...] wir lassen im Unterschied zu unseren Vätern und Vorvätern alles stehen, damit wir uns an alles erinnern können." Aber Stimmann forderte keinen Wiederaufbau. Er lehnte eine Rekonstruktion des Großen Jüdenhofes oder der Altstadt von Berlin ab, aber er wollte den Stadtgrundriss, den „mal unsere Vorvorvorvorfahren um 1280 oder 1350 oder 1820 angelegt haben", wieder benutzen. Die dadurch entstehenden Bauflächen wollte er mit neuer Architektur bebauen. Das sollte die Brücke sein zwischen der vorhandenen Bebauung aus der Nachkriegszeit, also aus der Vergangenheit, in die Zukunft. Das war seine „Vorstellung unserer Idee von Stadt". Stimmann: „Das war die Idee der kritischen Rekonstruktion." Dazu gehörten für ihn auch die kleinteiligen früheren Grundstücke, wo immer es ging. Er hält an der überlieferten *Parzelle* fest, an dem, „was verloren war an bürgerlicher Verankerung in den Häusern, in den Grundstücken." Stimmann ist der umfangreiche Eigentumswechsel der Nachwendezeit bewusst, als durch die dortige *Kommunalisierung* faktisch enteignete Eigentümer in Ost-Berlin ihre Grundstücke wiederbekamen und als im Dritten Reich *arisiertes* jüdisches Grundeigentum rückerstattet wurde, als viele aber wieder verkauften, was sie wiederbekommen hatten, sodass Investoren in den Besitz großer Flächen kamen und darauf entsprechend großvolumige Vorhaben planen wollten. Rückübertragung und Entschädigung hätten beispielsweise dazu geführt, „dass der größere Teil der barocken Friedrichstadt sozusagen wieder private Eigentümer bekam, aber eben nur auf dem ehemaligen DDR-Teil." Deshalb wurden an dem im ehemaligen Ostsektor gelegenen Abschnitt der Friedrichstraße ganze Blöcke einheitlich bebaut, denn das kleinteilige Grundeigentum war dort verschwunden.

PLANWERK. Mit diesem Begriff verbindet sich die planerische Verwirklichung der *Heilung* der geteilten Stadt durch einen gigantischen *Masterplan*, der seinerseits wieder von einzelnen Planwerken für die Innenstadt, für den Südosten, den Westen und den Nordosten unterlegt war. Diese Planwerke zerfielen gewissermaßen in Planungsbestandteile für einzelne Ortsteile und markante Orte von besonderem Gewicht für die gesamte Stadt. Das gilt zum Beispiel für die Spreeinsel mit dem Palast der Republik beziehungsweise dem Stadtschloss. Die Sprache der Städteplaner kennt für eine solche Überplanung der

Stadt den Begriff *Leitbild*. Mit diesem komplizierten Planwerk hat der Senat von Berlin am 18. Mai 1999 sein gesamtstädtisches Leitbild für die zukünftige Stadt beschlossen. Politisch Hauptverantwortliche sind Stimmann und der damalige Bausenator Peter Strieder. 2022 weiß auch Stimmann, wenn er, was er gern tut, durch Berlin radelt, dass in der Umsetzung „viel nicht gut gelaufen" ist. Denn „nur die geringsten Teile davon sind ja umgesetzt, weil die meisten haben sich in Luft aufgelöst." Stimmann erwähnt den ehemaligen Stadtentwicklungssenator und späteren Regierenden Bürgermeister Michael Müller, „er hielt nicht viel von diesem ganzen Versuch, Kleinteiligkeit, Reprivatisierung von Grundstücken, sozusagen eine andere Art von Urbanität zu definieren." Die von Müller angeblich präferierten städtischen Wohnungsbaugesellschaften, sagt Stimmann, wollten kein „einzelnes Grundstück mit 25 Meter Breite bebauen, sondern wenn die Hand anlegen, dann wollen sie gleich einen ganzen Block haben oder mindestens einen halben Block."

TRAUFHÖHE. Dieser Terminus wird besonders oft mit dem robust agierenden Senatsbaudirektor verbunden. Er hat mit Eignern und Investoren viel über Geschichte geredet, besonders über die Geschichte der Straßen und Plätze. Stimmann erwähnt dabei auch die dann entstehenden Konflikte, wenn er insbesondere gegenüber jüdischen Eigentümern sagte, sie müssten sich mit ihren Vorhaben „einfügen". Schon wieder sollten sie sich „einfügen", so hätten sie protestiert. Und so habe er Flexibilität bewiesen. Für die Friedrichstraße habe es beispielsweise keine Vorschrift über das Fassadenmaterial gegeben. Das Kaufhaus *Galeries Lafayette Berlin* habe eine Fassade ganz aus Glas. Stimmann über die Verhandlungen mit Bauherren: „Eine der Ideen war, sie können alles bauen, was sie wollen, aber wir wollen nicht, dass die Häuser höher sind als 22 Meter und maximal 30 Meter." Das war das, was der Begriff *Traufhöhe* meint. Das sei keineswegs die viel niedrigere barocke Höhe, „sondern das war die Höhe der Bauordnung aus den 20er-Jahren, also aus den guten demokratischen 20er-Jahren." Neben dem Stadtgrundriss kam es ihm also auf die Proportionen und das Profil der Straßen und Plätze an. Bis zur Höhe der Traufhöhe habe er genehmigen können, sagt Stimmann. Für Hochhäuser, die darüber hinaus gehen sollten, wäre ein Bebauungsplan nötig gewesen, „und dann müssen wir damit ins Landesparlament, und dann muss das Landesparlament darüber befinden, und dann dauert das zwei Jahre wahrscheinlich ..." Stimmann unterstreicht, er habe damals gesagt, dass er es nicht für wahrscheinlich gehalten habe, dass die Abgeordneten Hochhäuser befürworten würden.

GESTALTUNGSSATZUNG. Dieses Instrument hat Stimmann ein einziges Mal eingesetzt; unterdessen ist es in Berlin nicht bei diesem ersten Mal geblieben. Es ging dabei um den Ort, der oft *Wohnzimmer* Berlins genannt wird, um den Pariser Platz. Dieser Ort war nach dem Fall der Mauer, dem Potsdamer Platz vergleichbar, eine ungestalte *Wüste*. Stimmann war und ist auch im Rückblick überzeugt: „Also der Pariser Platz sollte wieder aussehen, wie der Pariser Platz mal ausgesehen hat. Da sollte das Brandenburger Tor das wichtigste Gebäude sein." Kein anderer Bau sollte dem Tor seine Wirkung nehmen, es sei „das Symbol der Einheit von Berlin", und es sei „sozusagen eines der großen Symbole unserer Stadt oder unseres Landes, und deswegen ist das der Maßstab für alle anderen Bebauungen." Alles andere müsse sich unterordnen und dem einfügen: „Also wer daneben ein knallbuntes Haus bauen will, der konkurriert ja mit dem Brandenburger Tor, und da hab ich gesagt, das finde ich falsch." Deshalb habe das Abgeordnetenhaus die von ihm vorgeschlagene Gestaltungssatzung beschlossen. Stimmann: „Das war natürlich höchst unbeliebt bei den Investoren und auch unbeliebt bei den Verkehrsplanern und unbeliebt eigentlich bei allen." In Zusammenhang damit stand die in der Stadt heiß diskutierte Frage der Durchfahrt durch das Tor mit Fahrzeugen. Vorgeschrieben wurde die *Kubatur* der Bauten. Kubatur meint das Volumen des Baukörpers, und der Begriff spielte in der Debatte um das Stadtschloss eine wichtige Rolle, denn es war immer wieder die

Der Senatsbaudirektor Hans Stimmann entschied über architektonische Gestaltung: das Kaufhaus Galeries Lafayette in der Friedrichstraße im Sommer 1996

Stadthistorische Verantwortung: Unter Hans Stimmanns Ägide wurde über die Bebauung des Pariser Platzes am Brandenburger Tor entschieden. Wir sehen den Stand der Arbeiten im Sommer 1996.

Rede von einem Bau lediglich in der Kubatur des Schlosses, um klarzumachen, dass es nicht um eine pure Rekonstruktion gehen sollte. Am Pariser Platz ging es um die Anforderung, die Gebäude mit einem Sockel zu versehen, und darum, die Fassaden mit Stein oder Putz zu gestalten, aber nicht mit spiegelndem Glas. Für die Akademie der Künste ließ Stimmann nach Protesten die Ausnahme einer Glasfassade zu. Die alternativ orientierte Berliner Tageszeitung *taz* kritisierte am 5. Dezember 1994 die Satzung für den Pariser Platz:

Stimmann hält ihn für so wertvoll, daß er ihm als einzigen Ort in der gesamten Stadt einen Entwurf des Bebauungsplans oktroyierte. Einem Ort wohlgemerkt, dessen historische Spuren bis auf das […] Brandenburger Tor, die Ruine der Akademie der Künste und die rekonstruierten Rabatten am Nord- und Südrand des Platzes verschwunden sind. Mit der umstrittenen Satzung soll aber keineswegs die Grundlage für einen originalgetreuen Wiederaufbau der zerstörten Bauten geschaffen werden (auch wenn dies einige unverbesserliche Revisionisten gerne sähen); sie kann allenfalls „die schlimmsten Wucherungen der Architektur verhindern“ (Stimmann). Mehr aber auch nicht, möchte man anfügen.

In dieser Kritik des damaligen Redakteurs der Zeitschrift *Bauwelt*, des Architekten und Publizisten Oliver G. Hamm, in der der grünen Partei nahestehenden Tageszeitung klingt ein Diskussionsgegenstand an, der besonders in der Schlossdebatte eine zentrale Rolle spielte. Es geht um die Frage, inwieweit ein verschwundener Bau überhaupt wiederhergestellt werden kann. Kann eine Rekonstruktion ein Original sein? Sind nur Bauteile original, die tatsächlich aus den verschwundenen Gebäuden stammen? Ist aber ein Gebäude, das viele Hundert Jahre alt ist, trotz immerwährender Reparaturtätigkeit beispielsweise von Dombauhütten noch ein *Original*? Tatsächlich ist beispielsweise das im DDR-Staatsratsgebäude verwendete Portal des Stadtschlosses, von dem aus Karl Liebknecht am 9. November 1918 angeblich die sozialistische Republik ausgerufen hatte, keineswegs das Original aus dem Schloss, sondern eine Kopie. Tatsächlich ist die den Städtebau und Berlins Mitte betreffende und in den 1990er-Jahren beginnende Geschichte des Neubaus des Berliner Stadtschlosses eine Geschichte ganz eigener Art. Hans Stimmann hebt hervor, dass der Senat es eigentlich gar nicht gewollte habe, sondern dass es der Bund, also das nationale Parlament gewesen sei, das es gewollt und beschlossen hat. Eberhard Diepgen weist in seinen 2004 erschienenen Memoiren noch mit dem vom Asbest befreiten zurückgebauten Rohbau des Palastes der Republik vor Augen auf die verwickelten Eigentumsverhältnisse hin. Dem Bund habe nämlich Grund und Boden des Palastes gehört, während die übrigen Grundstücke des früheren Schlosses im Landesbesitz waren. Diese Aufteilung war Ergebnis von Verhandlungen beider Seiten. Das Bundesfinanzministerium hatte den Anspruch vertreten, dem Bund gehöre der gesamte ehemals preußische Besitz in Berlin allein schon deswegen, weil das frühere Reich ihn in seiner Reichshauptstadt genutzt habe. Diepgen: „Aber beim Palast der Republik drehte sich die Diskussion." Weil die Palastsanierung teuer war, sollte Berlin mit der ihm übertragenen Immobilie auch diese Kosten übernehmen. Aber das Land lehnte ab.

Bereits 2004 schreibt Diepgen der „Initiative zum Wiederaufbau des Berliner Schlosses" das Verdienst zu, die Debatte über den ehemaligen Schlossplatz in Bewegung gebracht zu haben. Tatsächlich war es das Engagement von Bürgern, das den Anstoß dafür gab, dass ein Bau im 21. Jahrhundert das Stadtbild der Berliner Mitte prägt, der an drei Seiten die Fassade des Schlosses zeigt. Eng verbunden ist diese Geschichte mit einem norddeutschen Landmaschinenhändler, der ähnlich wie der Senatsbaudirektor eine Beziehung zur Hansestadt Lübeck hat. Wilhelm von Boddien war seit 1980 Mitglied der Hauptversammlung der dortigen Industrie- und Handelskammer.

Wilhelm von Boddien – Der Palast, die Attrappe und das Schloss

Kommunikator und zentraler Motor der Schlossfreunde: der ebenso wie Stimmann aus Norddeutschland stammende Wilhelm von Boddien

WOLF JOBST SIEDLER war ein Kenner der Berliner Kunst- und Kulturgeschichte, ein umfassend gebildeter, weltläufiger und belesener bürgerlicher Intellektueller, ein Journalist, Wissender, Sprachmächtiger, dazu ein *Herr*, der sich einmischte in die Angelegenheiten der Nation und der Stadt, in der er 1926 geboren und 2013 gestorben ist. Der Berliner und Verleger war sich in den 1990er-Jahren nicht zu schade, jeden Sonnabend als Kolumnist im Ullstein-Boulevardblatt *B.Z.* aus dem Springer-Verlag zu schreiben. Die *B.Z.* war im ersten Quartal 1991 mit ihrer bisherigen Höchstauflage von durchschnittlich 367 104 täglich verkauften Exemplaren die größte Zeitung der Stadt. Siedler mischte publizistisch mit bei allen wichtigen Themen, nicht nur in den feuilletonistischen Debatten der Zeit, und gern tat er das immer dann, wenn es um Architektur ging, besonders um die in Berlin. Unter dem Titel *Die gemordete Stadt* hatte er sich 1964 mit seinem ersten Buch einen Namen als Architekturkritiker gemacht, indem er gegen die Tristesse der Nachkriegsarchitektur polemisierte und seinen *Abgesang auf Putte und Straße, Platz und Baum* anstimmte, wie es im Untertitel des Buches hieß. Hans Stimmann nennt es 2009 das *große Vorbild* seiner Publikation *Berliner Altstadt*. Die *historische Mitte* im weiten stadtgeschichtlichen Horizont beschäftigte Siedler in der Schlossdebatte dieses Jahrzehnts. Von Berlin ausgehend war die Diskussion der unter den Schmerzen des Zusammenwachsens und schmerzvoll an sich selbst leidenden Nation um den *Abbruch* des Palastes der Republik und den paradox erscheinenden *Aufbruch* in eine Zukunft mit dem wiederaufgebauten Stadtschloss angestoßen worden. Es ging mit diesem Bau um das Symbol der zuletzt kaiserlich regierenden Dynastie des Hauses Hohenzollern, der allerdings seit 1918 Museum und es in seinen erhaltenen Teilen sogar noch nach 1945 gewesen war. Diesen Teil der Nutzungsgeschichte des Gebäudes erzählt Christian Walther in seinem 2021 herausgekommenen Schloss-Buch *Des Kaisers Nachmieter*. Doch Diskutanten wie Siedler ging es um viel mehr. Neben dem wie er 1926 geborenen Berliner,

Hitler-Biografen sowie bis 1993 Herausgeber und Feuilletonchef der *Frankfurter Allgemeinen Zeitung* Joachim C. Fest war Siedler beredter Streiter für die Wiedererrichtung des Schlosses. Auch für dieses Anliegen fand der Verleger für seinen ebenso maßgeblichen wie kämpferischen Aufsatz, den er 1991 in seinem Essayband *Abschied von Preußen* erscheinen ließ, eine griffig-formelhafte Überschrift: *Das Schloss lag nicht in Berlin – Berlin war das Schloss*. Siedler zeigt an Rom, London, Paris, dass diese Metropolen als urbane Räume keineswegs mit Schlössern als städtischen Mittel-, Gravitations-, Anziehungspunkten zu identifizieren seien. Im diesbezüglichen Ausnahmefall Berlin sei das völlig anders:

Berlin aber war das alte Stadtschloss „Unter den Linden", das eigentlich älter ist als die Stadt selber. Das Schloss an der Spree, oder doch sein ältester Flügel, war schon da, als Brandenburg noch ein Kurfürstentum des Heiligen Römischen Reiches Deutscher Nation war, und es nahm seine jüngste Gestalt an, als Kurfürst Friedrich III. von Brandenburg gerade in Königsberg zu Friedrich I. in Preußen, nicht von Preußen, erhoben wurde, zum ersten preußischen König. Dann wurde nach eindreiviertel weiteren Jahrhunderten aus dem König von Preußen der Deutsche Kaiser.

15 000 Einwohner habe Berlin gehabt, als die erste Burg, Kern des sich daraus entwickelnden Schlosses, gebaut wurde. Siedlers Schlussfolgerung aus seiner Geschichtsbetrachtung und aus seinem Vergleichen mit den anderen europäischen Metropolen: „Überall war die Stadt vor dem Schloss da; in Berlin gab es das Schloss, und dann erst kam die Stadt." Zentral im Wortsinn war in Siedlers Argumentation die Frage der Mitte der Stadt in Verbindung mit diesem ihrem Schloss. Ihm missfällt, was er Anfang der 1990er-Jahre als Ost-Berliner Stadtmitte vorfindet. Siedler polemisiert gegen den seinerzeit vom Ost-Berliner Chefarchitekten Hermann Henselmann als Stadtmitte gedachten Fernsehturm, mit dem im technischen Zeitalter und im Aufbruch des DDR-Sozialismus erstmals einem technischen Bauwerk die Rolle des urbanen Bezugspunktes zugewiesen worden war. Den Standort des *Signalturms* hatte Walter Ulbricht, damals Staatsratsvorsitzender der DDR, selber am Modell der neu geplanten Innenstadt seiner *Hauptstadt der DDR* bestimmt, indem er den Turm eigenhändig an die Stelle rückte, wo er ihn errichtet sehen wollte. So etwas, so Siedler, gebe es nicht einmal in Moskau, erst recht nicht in Paris oder London. Die Baumasse des verschwundenen Schlosses aber

habe den baulichen Solitären seiner Umgebung Halt gegeben, sei in dem Sinne *historische Mitte* gewesen, dass es Bezugspunkt in alle Himmelsrichtungen gewesen sei – im Westen des Pariser Platzes, in der Mitte des Gendarmenmarkts, im Osten des Alexanderplatzes und im Süden des Belle-Alliance-Platzes, der seit 1946 nach dem Spartakusmitgründer und Literaturwissenschaftler Franz Mehring benannt ist. Bezugspunkt zu sein, das sei die wirkliche Bedeutung des Schlosses gewesen, die in Siedlers Augen weit über das hinausgeht, was das Gebäude an sich als kunstgeschichtlich bedeutsames Werk der Architekturgeschichte bedeute: „Das Berliner Schloss war nicht nur, vielleicht nicht einmal in erster Linie um seiner selbst willen wichtig, sondern der anderen Bauten wegen, die ohne es nun ihre Bedeutung verloren haben.“ Darin lag für Siedler wie für all jene, die in diesen Jahren und am Ende erfolgreich den Wiederaufbau propagierten, die eigentliche Konsequenz der von Ulbricht fünf Jahre nach dem Ende des Zweiten Weltkriegs durchgesetzten, sich über mehrere Tage hinziehenden Sprengung des Schlosses mit seinen teils meterdicken Wänden. Dabei war es doch besser erhalten gewesen als das wiederhergestellte Schloss Charlottenburg, obwohl es nach dem vernichtenden Bombenangriff vier Tage gebrannt hatte. Siedler betonte dabei, dass der Palast der Republik, den er als „diese sozialistische Mehrzweckhalle“ denunziert, im Bezugssystem der Stadt nicht zu leisten vermochte, was das Schloss bewirken konnte:

Wilhelm von Boddien empfand die Leere ohne das Berliner Schloss als bedrückend: Blick vom Marx-Engels-Platz auf die Marienkirche und den Fernsehturm im August 1970

Das war ja die eigentliche Funktion der Architektur des Schlosses, dass es durch sein pures Dasein so Verschiedenartiges zusammenhalten konnte – die barocke Gewalt des Zeughauses, das englisch-gebändigte Rokoko der Oper, den vergleichsweise simplen Palladianismus vom Palais des Prinzen Heinrich und die reine Linie von [Karl Friedrich] Schinkels Klassizismus. Dieser Zusammenhang von Nichtzusammengehörendem war das eigentliche Wunder der „Linden", und Vergleichbares gab es in keiner anderen Stadt Europas, weshalb man dann in St. Petersburg diesen Boulevard „die glänzendste Perspektive" Alteuropas nannte. Was sind die „Linden" ohne das Schloss?

Über die *abgeräumte Leere* des Marx-Engels-Platzes fege der Wind. Mit dieser Metaphorik beschreibt Siedler die Situation in jenem innerstädtischen Areal, das Standort des Schlosses gewesen war, und diese Leere „hielt jahrzehntelang die Erinnerung an das einstige Zentrum Berlins wach [...]." So hatte das auch jener Mann erlebt, der als Wilhelm Dietrich Gotthard Hans Oskar von Boddien am 27. Februar 1942 in Stargard in Westpommern zur Welt gekommen war. Wesentlich ihm verdankt Berlin in den 1990er-Jahren ein spektakuläres Ereignis, nämlich die Wiedererrichtung des Berliner Schlosses, und zwar in den Jahren 1993/94 zwei Sommer und einen Winter lang als Attrappe haargenau auf seinem ehemaligen Standort. Von Boddien spricht lieber von *Schlosssimulation*. In seinem Buch *Abenteuer Berliner Schloss* von 2022, das seine *Erinnerungen eines Idealisten* in plaudrigem Tonfall erzählt, nennt er sich *Beutepommer*. Nach Pommern sei seine Familie aus Hamburg wegen des Bombenkriegs evakuiert worden. Sein Bruder war gefallen, und der Vater starb 1945. Die Familie floh zurück vor der Roten Armee und ließ sich nahe Hamburg in Aumühle nieder, zu dem als Ortsteil das Gut Friedrichsruh Otto von Bismarcks gehört. 1962 machte von Boddien in Reinbek, ebenfalls im Weichbild der Hansestadt und rund 40 Kilometer von der Zonengrenze entfernt, auf der nach dem Wald, der in Teilen den Bismarcks gehört, benannten Sachsenwaldschule das Abitur und diente dann bei der Bundeswehr. Nach der kaufmännischen Lehre übernahm er die im Richtung Lübeck gelegenen Bargteheide angesiedelte Firma des Vaters, einen Landmaschinenhandel. Er führte das Unternehmen bis 2003, denn 2004 ging die *Boddien Land- und Kommunaltechnik GmbH* in die Insolvenz. 1994 arbeitete er in Berlin als Geschäftsführer der neugegründeten *Partner für Berlin Gesellschaft für Hauptstadt-Marketing mbH*, die sich dem Stadtmarketing widmete, aber von Boddien hielt nur zwei Jahre bis 1996 durch. Das ist die persönliche und berufliche Existenz Wilhelm von Boddiens, von dem der ehemalige Chefredakteur und Herausgeber des *Tagesspiegel*, Hermann Rudolph, sagt, ohne ihn gäbe es das Schloss nicht.

Die andere Existenz von Boddiens ist nämlich zunächst die eines dem Berliner Schloss verhafteten Privatmanns, der in dem Bau sein Lebensthema, in den Augen seiner Kritiker seine fixe Idee, entdeckt hat. Dieses Lebensthema beginnt er in den 1990er-Jahren professionell zu verfolgen. Eine 40-Stunden-Woche gab es fortan für den ständig erreichbaren Schlossenthusiasten ebenso wenig wie Feierabend. Die Pressearbeit des Vereins in Sachen Schloss machte er getreu dem Kommunikationskonzept One Voice Policy ganz allein. So wurde er zum Gesicht der *Schlossfreunde*. Damals, als er acht Jahre alt war, das war 1950, erzählte seine Mutter ihm und seinen Geschwistern, „dass in Berlin eines der bedeutendsten barocken Baudenkmäler Deutschlands, das riesige Schloss, gesprengt werde." Der kleine Junge versuchte sich vorzustellen, „was das für einen Knall gegeben haben musste." Diese Begebenheit war ihm eingefallen, als er 1961 mit 19 Jahren als Abiturient kurz nach dem Bau der Mauer in den Herbstferien das erste Mal nach Berlin fuhr. Sein Auftrag war, für die Schülerzeitung des Gymnasiums über die Mauer zu recherchieren. Am Ende kam eine Wandzeitung im Umfang von 24 Seiten heraus, von denen vier dem verlorenen Schloss gewidmet waren. Von seinem Erlebnis der Mitte Berlins im Jahr 1961 rührt seine lebenslange Faszination durch das Berliner Schloss. Er war auf dem alten Moped gekommen, fuhr damit auf der Westseite die Mauer ab, durfte mehrere Abende in den *Studios am Stacheldraht* mitfahren. Das waren die Fahrzeuge des Senats, vor allem VW-Busse, mit Lautsprecherbatterien auf dem Dach, die Westpropaganda bis zu drei Kilometer hinein in den Ostsektor hörbar machten; noch zu Beginn des 21. Jahrhunderts hießen die Kraftfahrer der Senatskanzlei, dann natürlich längst jenseits der verschwundenen Mauer im Roten Rathaus untergebracht, offiziell immer noch *Studiofahrer*. Mit seinem westdeutschen Bundespass konnte von Boddien, anders als die West-Berliner, problemlos die innerstädtische Grenze am Bahnhof Friedrichstraße – damals stand der *Tränenpalast* noch nicht – passieren. Erwartungsvoll habe er sich dem Zentrum der „berühmten preußischen Residenzstadt" genähert, aber er sei enttäuscht worden, denn von den Palais standen nur noch Ruinen, auf der Museumsinsel sei er auf den unendlich groß erscheinenden leeren Raum gestoßen. Passanten hätten ihm gesagt, dort sei das Schloss gewesen. Die Domruine, das Zeughaus und das Alte Museum hätten noch gestanden:

Wilhelm von Boddiens Berlin-Erfahrung: Im Herbst 1961 durfte er in den Lautsprecherwagen der „Studios am Stacheldraht" mitfahren. Das Foto entstand an der Oberbaumbrücke in Kreuzberg.

Der gähnend leere und öde Aufmarschplatz aber wirkte in seinen riesigen Dimensionen wie ein Windkanal, und der typische Duft der DDR, die Mischung aus dem süßlichen Geruch der Braunkohle und den Abgasen der Zweitakter, waberte um die Tribüne. In den 1990er-Jahren beschrieb der Architekturkritiker Michael Mönninger in seinem Artikel „Neue Wände für den Windkanal" in der Berliner Zeitung die Situation der Museumsinsel als Tragik der Berliner Mitte, die auf dem Weg zu einem anderen Ziel nur noch durchquert, nicht aber mehr um ihrer selbst willen aufgesucht werde.

Zwischen 1961 und 1989 fuhr von Boddien oft mehrfach im Jahr nach Berlin. Er sammelte und las alles, was es über das Schloss gab. Er erzählte es immer wieder in Interviews, wie er am Wochenende zu Hause den Esstisch mit seinen Fotos und Unterlagen in Beschlag nahm und dass die Familie deshalb in der Küche essen musste. Seine Frau nahm es – *wenig begeistert* – hin, weil sie wusste, dass sonst etwas anderes an die Stelle der „Schloss-Obsession" ihres Mannes treten würde. Zur 750-Jahr-Feier Berlins 1987 vermerkt von Boddien, dass der Bau dabei gar keine Rolle mehr spielte, im Ostteil sei das Schloss „aus dem Bewusstsein getilgt", es sei erklärt worden, dass *anglo-amerikanische Bomber* im Zweiten Weltkrieg das Gebäude so sehr zerstört hätten, dass die Trümmer nur noch abgefahren werden konnten, was nicht stimmte. Dann ging die Mauer auf: „1990, nach der Wiedervereinigung, lag die Mitte Berlins mit dem Aufmarschplatz der DDR, dem Marx-Engels-Platz, plötzlich in der Bundesrepublik Deutschland. Er war verfügbar; keine Grenze und keine DDR-Regierung konnten nun meinen Traum, das Schloss wieder aufzubauen, mehr verhindern. Dennoch erschien dieser Plan völlig aussichtslos. Nur eine verschwindende Minderheit der Deutschen wollte sich noch mit dem verlorenen Schloss beschäftigen, für fast alle war es weitgehend vergessen." Zudem, so von Boddien, stand dort seit 1976 der Palast der Republik, dessen Beseitigung für ihn die nicht diskutable Voraussetzung war, seinen *Traum* zu verwirklichen. Er und seine Unterstützer hatten 1990/91 kein Geld, sondern nur die Idee und den Idealismus. Und er selbst: „Ich war ein Niemand, hatte keinen Namen und keinen Ruf zu verlieren." Von Boddien intensivierte seine Kontakte mit Schlosskundigen, Denkmalpflegern, Kunsthistorikern. Er ging auf die Suche nach *Spolien*, wie die Fachsprache die Reste eines zerstörten Gebäudes nennt, und von Boddien erlebte dabei spannende Detektivgeschichten. Unter den Menschen, die ihm halfen, war auch der in den 1990er-Jahren wohl bekannteste Transvestit der Stadt, nämlich die Initiatorin des privaten Gründerzeitmuseums in Ost-Berlin, der Berliner Lothar Berfelde, der sich Charlotte von Mahlsdorf nannte. Ihr schreibt von Boddien das ausschlaggebende Engagement für die Erhaltung des Schlosses Friedrichsfelde zu. In ihrem Garten hatten größere Bauteile des Stadtschlosses gelagert, die irgendwann abtransportiert worden waren. Charlotte hatte nur kleinere Steine mit der Schubkarre an die Hausmauer gebracht: „Gerade diese noch verbliebenen Steine sind später bei der Rekonstruktion der Baupläne des Schlosses von großem Wert gewesen." Schon 1990 hatte von Boddien das vergessene Archiv in einem abbruchreifen Haus in der Gormannstraße entdeckt, das mehr als 3000 teils detailreiche Fotos der Ruine des Schlosses enthielt, die die später als Theaterfotografin bekannt gewordene Eva Kemlein 1950 in sechs Wochen rund um die Sprengung gemacht hatte. Von Boddien stellte fest, dass es im Zuge der von der SED betriebenen Auslöschung des Baus kaum mehr Dokumente über das Schloss in Ost-Berlin gab. Auch aus dem Bewusstsein der Berliner in Ost und West war es verschwunden.

Von Boddien betrieb die Gründung des *Fördervereins Berliner Schloß e.V.*, der am 12. Februar 1992 als gemeinnütziger Verein in das Vereinsregister des Amtsgerichts Charlottenburg eingetragen wurde. Von Boddien und seine Freunde, meistens Männer, meistens um die 50 Jahre alt, oft bürgerlicher Herkunft und bereit zu Engagement, begannen sich der Unterstützung prominenter Persönlichkeiten zu versichern. Wichtiges Instrument dafür war die erste dünne Broschüre des Vereins. Sie war auf Hochglanzpapier gedruckt, hatte aber, so von Boddien, nicht zu teuer erscheinen dürfen. Ihren besonderen Charme machten die Fotos vom Schloss aus, die aktuellen Aufnahmen gegenübergestellt waren, die vom gleichen Standort aufgenommen waren wie die historischen Bilder und die Trostlosigkeit der Gegenwart anschaulich machten. Der Verein bat Prominenz, sich schriftlich zum Vorhaben zu äußern, stieß auf positive Resonanz und druckte die Texte in die Broschüre. Erst infolge dieser Initiative wurden Siedler und Fest mobilisiert. Von Boddien nennt den Ost-Berliner Schriftsteller Günter de Bruyn, der sich in seinem Œuvre Themen der brandenburgisch-preußischen Geschichte, Kunst und Kultur gewidmet hatte, die Historiker Arnulf Baring – von Hause aus Jurist –,

Unterstützte Wilhelm von Boddien: Charlotte von Mahlsdorf (hier 1991 in ihrem Gründerzeitmuseum in Berlin-Mahlsdorf) trug wesentlich zur Erhaltung von Schloss Friedrichsfelde bei.

der an der Freien Universität Zeitgeschichte lehrte, und Michael Stürmer, der zu den Beratern von Bundeskanzler Kohl gehörte. Dazu kamen der Historiker und Museumsmann Christoph Stölzl, der im April 2000 in Berlin Senator für Wissenschaft, Forschung und Kultur wurde, der Präsident der Stiftung Preußischer Kulturbesitz Werner Knopp und der angesehene West-Berliner Kunsthistoriker Otto von Simson. Der Vereinsgründer nennt ferner die Architekten Frank O. Gehry, Hans Kollhoff, Michael Wolford und Robert Venturi. Zum Kreis gehörte auch der Gründer des Berliner Auktionshauses Grisebach, Bernd Schultz. Deutlich wird, dass die Unterstützer vornehmlich aus dem Westen kamen, sowohl aus West-Berlin als auch aus Westdeutschland. Die Broschüre, so von Boddien, sei zum Sesam-öffne-dich geworden, um weitere Unterstützer zu gewinnen. Noch hatte der Verein nicht einmal ein Bankkonto. Dabei half mit Jürgen Borstelmann der Vorstandsvorsitzende der *Grundkreditbank* in Berlin. Er veranstaltete auch das Spendendinner, bei dem die ersten 300 000 DM an Spenden zusammenkamen. Dafür sorgte er mit seiner Rede, die das Anliegen anders als von Boddiens Vortrag zum Schloss auf den Punkt brachte. Von Boddien brauchte nur noch die Visitenkarten einzusammeln, auf deren Rückseiten die Spendensummen geschrieben worden waren. Doch das Jahr 1992 brachte von Boddien eine Nachricht, die ihn und das Projekt des Wiederaufbaus des Schlosses unter Zeitdruck setzte. Der *Internationale Städtebauliche Ideenwettbewerb Spreeinsel* wurde ausgeschrieben. Im Mai 1994 sollte sein Ergebnis darüber entscheiden, wie der davon mitbetroffene Standort des Schlosses städtebaulich verplant werden sollte. Damit verbunden war die Frage nach der Zukunft des Palastes der Republik. Das Ergebnis hätte als *Masterplan* bindenden Gesetzescharakter und würde unverrückbare Tatsachen schaffen, betont von Boddien rückblickend. Die Konsequenz hätte sein können: „Die Rekonstruktion des Berliner Schlosses hätte nach einer Entscheidung im Wettbewerb keine Chance mehr gehabt, wenn der alte Grundriss der Insel und die Kubatur des Schlosses dort nicht aufgenommen worden wären.“ Doch die Bemühungen der Schlossanhänger drangen nicht durch. In den Medien fanden sich ebenso wenig begeisterungsfähige Menschen wie auf der Straße. 1991 und 1992 agitierten die Schlossfreunde regelmäßig auf dem Marx-Engels-Platz. Das Problem: „Die Vorstellungskraft der meisten reichte nicht aus, um sich nach einem im DIN-A4-Format vorgelegten Foto den Riesenbau des Berliner Schlosses mit einer Kantenlänge von 190 x 120 Metern und einer Höhe von 74 Metern mit Kuppelkreuz auf dem weitläufigen und großen Aufmarschplatz vorstellen zu können.“

„Wer nicht hören will, muss sehen!" Das war die Devise, die Bernd Schultz, der erfolgreiche und umtriebige Kunsthändler, auf einer von Ratlosigkeit bestimmten Sitzung des Freundeskreises ausgab. Was er sich dachte? „Wir bauen eine große Theaterkulisse in Originalgröße auf, ein Gerüst, behängt mit der Schloss-Fassade aus bemalten Planen." Die Idee erschien von Boddien sofort einleuchtend und finanzierbar, ohne den Staat ins Boot zu holen. Mithilfe eines großformatigen Spiegels sollte der Palast verdeckt und die Illusion vom Blickwinkel der Straße Unter den Linden her perfektioniert werden. Zu diesem Zeitpunkt bestand von Boddiens Netzwerk aus lediglich zehn Personen. Ohne ein tragfähiges Finanzierungskonzept bat er Otto von Simson, ihm einen Termin beim Regierenden Bürgermeister zu vermitteln. Von Boddien präsentierte Eberhard Diepgen das Vorhaben als spektakuläres Event und bekam die Zusage, dass die Installation vom 1. Juli bis zum 30. September 1993 genehmigt werden würde. Von der Idee der Rekonstruktion hatte von Boddien nichts gesagt, und er nahm die Frist in dem Wissen hin, dass sie viel zu kurz war, um die Investition zu refinanzieren. Schließlich sollte die Standzeit durch den Bezirk zweimal verlängert werden, obwohl dort Widerstand zu überwinden war. Im Sommer 1992 fand die erste Pressekonferenz zur Vorstellung des Projekts vor rund 50 Journalisten im Pressesaal mit der Raumnummer 319 von Diepgens Rotem Rathaus statt. Von Boddien wurde auf der Heimfahrt nach Hamburg klar, worauf er sich eingelassen hatte, denn er sollte später ohne Wissen seiner Frau auch noch eine persönliche Bürgschaft über 300 000 DM übernehmen müssen: „Mir war, als ob mir jemand ein Messer an die Kehle gesetzt hätte." Als der Vater von fünf Kindern es im Nachhinein seiner Frau gestand, erklärte sie ihn für verrückt. Von nun an arbeitete von Boddien voll und ganz für die Schlosssimulation. Am nächsten Wochenende habe er mit seiner Frau in Paris vor der in Renovierung befindlichen Kirche La Madeleine gestanden. Wie häufig in seiner Schilderung betont von Boddien auch hier das Zufällige, Schicksalhafte, Gefügte seiner Geschichte mit dem Berliner Schloss: „Auf das Gerüst hatte man ein Abbild der Madeleine im Stil des Pointilismus drapiert; […] Das war doch genau das, was wir beim Berliner Schloss als große Kulisse, als Simulation, darstellen wollten!" Darunter stand der Name der auf monumentale Malerei spezialisierten Pariserin und Ehefrau eines Baugerüstunternehmers Catherine Feff. Sie war es, die zeitweilig mithilfe von rund 50 Mitmalern, teils Kunststudenten, in einer ehemaligen Fabrikhalle von Renault in der französischen Hauptstadt die PVC-Planen der Berliner Schlossattrappe händisch bemalte. Scanner oder Plotter gab es damals noch

Dem Schloss-Lobbyisten gelang es immer wieder, Prominente für sein Anliegen zu gewinnen: Wilhelm von Boddien 1992 mit der Schauspielerin Christine Kaufmann

nicht. Die ursprünglich gedachte Fläche der Simulation von nahezu 9000 Quadratmetern hätte mit 1,5 Millionen DM zu viel gekostet. Also verkleinerte der Verein das Vorhaben: „Danach stimmte der Preis." Die Planen waren fünf Meter breit und 31 Meter lang und in gelber Farbe vorgefärbt. Von Boddien verfügte über Putzstücke vom Schloss Charlottenburg, die den dort verwendeten Gelbton aufwiesen, und es ergab sich aus einer Beschreibung aus dem 18. Jahrhundert, dass Sommer- und Winterschloss dasselbe Gelb gezeigt hatten. Mit Overheadprojektoren wurden die Linien der Fassadenzeichnungen auf die mit Klarsichtfolien überzogenen Planen projiziert, und die Mitarbeiter übertrugen die Linien in Ölfarbe auf die Folien. Die Linien wurden per Rändelrad perforiert. Diese Linien wurden mit braunem Farbpulver berieben, nach dem Abziehen der Folie wurden diese Linien auf der Plane mit einer Spezialfarbe fein nachgezogen. Die fertigen Planen wurden nebeneinandergelegt, um die Übergänge abzustimmen. Das gelang so perfekt, dass beim Aufhängen in Berlin nur noch wenig mit Pinsel und Farbe retuschiert werden musste. Die eigentlichen Arbeiten im Frühjahr 1993 dauerten 30 Tage. Der international tätige Gerüstproduzent Thyssen Hünnebeck aus Düsseldorf hatte mit dem Förderverein einen Sponsorenvertrag abgeschlossen.

Das Unternehmen stellte das Gerüstmaterial, der Verein zahlte lediglich die zwei Millionen DM Aufbaukosten. Fast zeitgleich begannen Industriekletterer mit dem Aufbau. Das Nachwende-Berlin bekam ein neues Spektakel und einen neuen Rekord. Von Boddien: „Es war das größte Gerüst, das jemals gebaut wurde, und ging 1994 in das *Guinness-Buch der Rekorde* ein." Im Winter 1993/94 überstand die Simulation, die für einen Winddruck von 300 Tonnen ausgelegt war, einen Orkan, der lediglich ein paar Bahnen zerfetzte. Im Inneren wurden primitive, nicht beheizbare Ausstellungsräume aus Holz errichtet, die nur in der warmen Jahreszeit geöffnet werden konnten. Hier wurden drei DM Eintritt verlangt. Der Name der Ausstellung ist eine Schöpfung von Christoph Stölzl: *Das Schloss?* Zur Ausstellung gab es einen informativen und großformatigen Katalog, dessen Titel dem Motiv des eindrucksvollen Plakats entsprach, auf dem der zur Fassade gehörende *Genius des Sommers* flammenartig aus dem Schloss zu lodern schien. Für die Redaktion der Publikation hatte von Boddien die Schlosskritikerin und Gründerin des Architekturforums *Aedes* in West-Berlin, der ersten der Architektur gewidmeten Privatgalerie, Kristin Feireiss gewonnen. Die Berlinerin stellte im Sinne von Boddiens eine Dokumentation der Debatte zusammen und keineswegs ein Manifest zugunsten des Schlosses. Der erste Text ist der zitierte Aufsatz von Siedler, enthalten sind Beiträge angesehener Architekten wie David Chipperfield, Hans Kollhoff, Julius Posener, Peter Wilson

Während des Aufbaus der Gerüste und der Planen für die Schlossattrappe 1993: Links ist der Palast der Republik zu sehen, rechts das Gebäude des ehemaligen Staatsrats der DDR.

oder Axel Schultes. Erwähnenswert ist auch der Entwurf des Berliner Architektenpaares Ursulina Schüler-Witte und Ralf Schüler, die das Internationale Congress Centrum ICC entworfen hatten, für den Schlosswiederaufbau. Die Installierung der Attrappe dauerte mehrere Wochen und war am 30. Juni 1993 abgeschlossen. An diesem Tag wurde die Installation mit 400 geladenen Gästen feierlich eröffnet. Von Boddien über die Wirkung:

Die Simulation stand, sah täuschend echt aus und konnte ihren Zauber entfalten. Die Wirkung war atemberaubend. Selbst ich, der sich eingebildet hatte, eine genaue Vorstellung vom Bau zu haben und das Schloss bis ins Detail zu kennen, war hingerissen von der Wirkung. Schlagartig nahm der Riesenbau das Zentrum wieder in Besitz und spielt wie früher eine dominante Rolle.

Für von Boddien steht fest, dass ohne diese Attrappe das Berliner Schloss nie wiederaufgebaut worden wäre. Seine Simulation war für Zeitzeugen, die es gesehen haben, ebenso unvergesslich wie die Verhüllung des Reichstagsgebäudes durch Christo und Jeanne-Claude. Abgesehen davon brachte die Versteigerung der Planen durch das Auktionshaus Sotheby's eine halbe Million DM ein. Tatsächlich war der visuelle Schlosseindruck ein unwidersprechliches Argument, auch wenn mit dem zunehmenden Erfolg der Schlossanhänger der Widerstand der Palastanhänger und der Schlossgegner an Vehemenz zunahm. Der Deutsche Bundestag stimmt nach jahrelangen Diskussionen am 4. Juli 2002 dem Wiederaufbau zu. Der Bund übernahm die Kosten für das Innere des Baus, in dem die Mehrzahl der Räume dem Grundriss des alten Schlosses entspricht, sodass, so die Hoffnung von Boddiens, spätere Generationen frei wären, auch Innenräume des Schlosses zu rekonstruieren. Der Förderverein war der private Partner, der 2002 die Mittel für die barocke Außenfassade zusagte. Anfang Dezember 2020 verkündete die Stiftung Humboldt Forum, dass das Spendenziel in Höhe von 105 Millionen Euro, aufgebracht von nahezu 50 000 Spendern, erfüllt sei.

Das sei „vor allem und zum größten Teil dem unermüdlichen Einsatz von Wilhelm von Boddien, dem Geschäftsführer des Fördervereins Berliner Schloss" zu verdanken. Von Boddien rief zeitgleich zu weiteren Spenden auf, denn es fehlten noch 7,5 Millionen Euro für Restarbeiten an Balustraden und Portalen. So berichtete es am 2. Dezember 2020 die *Berliner Woche*.

Die Auseinandersetzung ums Schloss, das staatsoffiziell *Humboldt Forum* heißt, ebbte in ihrer Intensität ab, doch ausgestanden ist sie auch in den 2020er-Jahren nicht, in denen die museale Bespielung der Innenräume ins Werk gesetzt wurde. Da wurde gegen das Kreuz und gegen die biblische Aufschrift oberhalb der Kuppel polemisiert, in der es hieß, „dass in dem Namen Jesu sich beugen sollen aller derer Knie, die im Himmel und auf Erden und unter der Erde sind". In Verfolg von Enthüllungen der Gesinnungen von Spendern war so auch noch die Rede von einer „Kamarilla neo- bis rechtskonservativer Preußen-Nostalgiker", die den Neubau des Alten durchgesetzt hätten. Nikolaus Bernau, seinerzeit Ausstellungskurator in der Schlosssimulation und damit Zeitzeuge, bis 2022 als freier Journalist in Sachen Architektur und Stadt für die *Berliner Zeitung* tätig und als Experte versehen mit zahlreichen Lehraufträgen, nimmt den selbsternannten Idealisten von Boddien unter der Überschrift *War die Schlosskulisse ein reaktionäres Projekt?* im *Tagesspiegel* vom 13. August 2023, gut drei Jahrzehnte nach dem Kulissenbau, gegen solcherlei Vorwürfe in Schutz:

Wilhelm von Boddien – egal, wie man zu seinem Wiederaufbauprojekt steht, diese Ehrlichkeit muss sein – propagierte es eben nicht als Teil einer politischen Preußen-Renaissance, sondern als rein ästhetisches Projekt der Stadtrekonstruktion. Deswegen hatten die Kuratorinnen und Kuratoren übrigens volle Gestaltungsfreiheit – bis hin zu Fotos, auf denen für den Fortbestand des Palastes der Republik demonstriert wird.

Dass von Boddien und seine Freunde die Entscheidungsträger derart vor sich hertreiben konnten, hat mit deren Entscheidungsschwäche zu tun. Der damalige Regierende Bürgermeister spricht 2004 davon, dass die Politik sich „schwer getan" habe. Die einen wollten den Palast retten, andere moderne Architektur, Denkmalschützer kein Disneyland. Vor allem bestand die Ost-West-Problematik in Hinsicht auf den 1990 noch von der Volkskammer geräumten Palast, denn: „Warum soll der Palast abgerissen werden, wenn im ICC in Westberlin [sic] eine Asbestsanierung möglich ist?" Mit einem Anflug von Ironie schreibt Diepgen, er sei damals zum Asbestexperten geworden. In Hinsicht auf die historische Mitte Berlins habe sich der Staat „nur begrenzt handlungsfähig" gezeigt. Diepgens Antwort auf die Frage nach einer Palastsanierung fiel lapidar aus: „Jede Instandsetzung würde mehrere Millionen Euro kosten und wäre nur bei erhaltenswerter Architektur vertretbar." Hinzu kam die offene Frage der Nutzung eines rekonstruierten Palastes; das war beim Schloss später übrigens auch so. Viele Ost-Berliner verbinden persönliche Erinnerungen mit dem Bau. Wovon Diepgen nicht schreibt, ist der Umstand, dass der Sitz der Volkskammer Kernstück der im 21. Jahrhundert kaum noch sichtbaren architektonischen DDR-Hauptstadtkonzeption für Ost-Berlins Zentrum war.

Das neue Gesicht des Nachwende-Berlin, seine neue Architektur, sogar das Bauen selbst und dann die neuen Gebäude der Stadt, das alles war für die Kulturschaffenden genauso wie im Kulturschaffen der 1990er-Jahre so präsent wie im alltäglichen Stadtbild. Maler nahmen diese Veränderungen in gleicher Weise wahr wie Berliner Normalbürger. So wurden auch in der bildenden Kunst das Werden des *Neuen Berlin*, die neue Stadt der Vereinigungsepoche und die Schlüsselgeschehnisse der Epoche sichtbar und damit festgehalten für die Nachwelt.

Wilhelm von Boddien auf freigelegten Fundamenten des zerstörten Berliner Schlosses: Dessen Wiedererrichtung setzte den Abbruch des im Hintergrund sichtbaren Palastes der Republik voraus.

FBK

Rainer Fetting und Matthias Koeppel – Zwei Perspektiven des *Neuen Berlin*

Scheinbar geschäftsmäßiger Abbruch eines vertrauten Berliner Symbols: Matthias Koeppels Gemälde *Städtebauliche Maßnahme* zeigt 1996 die Fiktion der Sprengung des Funkturms in West-Berlin.

HEUTE STEHT HIER DAS HUMBOLDT FORUM: Das Gemälde von 1993 ist expressiv in seinem Malstil, zeigt uns das Geschehen in Flächen, keine Einzelheiten. Vor unseren Augen steht eher in der oberen Hälfte des Querformats ein Gebäuderiegel aus zwei Bauten. Erst sehen wir den Bau mit seinen weißen Wänden, unterbrochen von grauen Streben, die in Richtung des wolkigen, türkisen schimmernden Himmels über der Stadt aufragen. Sie gliedern die Fassade des kastenartigen Baus, der von links ins Bild zu ragen scheint, mächtig ist und optisch wirkt, als nehme er zwei Drittel des Ganzen ein. Das uns und dem Bildzentrum nächste Fassadensegment trägt eine Fensterfront, gehalten in dunklem Lila, schwarz gerastert. Von rechts her kommt, in sich halbiert, ein Bau in jenem Gelb, das von Boddien suchte und an Fassadenresten des Schlosses Charlottenburg gefunden hatte. Drei Geschosse hat dieser Bau. Seine Fassadenfläche gliedern rhythmisch in Dunkelbraun gemalte, regelmäßig angeordnete Fenster. Die rechte Hälfte dieser Wand ist klar erkennbar, ihre linke Hälfte, die zur Bildmitte hin, ist verwaschen, bloß ein unscharfes Spiegelabbild, das aber die rechte Hälfte in unserem Blick ins Zentrum hin verlängert. Es bleibt der Eindruck, als stoße der gelbe Bau in den weißen hinein. Vor dem Riegel eine Wüstenfläche. Zur rechten Seite sandig, links scheint sich auf wässrigem Grund der weiße Bau zu spiegeln. Wie auf den meisten Stadtprospekten Berlins dieses Malers sehen wir keine Menschen, wir sehen Menschenleere.

Der Jahreszahl der Datierung des Bildes spätestens entnehmen wir, dass wir Fassaden sehen, die zur Disposition stehen. Eine, die neuere, wird durch die Herausforderung der anderen zur alten, und sie wird verschwinden. Die andere ist nur eine Plane, scheint nur alt, ist in Wahrheit neu, und sie wird diesen Platz einnehmen. Wir sehen das Gemälde *Palast der Republik und Schloss* von Rainer Fetting. Im selben Jahr hat er den Palast noch einmal gemalt. Wir finden die Reproduktionen in dem Band *Rainer Fetting Berlin*, den die *Berlinische Galerie* zu seiner Ausstellung von 2011 herausgebracht hat. Auf dem anderen Palastbild sehen wir die verglaste, von den vertikalen Graustreben gegliederte Fassade. Rotes scheint sich zu spiegeln, ein Turm, das Rote Rathaus kann es von der Lage her eigentlich nicht sein, denn rechts vor dem grauwolkigen Himmel ragt der Fernsehturm auf. Aber die Topografie ist für den Maler nicht verbindlich. Den Himmel hat Fetting immer wieder gemalt, auch schon, als er die Mauer auf seine großformatigen Bilder brachte. Er hat sie selten so gemalt, wie sie tatsächlich verlief. Er malte, zeichnete sie in Zacken, abwegig in ihrem Verlauf, machte damit ihre Abwegigkeit sichtbar. Der Katalogteil über *Das neue Berlin im Werk von Rainer Fetting* stammt von der im Berliner Kunsthandel verwurzelten Kunsthistorikerin Simone Wiechers. Der Titel des Kapitels heißt nach der Fotocollage von 1993 *Pelikane am Potsdamer Platz*. Die Autorin zitiert den Maler: „Ich wollte die Mauer zumindest nicht artig realistisch im damals korrekten Sinn gelten lassen." Die Verfremdung war Trägerin seiner Aussage. Er findet, er habe die Mauer immer irgendwie warm gemalt. Sie sei gar nicht so brutal, habe wie ein Schutzschild fungiert. Mit diesem Empfinden spiegelt Fetting eine Einstellung vieler West-Berliner, die sich letztlich mit der Mauer abgefunden hatten und die sie als Schutz ihrer Lebensweise empfanden, die von der Hektik und Umtriebigkeit westdeutscher Metropolen abstach. Er lebte mit seinem Partner, dem sich *Salomé* nennenden Maler Wolfgang Ludwig Cihlarz, am Moritzplatz, und beide gehörten zu der Malergruppe *Moritzboys*, die dort, heute gegenüber vom Neubau des nach Kreuzberg verzogenen ehemals Ost-Berliner *Aufbau Verlags*, unter der Wohnung von Fetting und seinem Partner residierte. Um die Ecke war sie, die Mauer, Grenzübergang Heinrich-Heine-Straße. Der homosexuelle Maler wusste, wovon er sprach, schon weil er sie immer wieder gemalt hatte. *Neofigurativ* hieß ihre Richtung, die es wieder versuchte mit dem Gegenständlichen nach all dem Abstrakten. *Heftige Malerei* ist das Rubrum dieser bei Fetting flächigen Malweise, benannt nach einer gemeinsamen Ausstellung im Haus am Waldsee, Berlin-Zehlendorf, 1980. Fetting wurde zum Pionier des Männeraktes. Und er war auf der Welt unterwegs. Vor allem in New York, der Metropole, der Berlin in den 1990er-Jahren nach Ansicht mancher versuchte, den Rang abzulaufen. Dorther kam sein Versuch, Rockmusik zu malen. Und die Moritzboys selber machten damals gelegentlich Rock. Studiert hatte Fetting in Berlin. 1972 war er hergekommen aus Wilhelmshaven. Dort war er am 31. Dezember 1949 zur Welt gekommen. Von seinem Elternhaus wissen wir nicht viel. Wahrscheinlich ist es ihm nicht wichtig. Die Kunsthistorikerin schreibt, er sei mit dem Fall der Mauer zum Chronisten der Umbruchssituation geworden. Er sagt 1994:

Was vorher ein Sekundenschritt vom Moritzplatz war, wo man nach Schikane und Kontrolle ein anderes Land betrat, konnte man jetzt ohne Hindernisse betreten und erforschen. Das war in der ersten Zeit wie ein Traum. Wie im Fieber habe ich in dieser Zeit diese Ostskizzen erstellt.

Fasziniert hat ihn dieser Umbruch, den er auf seinen Skizzen festhielt. Wir betrachten die Fotos, die ihn auf dem tristen Potsdamer Platz zeigen. Er malt ihn. Schlammig der Grund. Schmutzigblau der Himmel. Die Horizontkante zeigt die Bauten von Hans Scharoun, die Staatsbibliothek, die Philharmonie, ostwärts den himmelaufragenden Fernsehturm. Zwei mal drei Meter groß ist das Bild *Potsdamer Platz* von 1993/95. Er hat die Ödnis festgehalten in seinem emotionsgeladenen, aus der Körperbewegung kommenden kraftvollen Pinselstrich, die vergangene Realität der innerstädtischen Leere. Fotos von Kränen, Baugruben, am Potsdamer Platz, vorm Reichstag, die Kräne überall in der Stadt, auch in der Friedrichstraße, zeigen, dass Fetting den Umbruch erkundet, das Werden und Vergehen verfolgt hat. Er ist einer der Maler des *Aufbruch Berlin*. Selbst wenn er später das ihm

Auch den Berliner Maler Rainer Fetting beschäftigte das Baugeschehen der 1990er-Jahre: Wir sehen *Palast der Republik und Schloss* von 1993 und erkennen Wilhelm von Boddiens Schlossattrappe.

Der junge Rainer Fetting kam 1972 zum Kunststudium nach West-Berlin: Er ist Protagonist der Malergruppe *Moritzboys*, die ihre Galerie am Moritzplatz in Kreuzberg eröffneten.

als Norddeutschem wieder näher gerückte Sylt porträtiert. Natürlich malen Berliner Maler nicht nur Berlin. Fetting ist der Maler der Baukräne, die Barenboim auf dem Potsdamer Platz dirigiert hatte. Sie stehen in knalligem Rot ziseliert in ihrem feinen Gerüstaufbau. Warum rot? „[...] das sollte schon eine darüber hinausgehende Bedeutung haben: die Narben, die Vergangenheit und der Potsdamer Platz, was da vergraben ist, und die Geschichte." Zeichen setzen diese Kräne bei Fetting. Die Kunsthistorikerin schreibt, sie seien „in kurzen, stakkatoartigen Hieben auf die Leinwand gesetzt", ihr Duktus zeige den hektischen Takt der Arbeit. So stünden sie für die Verwirklichung des Bebauungsplans, ließen erahnen, „in welchem Umfang Einschnitte von dem Bauboom zu erwarten sind." Fetting wurde zum Porträtisten des Wandels. Wiechers hat recht: „Er ist Analytiker architektonischer und urbaner Räume, der mental in die Bildwelt involviert ist." Wir sehen die Stimmung des *Aufbruchs*, erkennen die rasende Verwandlung, und wir empfinden den Anklang der Geschichte, der Vergangenheit, die Ahnung der sozialen, urbanen Konsequenzen, all das ist in seiner Malerei enthalten. Fetting verbindet seinen Männerakt mit dieser Übergangsstadt. *Ole vor Potse (Potsdamer Platz)* von 1998 zeigt den gulliverhaft übergroßen, liegenden Männerakt inmitten der vielen roten, wenigen gelben Baukräne, dem einen Fernsehturm mit seiner Kugel auf dem Schaft, der anzeigt, dass es Berlin ist. Bunt sind die Gemälde von der Friedrichstadtpassage, jenen drei unterirdisch verbundenen *Quartieren* entlang der Friedrichstraße. Wenige Bauarbeiter sehen wir da. Grellgrüne Rohre, warmbraune Spundwände, die roten Kräne, sonnengelber Sand, unter weißen Wolken, tiefazurnem Himmelblau. Fetting kannte das Lebensgefühl des *Wüste Berlin*, das sich noch aus der Nachkriegszeit an manchen Orten in Berlin erhalten hatte. Drücken seine Gemälde des *Aufbruchs* aus der Leere in ihrer fröhlich anmutenden Farbigkeit unbekümmert Freude auf, über das Neue aus? Fest steht, dass seine Bilder bleiben werden, weil sie Zeitzeugnisse geworden sind. Fetting, der Beobachter, Zeuge, hat festgehalten, was er wahrgenommen hat, wie er es wahrgenommen hat. Er zeigt uns das neu-alte Berlin.

HEUTE STEHT HIER DIE (EHEMALIGE) DEBIS-ZENTRALE: Zwei Drittel dieses Gemäldes füllt in der Breite des Querformats ein dramatisch bewölkter Himmel, dessen Fetzen tiefen Blaus in der Weite im Herbstdunst vergehen. Links ragt das schwarze Skelett eines mageren Bäumleins mit nur noch vereinzelten grünen Blättchen und, an den Schnittstellen erkennbar, entfernten Stämmen und Ästen aus der Erde in diesen Berliner Himmel. Die Baumwurzeln sind freilegt, die Erde ist nicht mehr da, wir sind auf einer Baustelle. Der Maler blickt von ihrem Rand in eine weite Baugrube, rechts ist sie gestützt von einer rostbraunen Spundwand. An den einen der beiden Stämme geschlungen ist das rot-weiße Flatterband, das sich über die Breite des Bildes windet, befestigt an einem rostigen, vom Bauarbeiter schief eingeschlagenen Absperrstab. Die rechte untere Bildecke zeigt die bloße Erde, Rohrreste, Metallteile, eine Bohle liegen nachlässig dort herum. Details, die sind diesem Maler wichtig, er hält sie fest, filigran erscheinen sie auf dem großen Format von 150 mal 200 Zentimetern. In der Baugrube, in die wir mit dem Künstler unter dem Flatterband hindurch hinabsehen, der planierte Baugrund, der in Zukunft Fundamente tragen wird. Am weißen gemauerten Grundstein steht, wir erkennen ihn an seiner Tolle, Eberhard Diepgen, streckt vor sich die Kassette, die er gleich versenken wird, ihm zur Seite einer der Bauleute, weiß gekleidet, schwarz sein Zylinder, in ehrerweisendem Abstand links hinter dem Regierenden Bürgermeister steht eine kleine Gruppe Herren in Anzügen, darunter Edzard Reuter. Weit entfernt, in Sitzreihen, die zu den hinteren Reihen hin aufsteigen, die Gäste, penibel einzeln gemalt, erkennbar ihre Gesichter. Am Rande des Bauplatzes der gelbe Bagger, die Schaufel ruhend während der feierlichen Grundsteinlegung im Sand. Wir sind am Potsdamer Platz, es ist der *Aufbruch*, die Bauleute werden der *Wüste* den Garaus bereiten. Links, da ist West-Berlin, hinter den Stämmchen und dem Zweig erkennen wir Hans Scharouns Neue Staatsbibliothek. Der schweifende Blick entlang der Horizontlinie passiert Richtung Osten hinter noch belaubten Bäumen die Türme des Reichstags, über dem eine Fahne weht, aber der keine Kuppel trägt, dann das Weinhaus Huth, das einsam die Jahrzehnte ausgeharrt hatte, davor an einem breiten Sandhaufen lesen wir die Jahreszahl *1994*. Da stehen gelb belaubt ein paar Bäume, ganz rechts, das dürften Pappeln sein, es folgen zylinderförmige Silos mit Baustoffen, und hinter der Plattenbaufront an der Wilhelmstraße in weiter Ferne der Fernsehturm am Alexanderplatz. Ganz rechts, wieder etwas mehr im Vordergrund, steht in Seitenansicht ein einzelner Baukran. So hat der Berliner Maler Matthias Koeppel 1995 *Die Grundsteinlegung am Potsdamer Platz* gemalt.

Ebenso wie Rainer Fetting die Schlossattrappe besichtigt hat, war Matthias Koeppel Zeuge des Ereignisses. Er hat dort am Rand der Baugrube gestanden. Ebenso wie Fetting hat der immer Block und Stift bei sich führende Koeppel simultan skizziert, was er sah im Umbruch-Berlin, und er tut das bis heute. In dem Ausstellungsband *Himmel, Berlin!* von 2014 sind neben dem Gemälde zwei Skizzen abgebildet, die diese bildlichen Notizen zeigen. Den Bauarbeiter mit dem Zylinder und der Kelle am Grundstein, das Panorama mit dem Publikum, die Bagger, der Sandhaufen mit der Jahreszahl vor dem Weinhaus. Auch Koeppel hat in dieser Zeit die Veränderung verfolgt, und er hat zwischen 1998 und 2003 mit seiner Hasselblad-Kamera mit Selbstauslöser Fotos komponiert, die keineswegs Schnappschüsse in Selfie-Manier sind; in der Galerie Carlos Hulsch in der Lietzenburger Straße hatte er sie bis 15. März 2024 unter dem Titel *Matthias Koeppel: „So sah es aus" – 25 Jahre danach* ausgestellt. Die Motive sind sorgsam ausgesucht, auf wenigen sind Frau und Tochter neben ihm, meistens sehen wir nur ihn, der menschlichen Maßstab hineinbringt in das stumme schwarz-weiß sichtbare Baugeschehen, das uns heute die längst vergangene Zeit vor Augen führt. Solche gestellten Bilder hat Koeppel früher schon mit Malerfreunden gemacht, berühmte Gemälde haben sie da nachgestellt, die Technik ist ihm vertraut, die schnellen Schritte in den Sekunden, nachdem er den Auslöser betätigt hat, um auf die vorgesehene Position zu gelangen, die Pose einzunehmen, die er sich überlegt hat. Er erzählte es Ellen Döhl, der jungen Frau, die 2020 das ausführliche Interview mit Koeppel in der Veröffentlichung ihrer Doktorarbeit mit dem Untertitel *Sein Leben und Werk im Kontext der Künstlergruppe „Die Schule der Neuen Prächtigkeit“* dokumentiert hat, dass er sich beim Malen öfters selbst als Modell, als Maßstab gewählt hat, wir begegnen ihm auf manchen seiner Bilder. Dafür hat er im Atelier sogar einen Spiegel. Das ist wichtig bei seiner akribischen Menschendarstellung auf seinen Bildern, die überströmen von Menschenfülle, wenn er stadt-, welthistorische Ereignisse malt. Da muss er sehen, was für einen Faltenwurf der Mantel über dem Ellenbogen haben muss. *Historienmaler* nennen ihn die wohlgesonnenen Anhänger gelegentlich in den Würdigungen zu runden Geburtstagen. Bei Fetting käme man nicht auf diesen Begriff. Koeppel malt auch anderes als Berlin, schon weil er immer skizziert, wo immer er auch ist, und auch das wird zu Bildern bei ihm. Aber Berlin, das ist bei Koeppel ganz sicher weit vorwiegender Motiv als bei Fetting. Auch Koeppel hat das Mauer-Berlin, hat die Mauer gemalt, war auch engagierter, was Einsatz gegen Teilung und deren Folgen betraf. Sonst wäre es nicht dazu gekommen, dass er die *Dr. Rainer Hildebrandt Medaille* gestaltet hat für den Menschenrechtspreis, den die *Arbeits-*

Matthias Koeppel ist mit seiner detaillierten Malweise zum malerischen Chronisten Berliner Geschichte geworden: Die *Grundsteinlegung am Potsdamer Platz* von 1995 zeigt Eberhard Diepgen am Rednerpult.

gemeinschaft 13. August in Erinnerung an ihren 2004 verstorbenen Gründer regelmäßig vergibt. In deren *Museum im Haus am Checkpoint Charlie* hängen viele Bilder von Mauer und Teilung, auch das Koeppel-Bild *Ex oriente lux. Die Nacht vom 9. November 1989 am Grenzübergang Prinzenstraße*. Tiefes Dunkel, Mond, ein paar Wolken stehen an dem dunklen Himmel, der wie auf den meisten Gemälden Koeppels zwei Drittel des Bildes einnimmt. Die Sperranlagen sehen wir, Mauer, Wachturm, Scheinwerfer, die Baracken des Grenzübergangs, vor allem die Menschen, die Berliner, die die beiden Trabant-Autos feiern, der fröhliche Mann mit der perlenden Sektflasche, die zu Tränen gerührte alte Dame mit dem Taschentuch vor dem Gesicht, das ältere Paar, ein Mann und eine Frau, die sich innig im Wiedersehen umarmen. Wir hören den Jubel. Koeppel war am 9. November 1989 auf der Geburtstagsparty des Filmmanns und Mitgründers des privaten Berliner Rundfunksenders Hundert,6. Ulrich Schamoni hatte zu seinem 50. Geburtstag rund 500 Gäste in die Neuköllner Festsäle eingeladen. Koeppel schildert im Interview mit Döhl, wie es plötzlich hieß, die Mauer sei offen, wie der CDU-Politiker Klaus Landowsky mit zerzaustem Haar hineingestürmt sei, um den Satz ins Mikrofon zu rufen: „Die Mauer ist offen!“ Landowsky hat Koeppel 1992 als Auftragsarbeit porträtiert. Koeppel zieht zu Fuß los, dringt vor bis zum Übergang Heinrich-Heine-Straße, bei Fetting um die Ecke, die Leute verdächtigen den auf seinem Block skizzierenden Koeppel als

Matthias Koeppel gehört zur Berliner Gesellschaft: der Maler mit seiner Frau Hong Youn-Sook (r.) und Tochter Mathilde 2013 bei der Verleihung des *B.Z.*-Kulturpreises

Stasi-Mann, der Autonummern notiert. Dass es ein *Jahrhundertereignis* war, wusste er, und er wollte es authentisch darstellen können, er blieb an der Mauer, sah, wie das erste Mauerteil herausgenommen wurde, wie die Menschen am Brandenburger Tor auf die Vormauer kletterten. Er betont die Wichtigkeit, die Atmosphäre festzuhalten, dass es noch ein paar Wochen eine Beklommenheit gab wegen der Sowjets: „Man dachte, das kann jeden Moment umkippen." Im Interview für die von ihm unterstützte Berlin-Initiative *Made in Berlin*, die Wirtschaft und Kultur zur Stärkung des Wirtschaftsstandorts Berlin mobilisiert, fasst Koeppel Kindheit und Jugend kurz zusammen: „Ich bin kurz nach der Geburt schon nach Berlin gekommen, habe aber, da wir ausgebombt wurden, meine Kindheit in Schwerin verbracht. Mit dreizehn bin ich erneut nach Berlin gekommen und geblieben. Und schon während des Studiums wurde ‚Berlin' mein Thema." New York, das sei eine Stadt, die er sich vorstellen könne als Ort zum Leben, und er hat auch von dieser Metropole Bilder gemalt; ebenso wie er die Toskana gemalt hat oder die Mark Brandenburg. Dezidierter West-Berliner ist Koeppel, erwähnt das Wort *Frontstadtbewohner*, erwähnt die „überschaubare verschworene Gemeinschaft von Leuten, die kulturell etwas bewegten, und da war man unter sich." Sein Elternhaus schon hat dem ersten Sohn eine starke kulturelle Prägung mitgegeben. Seine Mutter Else hatte in Dresden eine Tanzausbildung bei der großen Gret Palucca bekommen, lebte auf den anthroposophischen Bahnen Rudolf Steiners, was den Sohn abgestoßen hat. Der Vater Reinhold stammte aus der Pfalz, war Violinist, ging 1939 mit der Familie nach Berlin, weil er in der Staatsoper angestellt wurde. Koeppels wohnten in Friedenau im Haus Grazer Damm 133. Wichtig war die Kunstvermittlung durch die Großmutter Mathilde Ratzeburg, eine Lehrerin, zu der der Junge kam, nachdem die Familie 1942 ausgebombt war. Sie ging mit ihm immer am Wochenende in Schwerin ins Museum, wo ihn die bunten Blumenbilder faszinierten. In diesem Zusammenhang geschah es, wie er 2017 berichtet, „er sagte es kurz und bündig: Ich werde Maler." Die Fremdheit zum Vater hat der Sohn nie mehr überwinden können, weil der Vater die Kriegszeit über nicht anwesend war. 1950 war die Familie aus Schwerin nach Berlin-Schlachtensee gezogen, Matthias ging erst auf die West-Schule, dann aufs Gymnasium, auf die Dreilinden-Schule in Wannsee. Der Vater spielte im Orchester der Deutschen Oper die Erste Geige, dann beim RIAS-Symphonie-Orchester. Die elterliche Ehe wird 1953 geschieden.

Nach einer Auseinandersetzung mit dem Direktor, die im Ursprung ein banales Missverständnis war, wird Matthias Koeppel faktisch der Schule verwiesen, bekommt die Mittlere Reife und das

Versetzungszeugnis in die 11. Klasse. Auf Wunsch der Eltern beginnt er bei den Großeltern väterlicherseits in Bad Pyrmont eine Buchhändlerlehre. Ellen Döhl berichtet, dass diese Karriere schnell vorbei war: „Koeppel saß der Schalk zu sehr im Nacken, als dass er sich in der Peripherie einer Kleinstadt ernsthaft mit Trivialliteratur konsumierenden Kleingeistern auseinandersetzen mochte." Er bekommt Kontakt zu einer Malerin, kommt durch sie in einen Kunstverein, erste Bilder werden im Fenster der Buchhandlung der Großeltern ausgestellt. Koeppel beginnt abstrakt zu arbeiten, und es entsteht der Wunsch, nach West-Berlin an die damalige *Hochschule für Bildende Künste* zu gehen. Seine Eltern lassen es ohne Begeisterung zu. Im Oktober legt er erfolgreich die Aufnahmeprüfung ab, die er absolvieren muss, weil ihm zur Zulassung das Abitur fehlt. Er beginnt mit dem Ziel Gebrauchsgrafiker, aber der damalige Rektor, der angesehene figurative Berliner Maler Karl Hofer, erkennt seine eigentliche Begabung und ermöglicht ihm die dann erfolgreich bestandene Prüfung zur Aufnahme in die Meisterklasse „Malerei". Seine Lehrer sind der abstrakten Kunst ergeben. Deshalb sagt Koeppel später, dass er in Hinsicht auf die gegenständliche Malerei Autodidakt sei. Und er sagt, dass die Studienzeit für ihn verlorene Zeit gewesen sei. Er lernt Menschen kennen, gewinnt Freunde, darunter ist Ingo Wetzker, mit dem er Lieder schreibt und singt und der später als Ingo Insterburg ein bekannter Berliner Liedermacher ist. In den Jahren 1960/61 entscheidet sich Koeppel für die gegenständliche Malerei, die insbesondere im Kunsthandel auf verlorenem Posten steht. Koeppel sucht nach dem Studienabschluss Partner, um als Freischaffender zu überleben. Das ist eine Bewegung, die ganz ähnlich auch noch in den 1970er-Jahren Fetting vollziehen muss, um sich als figurativer Maler, wenngleich ganz anderer Malweise als Koeppel, auf dem Markt und in der Kunst durchzusetzen. Er tut sich zusammen mit Johannes Grützke, Manfred Bluth und Karlheinz Ziegler. Dazu gehört als *Leiterin* auch die Malerin und Hauptschullehrerin Gisela Pulß. Sie gründen einen Künstlerbund der Realisten, und auf einem gemeinsamen Spaziergang am Tegeler Fließ finden sie den gemeinsamen Namen *Die Schule der neuen Prächtigkeit*. Die Gründung erfolgt im Januar 1973. Die vier Künstler verfassen das Theaterstück *Die Maßregelung auf dem Floß der Medusa*, das eine Auseinandersetzung mit den abstrakten Malern der Moderne auf die Bühne bringt und auf diese Weise als theatralische und aufsehenerregende Programmerklärung dient. Die Burleske fasst zusammen, schreibt Ellen Döhl, was die neue *Schule* ausmacht: „Abwendung von der abstrakten Kunst, Mitbegründung des Neuen Realismus, kritische Auseinandersetzung mit der Kunstgeschichte –

Mit Matthias Koeppel war er Begründer der Schule der neuen Prächtigkeit: der Berliner, Maler und Zeichner Johannes Grützke im Jahr 1997

besonders mit den Künstlern des 19. Jahrhunderts – und Zitieren von Historienbildern durch Nachstellungen." Einig sind sie sich, „dass sie den Witz als das nachhaltigste Transportmittel einer Aussage erachten." In dieser Zeit hält sich Koeppel mit Jobs über Wasser. Er ist einige Monate Bühnenmaler an der Deutschen Oper, lernt dort, Holzmaserungen und Marmor zu malen, und er malt bei der UFA Filmkulissen, weil es besser bezahlt ist und weil er nachts arbeiten muss; bei Tageslicht kann er seine Bilder malen. Außerdem schreibt er über Künstler in den Zeitungen *B.Z.* und *Berliner Morgenpost*. Dann folgen die Kurse in Aquarellmalerei an der Volkshochschule, wo er Fähigkeit und Neigung zum Unterrichten entdeckt. Und er gibt Malkurse in der Haftanstalt Tegel. Diese Erfahrungen ebnen den Weg zu Koeppels bemerkenswerter Karriere vom Schüler mit Mittlerer Reife zur Professur, die es ihm schließlich ermöglicht, mit sicherem Einkommen sein Leben als Maler zu verbringen. Er übernimmt für einen erkrankten Professor dessen Lehrverpflichtungen, und das ist der Einstieg in die Universitätskarriere. Koeppel profitiert von der Hochschulreform, die auch die spätere *Hochschule der Künste* erfasst. Die Integration der Meisterschule in die Hochschule ermöglicht es auch Personal ohne Hochschulreife, eine Professur zu übernehmen. Als der Lehrstuhl von Koeppels Bekanntem, dem Maler Erich Fritz Reuter, vakant wird, bewirbt er sich. Koeppel malt öffentlich, er tut das bis heute in seiner Ateliergalerie in der Wittelsbacherstraße 28. Damals praktiziert er das in seiner Ausstellung am Kurfürstendamm, die Professoren des Auswahlkomitees besuchen ihn dort, beobachten seine Arbeit und sehen seine Bilder. Es gelingt, Koeppel unterrichtet von 1971 bis 1981 an der Hochschule für Bildende Künste. 1981 wechselt er an die TU und hat bis 2003 die Professur für freies Zeichnen und Malen in der Architektur inne. Praxis steht in seiner Lehrtätigkeit von Beginn an im Vordergrund. In seinen Seminaren malt er an seinen Werken, die Studenten schauen zu.

Seine Faszination für den Himmel entsteht, als Koeppel 1969 sein Atelier im 13. Stock in der West-Berliner Trabantenstadt Märkisches Viertel bezogen hat. Von der Terrasse und aus den sechs Meter hohen Fenstern hat er den grandiosen Ausblick auf den Himmel und erlebt Tag für Tag die Sonne auf- und untergehen. Hier beginnt seine Auseinandersetzung mit dem Phänomen Himmel. Der Berliner Himmel beschäftigt Berliner Künstler immer wieder. Wir denken an Christa Wolfs von Konrad Wolf verfilmten Roman *Der geteilte Himmel* oder an Wim Wenders' Streifen *Der Himmel über Berlin*. Kunsthistorikerin Döhl macht uns darauf aufmerksam, dass Koeppel in seinem Werk die von Bertolt Brecht fürs Theater entwickelte Kunst der Verfremdung anwendet. Sie stellt das am Beispiel des Bildes *Am Potsdamer Platz (2. Fassung)* von 1995/97 dar und analysiert die häufig für einzelne Motive bei Koeppel anzutreffende mehrfache Umsetzung eines Bildmotivs:

Bei beiden Gemälden ist es der prächtige Himmel, der den Betrachter anlockt und zur näheren Betrachtung des Bildsujets anregt. Erst beim genaueren Hinschauen erkennt der Betrachter die weiteren Motive und erlebt eine Überraschung, denn die Schönheit des Himmels will so gar nicht zu der Ansammlung traurig stimmender Sujets passen. Die Gestaltung eines wunderschönen Himmels ist Koeppels Methode, auf Missstände hinzuweisen, es ist seine Weise, den „Verfremdungseffekt" anzuwenden.

Trostlosigkeit verströmen in den 1990er-Jahren am Potsdamer Platz die mit Graffiti besprühten Mauerreste, der Hinterhof, der Schrotthaufen, das Wrack des Lastwagens, die verkommenden rot-weißen Absperrgitter, die früher von West-Berlin aus Passanten fernhalten sollten vom Sperrbau. Auf dem ehemaligen Todesstreifen ein paar Spaziergänger, am Horizont schon ein Baukran. Und ebenso funktioniert das beschriebene Gemälde der Grundsteinlegung, wo nicht mehr die Natur im Auge des Betrachters den Eindruck des Missverhältnisses entstehen lässt, der den vermeintlich historischen Moment der Lächerlichkeit preisgibt. Döhl:

Der Verfremdungseffekt wird hier durch die Wahl der Perspektive und die sehr detaillierte Abbildung der trivial-billigen Beschaffenheit des Absperrbandes, das vernichtend lächerlich wirkt, erzielt. Der Betrachter wird veranlasst, die Vogelperspektive einzunehmen; er blickt – unter Ausgrenzung seiner Person durch das Absperrband – auf die grotesk-bedeutsamen Handlungen herab und erkennt die Unverhältnismäßigkeit des Geschehens.

Mag Koeppels Werk in seiner Manier manchen Betrachter auf den ersten Blick an das Pittoreske bei Carl Spitzweg erinnern, so liegt manches Mal das Bedrängende eines Hieronymus Bosch nicht ganz fern. Sprechen wir vom *Abbruch Berlin*, dann muss das Bild *Städtebauliche Maßnahme* von 1996 erwähnt werden, das unter Koeppels allgegenwärtigem Berliner Wolkenhimmel eine absurd erscheinende Bildidee darstellt. Gemalt ist es aufgrund eines Aufrufs, einen Beitrag zum 70. Jubiläum des 1926 eingeweihten Funkturms zu gestalten. Maltechnisch ist es der Erwähnung wert, weil Koeppel hier erstmals Öl- und Acrylfarbe kombiniert hat. Da steht der Betrachter auf der Stadtautobahn, ganz rechts ist noch ein Stück des ICC sichtbar, auf der Fahrbahn, hinter dem rot-weißen Flatterband ein Sprengkommando mit orangefarbenen Bauarbeiterhelmen, ganz links ein Berliner Polizist im damals vorgeschriebenen Beige von Hemd und Hose und mit der grünen Uniformmütze. In der sicheren Ferne des Bildhorizonts erkennen wir die Bauten des Messegeländes, aber der Sendeturm aus den 1920er-Jahren, das Wahrzeichen des Berliner Westens und früher einmal West-Berlins, ist gezeigt in dem Moment, als das Dynamit der Sprengsätze im Restaurant explodiert, die Turmspitze ist schon weit zur Seite gekippt, der stählerne Turm wird umfallen – bei genauer Betrachtung stellt sich die Frage, was der gleich zur Erde stürzende Funkturm alles zerstören wird beim Aufschlag. Polizist und Sprengpersonal sind gezeigt als völlig geschäftsmäßig agierende Personen, die tun, was sie immer tun. Mehr als unterschwellig nimmt der Betrachter wahr, dass offenbar der in diesem Jahrzehnt wahrzunehmende hemmungslose *Abbruch* selbst für die Identität der Stadt essenzieller Bauwerke diskutiert und so sogar realisiert wird.

Zu Koeppels Werk gehören insbesondere zwei Bilder, die fast schon staatstragenden Charakter zu haben scheinen. Ex-Kultursenator Ulrich Roloff-Momin erwähnt das eine, als er von seiner ersten Kabinettssitzung berichtet: „Senatssitzung im Rathaus Schöneberg. Der Sitzungssaal wurde von einem monumentalen Wandgemälde von Matthias Köppl [sic], das unter anderem Diepgen, Hassemer und Momper zeigt, dominiert.“ Es handelt sich um Koeppels Werk *Senatsmannschaft vor dem Gropiusbau* von 1987 im *Goldenen Saal* des Rathauses, vor dem tatsächlich der Senat unter der Leitung Diepgens tagte. Es war eine Auftragsarbeit des Parlaments anlässlich der 750-Jahr-Feier Berlins im Zuge der Renovierung des Rathauses Schöneberg. Der Landeskonservator habe für die Wandgestaltung keine Vorlage gefunden, so bekam Koeppel den Auftrag für eine repräsentative Stadtlandschaft. Im Bild-Text-Band *nichts bleibt, wie es ist* erzählt Koeppel von sich selbst in der dritten Person: „Er fügte unaufgefordert die komplette Senatsmannschaft hinzu, was den damaligen Regierenden Bürgermeister Eberhard Diepgen in Erklärungsnot brachte: ‚Diepgen erlitt Kunst-Schock‘ titelte die ‚B.Z.‘ zur Wiedereröffnung des Goldenen Saales.“ Die Replik von 1997 hängt im Casino des ehemaligen Preußischen Landtags, dem heutigen Gebäude des Abgeordnetenhauses von Berlin. Im Besitz des Berliner Parlaments befindet sich das wohl herausragendste Werk Koeppels, das Triptychon *Die Öffnung der Berliner Mauer*, dessen Mittelteil die monumentale Größe von 440 mal 400 Zentimetern hat. Es ist die Replik des von Parlamentspräsidentin Hanna-Renate Laurien in Auftrag gegebenen Wandbildes im Preußischen Landtag. Koeppel hat alle drei Ereignisse persönlich miterlebt und live skizziert. Der linke Teil zeigt die Öffnung des Grenzübergangs Invalidenstraße am Abend des 9. November 1989. Rechts unten ist der damalige Regierende Bürgermeister Momper mit dem roten Schal dargestellt, wie er in ein Megafon spricht. Der größere Mittelteil stellt die Besetzung der Mauer vor dem Brandenburger Tor in den folgenden Tagen dar. Am Rande der Menschenmenge sehen wir, den damaligen Fernsehzuschauern dank des hellbraunen Trenchcoats auch von hinten erkennbar, den TV-Journalisten Jürgen Engert, der Bundeskanzler Helmut Kohl interviewt. Willy Brandt betritt die Szenerie am äußersten linken Bildrand. Der rechte Teil des Triptychons stellt das Herausheben des ersten Mauersegments am 12. November am Potsdamer Platz dar. Im Bild ist die Begrüßung eines Offiziers der Grenztruppen der DDR durch Bundespräsident Richard von Weizsäcker. Diepgen schaut ihm dabei zu.

Matthias Koeppels Werk weist neben der Malerei noch eine lyrische Komponente auf, denn er ist der Erfinder der Kunstsprache *Starckdeutsch*, die ihrerseits mit der nunmehr sprachlichen Verfremdung des Deutschen arbeitet und die biografisch mit dem Einfluss

Der jugendliche Maler beim Auftritt als Dichter: Matthias Koeppel bei der Lesung aus seinem Band *Starckdeutsch. Sämtliche Gedichte*

seiner Erfahrung als Kind in Schwerin mit dem dort zu hörenden Plattdeutsch in Zusammenhang steht. Der Dadaismus steht hier unüberhörbar Pate. Charakteristisch ist, dass die Regeln der Verfremdung nicht strikt angewendet werden, wiewohl Regeln formuliert sind. In einer auf den 10. Oktober 1971 datierten Unterlage Koeppels finden sich einige davon. So werde ein Konsonant nach Sch durch Vokaleinschiebung stimmhaft gemacht: schwer wird *schewähr*. Endungen auf ung werden verstärkt zu erung: *Verspäterung*. Das Plusquamperfekt wird verdoppelt: *sie hattettn*. Koeppel hat in dieser Sprache auch Lieder für die vom Zehlendorfer Gymnasiallehrer Werner Kotsch geleitete *Berliner Hymnentafel* verfasst. Als Textprobe aus Koeppels Bändchen *Starckdeutsch. Eine Auswahl der stärksten Gedichte* aus dem Jahre 1993 mag der Beginn des Gedichts über *Die Mauhur* einen Eindruck dieser Lyrik geben:

Dei Dö äRR, di Dei Dö äRR
pauhette ne Mauhuherr
rungcksharromm omm Wastbarlün,
martzijaulüsch annzesühn.

VERSTÄNDIGUNG
UND TOLERANZ

Jochen Sandig und Sasha Waltz – Tacheles, Sophiensæle und das Tanztheater

Etabliertes Berliner Kulturpaar: Die Choreografin Sasha Waltz und der Kulturmanager Jochen Sandig 2011 in der Philharmonie vor der Verleihung des *Preises für Verständigung und Toleranz* an Bundeskanzlerin Angela Merkel

WIE DIE ATTRAPPE DES STADTSCHLOSSES der preußischen Könige und der deutschen Kaiser nur in der Einzigartigkeit der Jahre nach der Wende möglich gewesen war, die in der Plötzlichkeit des Endes des Sozialismus ungeahnte Freiräume entstehen ließ, so war auch in der ausgebrannten Ruine eines Kaufhauses etwas Neues entstanden, allerdings bereits unmittelbar in der *Wendezeit*. Lutz Seiler erzählt in seinem Berlin-Roman, dass Schweißer von dort in der nicht weit entfernten Kneipe der Hausbesetzer Hand anlegten:

Zwei Männer aus dem ‚Tacheles', Bewohner der Stahlbetonruine eines ehemaligen Kaufhauses am Ende der Straße (das sich neuerdings „Kunsthaus" nannte), verschweißten schweres Bohrgestänge mit Riffelstahlplatten, was eine Art Tresen ergab.

Diese Männer gehörten von Anfang an zu den Gästen der *Assel*. Sie trugen Tag und Nacht ihre Schweißerbrillen und ihre Schlosseranzüge. Die Gesichter waren verrußt. Der Anführer des *Rudels* der Besetzer, der *Hirte*, sagte über die Leute aus dem Tacheles: „Sie verkörpern die Verbindung von Kunst und härtester Arbeit." In dieser Zeit wurde mit Mauerresten gehandelt, davon lebte das *Rudel*, bevor es auf das Geschäft mit den Überbleibseln der sowjetischen Streitkräfte aufmerksam wurde. Alles, nicht nur Fellmützen und Orden, Bajonette und Uniformen, war zu kaufen, auch Schützenpanzer und ein Düsenjäger vom Typ MiG-21 waren im Angebot. Im Dunstkreis des Tacheles wurde aus dem laut *Spiegel* für rund 1000 DM von abziehenden Sowjetsoldaten erworbenen Flugzeug eine Kunstinstallation, die als Phallussymbol funktionieren sollte. Seiler erzählt: „Tatsächlich stand der Düsenjäger wenig später hinter dem ‚Tacheles'. Die beiden ‚Tacheles'-Schweißer, die immer noch regelmäßig in der Assel einkehrten […], schworen, die MiG sei dort *gelandet*, ‚eines Nachts'."

Nicht erst die Wende, so rekapituliert Ulrich Roloff-Momin, habe den *Aufbruch* „zu neuen Formen künstlerischer Arbeit" hervorgerufen, sondern schon unter dem Sozialismus hätten besonders in Prenzlauer Berg viele Künstler gelebt, „die sich außerhalb des traditionellen Kunstbetriebes betätigten." Die *Wendezeit* nutzten sie, um sich Freiräume zu suchen, um unter dem Radar aktiv zu werden. Junge Leute besetzten am 13. Februar 1990 die Kaufhausruine an der Oranienburger Straße. Der Magistrat hatte für den 10. April 1990 die Sprengung der Ruine beschlossen. Die Künstlerinitiative setzte geschickt Denkmalschutzargumente und die Intervention des Runden Tisches ein, um die Sprengung zu verhindern, konstituierte sich juristisch formvollendet als eingetragener Verein. Von Anfang an wendeten sich die Besetzer gegen den Abriss. Die Parole lautete: *Die Ideale sind ruiniert – retten wir die Ruine.* Der Ex-Senator über die Künstler: „Sie nannten den von ihnen geschaffenen Ort: Tacheles." Ursprünglich hatte die Gruppe sich selber so genannt. Tacheles reden – das bedeutete Klartext reden, seine Meinung sagen, etwas, was im SED-Staat allenfalls im Hintersinn auszudrücken möglich gewesen war. Bald verstand Berlin unter *Tacheles* das Gebäude, den Ort selbst. Zu den Protagonisten gehörte auch die DDR-Underground-Band mit dem Namen *Tacheles*. Davon erzählt Klaus Tuschens kaum gezeigter Film von 1990, eine No-Budget-Produktion, die den in Anspielung auf die Nationalhymne der DDR gewählten Titel *Aufgestanden in Ruinen – Das Kunsthaus Tacheles in seinen Anfängen 1990–91* trägt. *Auferstanden aus Ruinen* hatte einst der SED-Dichter und Pankower Johannes R. Becher gedichtet. Tuschen, Jahrgang 1950, kam aus Nordrhein-Westfalen, geboren in Marsberg im Sauerland. Matthias Dell hat im *Tagesspiegel* vom 9. September 2023 über sein Gespräch mit dem an Krebs erkrankten Macher des Films berichtet, dass in Tuschens über ein ganzes Jahr lang gedrehtem Film erzählt wird vom „Angriff von Neonazis aufs Tacheles [...], bei dem ein Betroffener ausführlich von Verbrennungen erzählt, die zu schnell vergessener Alltäglichkeit rechter Gewalt gehörten." Nach der Premiere im Kino Babylon am Rosa-Luxemburg-Platz zerstritten sich die Filmemacher, die Produktionsfirma ging pleite. Der Streifen war nur noch in privaten Vorführungen zu sehen. Im Tacheles-Komplex entstanden 30 Ateliers für Maler, ein provisorischer Theater- und Kinosaal, den das Programmkino *High End 54* nutzte, das *Café Zapata*, benannt nach dem mexikanischen Revolutionär Emiliano Zapata Salazar. Die Außenbereiche wurden für Veranstaltungen genutzt, ein Skulpturenpark entstand. Bald seien das Tacheles und die dortigen Künstler auch bundesweit bekannt geworden, erinnert sich Roloff-Momin: „Selbstbewusst kamen sie in die

Ein sowjetischer Düsenjet als spektakuläre Skulptur: So stand die MiG-21 vorgeblich als Phallus-Symbol auf dem Tacheles-Gelände.

Kulturverwaltung und verlangten staatliche Unterstützung.“ Der frühere Senator hatte nach eigenen Angaben aufgrund seiner kulturellen Offenheit schon als Hochschulpräsident den Ruf, die alternative beziehungsweise Off-Szene fördern zu wollen. Allerdings hatte er im Etat nur zehn Millionen DM bereits verplanter Mittel zur Verfügung. Dieses Geld gab er aus für die UFA-Fabrik in Tempelhof, für freie Theatergruppen, für die Freunde der Deutschen Kinemathek. Roloff-Momin sprach mit Finanzstaatssekretär Werner Heubaum, dessen Chef Elmar Pieroth für solche Anliegen unzugänglich gewesen sei. Mit Erfolg: „Nur ein paar 100 000 Mark ließen sich abzweigen, aber ein Anfang war gemacht.“ Die, so der Ex-Senator, *Konservativen* hatten das Projekt auf dem Kieker, im Senat gab es öfters Kritik. Den Konflikt mit Pieroth gab es um das Grundstück. Der CDU-Mann wollte es loswerden und war der Meinung, „der Bund, also die Treuhand, habe die Verfügungsgewalt.“ Der Kultursenator war überzeugt, dass das in Wirklichkeit gar nicht geklärt war. Immerhin erreichten seine Mitarbeiter, dass in die Ausschreibung für etwaige Interessenten der Immobilie der Passus aufgenommen wurde, wonach der Käufer die Auflage bekam, „auch Vorschläge zu machen, was mit dem Tacheles geschehen könne.“ Roloff-Momin tat, was er konnte, um ein Überleben zu sichern, und er führte mit einem denkbaren Investor, der *Fundus*-Gruppe, Gespräche. Diese Partner spielten mit der Leitung des Tacheles mehrere Modelle durch. Dem Politiker war allerdings klar, dass die Frage im Raum stand, „ob das Projekt seinen Charme behalten würde, wenn es in einem schnieken Neubau residierte.“

Da würde wohl der *Aufbruch* in die neue Investoren-Zukunft den *Abbruch* des frischen, freien kulturellen *Aufbruchs* bedeuten. Roloff-Momin kämpfte. Als Pieroth die Sache endgültig klären wollte und verfügte, dass das Tacheles-Grundstück endgültig dem Bund übertragen werden sollte, ahnte der Kultursenator, dass die Treuhand dann die Ruine für die Bewohner sofort sperren würde, und klagte: „Ein einmaliger Vorgang: Ein Senatsmitglied klagte gegen ein anderes. Aber eine andere Möglichkeit hatte ich nicht." Roloff-Momin weiß 1997 bei der Fertigstellung seiner Erinnerungen, dass sein Amtsnachfolger Peter Radunski von der Union diese Klage zurückgezogen hat und dass die Gespräche „wegen der Uneinsichtigkeit der Tacheles-Macher" als gescheitert gelten mussten: „Um die Zukunft des einmal weit über Berlin ausstrahlenden Sterns am Alternativ-Himmel steht es nicht gut." Tuschens Film erzählt von den internen Auseinandersetzungen um basisdemokratische Prinzipien. Im *Tagesspiegel* steht: „Der Australier Peter Poynton amüsiert sich über die Deutschen, die Vollversammlungen lieben, während er sein Café Zapata einfach betreibt. Der Konflikt spitzt sich am Ende zu als Kampf zwischen ‚den Moderaten und den Chaoten', wie Tuschen die beiden Lager nennt." Der 72-jährige Filmer erregt sich 2023 über die neuen Luxuswohnungen auf dem früheren Tacheles-Areal. Eine koste so viel wie die Summe, die der Senat damals vom ersten Investor bekommen habe, laut Tuschen seien es 3,5 Millionen gewesen. Tu-

4. September 2012, Tag der Räumung des Tacheles: „Where shall we go now?", fragen die Künstler auf dem Transparent, das sie an die Fassade gehängt haben – wohin sollen sie jetzt?

schen: „Haben sie sich wieder über den Tisch ziehen lassen." *Verarscht* worden sei der Senat von den Investoren, sagt Tuschen und erinnert daran, dass der damalige Kulturstaatssekretär „[...] André Schmitz bei der Räumung des Kunsthauses 2012 noch darauf verwies, die kulturelle Nachnutzung sei im Grundbuch festgeschrieben." Es war ein langer Kampf um die Räumung des inzwischen längst etablierten Kunst- und Kulturorts, der vor den Gerichten hin- und herwogte und erst am 4. September 2012 entschieden war. An diesem Tag um sieben Uhr früh begann die endgültige Räumung. Zwei Polizeiautos waren da, berichtete der *Tagesspiegel*, eins davon von der Polizeipressestelle, der Gerichtsvollzieher war auch zugegen: „30 bis 40 der im Haus noch verbliebenen Künstler waren schon früh aktiv. Es gab Free Jazz auf dem Trottoir, aus den Fenstern flogen Bierdeckel, wohl als künstlerischer Akt des Widerstandes. Auf dem Boden lagen all die Unterschriftenlisten, die über die Jahre die Erhaltung der einstigen Szene- und jetzigen Touristenattraktion gefordert hatten." Zu den *Moderaten* unter den Kulturschaffenden des Tacheles, so ist es in Tuschens Film zu sehen, gehörte einer mit einer beachtlichen künftigen Karriere im Kulturbetrieb Berlins. Wir lesen im September 2023 im *Tagesspiegel*:

> *Zu ersteren gehört der spätere Kulturmanager Jochen Sandig (Radialsystem), der im Jahr des Drehens ein eindrucksvolles Makeover vom flippigen Post-Bhagwan-Mähnen-Schwaben zum smarteren Jacket-Träger mit gestutztem Haar hinlegt. Einmal führt er Bundestagspräsidentin Rita Süssmuth (CDU) durch die Räumlichkeiten, die Tipps zum Überleben gibt („Zuwendungsempfänger ist viel mehr als Projektförderung").*

Sandig gehörte zu den Erstbesetzern, kuratierte das Theaterprogramm des Tacheles und war außerdem Pressesprecher. Er war es, der die Bundestagspräsidentin eingeladen hatte. Im Interview mit Natali Kurth, das am 24. Mai 2022 auf der Radiowelle SWR 2 gesendet wurde, sagt er, dass die Politikerin für die Initiative eine Schutzfunktion gehabt habe. Ihr Besuch habe das Tacheles aufgewertet, das schließlich auch einen Vertrag bekommen und damit Sicherheit gewonnen habe. Gerade hatte er in seiner Heimatstadt in Baden-Württemberg einen Verein für Musiker gegründet und wusste, wie man das macht. Er war von 1990 bis 1994 der Vorsitzende des Vorstands des Tacheles-Vereins. Sandig war 1989, zu seinem Bedauern erst am Tag nach der Maueröffnung, also am 10. November, nach Berlin gekommen. Offenbar war es der Verbindung zu Süssmuth geschuldet, dass Sandig, wie er sagt, wahrscheinlich als jüngster Gast am Staatsakt am *Tag der Deutschen Einheit*, dem 3. Oktober 1990, teilnehmen durfte. Der 22-Jährige beschloss gleich nach dem Eintreffen 1989, fest in Berlin zu bleiben, studierte zunächst, die Fächer waren Psychologie und Philosophie. Er sagt: „Berlin hat mich seit meinem ersten Besuch elektrisiert und auch bis heute nicht losgelassen." Er ist am 5. Januar 1968 in Esslingen geboren, dort in einem kulturell und politisch interessierten Elternhaus aufgewachsen. Seine Neigung zu klassischer Musik hätten seine in der Friedensbewegung engagierten Eltern früh erkannt, ihm Klavierunterricht ermöglicht. Das humanistische Theodor-Heuß-Gymnasium spielte eine wichtige Rolle für ihn, es hatte einen künstlerischen Schwerpunkt. Er machte in der Theater-Arbeitsgemeinschaft mit, spielte im Orchester, gründete zwei Bands. Für einen Westdeutschen ungewöhnlich, habe er sich Berlin von Osten her genähert. Seine halbe Verwandtschaft lebte in der DDR, sein Vater stammte aus Meißen, eine Cousine lebte in Ost-Berlin. So sei er als Kind das erste Mal von Dresden her nach Ost-, nicht nach West-Berlin gekommen. Er nennt diesen längeren Aufenthalt im Ostteil einen *kleinen Kulturschock*. Da war er 15 Jahre alt. Sandig hatte dadurch schon Berlin-Erfahrungen und brachte seine Begeisterung 1989 mit in die Stadt. Sie habe, sagt er mit dem Slogan der erst in den Nuller-Jahren vom Senat Klaus Wowereits gestarteten Imagekampagne *be Berlin*, in diesem Jahrzehnt Metropolen wie New York als *place to be* abgelöst. Sein Engagement für das Tacheles sei nicht geplant gewesen, er habe von dieser Ruine der Friedrichstraßenpassage gehört, sei hingegangen, habe mitgemacht. Es sei darum gegangen, einen *Knotenpunkt* zu schaffen für die Künstler, die aus aller Welt nach Berlin kamen, und dort ebenso alle Künste zusammenzubringen. Zeitweise seien Menschen aus 100 Ländern im Tacheles gewesen. Darunter waren Musiker aus der New Yorker Szene, einmal habe Tom Waits im Café gesessen, Musiker waren da, die später zu *Rammstein* gingen, die *Einstürzenden Neubauten*. Und Sasha Waltz, ebenfalls aus Baden-Württemberg, tanzte im Tacheles. Sandig sagt, sie sei ganz sicher schon die prominenteste Tänzerin dort gewesen, er lernt sie kennen, sie arbeiten zusammen. Schwärmerisch sagt er 2022 im Interview, sie sei die größte Liebe seines Lebens, als Frau, als Künstlerin. Sie heiraten, haben einen Jungen und ein Mädchen, die Anfang der 2020er-Jahre erwachsen sind. 30 Jahre besteht diese Liebe ebenso wie das gemeinsame *mittelständische Familienunternehmen* der beiden, wie Sandig es ausdrücklich formuliert. Nach vier Jahren verlässt er das Tacheles. Er wird das, was er selber *Seriengründer* nennt, Gründer von Kulturorten. 1996 entstehen die Sophiensæle, wo seine Frau und

Dauerhafte Gründung eines Berliner Kulturortes durch Sasha Waltz und Jochen Sandig: der Eingang der Sophiensæle in der Sophienstraße 18 in Berlin-Mitte im Sommer 2006

er für die 1993 gegründete *Compagnie Sasha Waltz & Guests* einen Ort schaffen, den Waltz und ihre Tänzer, aber auch andere Künstler nutzen. Das Tacheles sei ein „Unruhepunkt" für die ganze Stadt gewesen, sagt Sandig, der Kunstort im alten Handwerkerhaus in der Sophienstraße 18, in dem Karl Liebknecht und Rosa Luxemburg gesprochen hätten, sei dagegen ein „Ruhepunkt" geworden, eine „Oase der Stille" für die Arbeit seiner Frau und ihrer Compagnie. Sandig sagt, er habe nie einen strategischen Plan in seinem Leben verfolgt. Beide Orte, das Tacheles und die Sophiensæle, hätten ihn Jahre später inspiriert, die Verbindung beider Elemente zu bewerkstelligen, indem er und seine Frau 2005 das Kulturzentrum *Radialsystem V GmbH* gemeinsam mit dem Kulturmanager und Musiker Folkert Uhde und Tilman Harckensee, seit 1997 Uhdes Partner in der Firma *Uhde & Harckensee MusikManagement*, in der Holzmarktstraße 33 an der Spree in Friedrichshain gründen. Als die Regierende Bürgermeisterin Franziska Giffey dem Regisseur und Kulturunternehmer Sandig am 4. Januar 2023 das Bundesverdienstkreuz aushändigt, erklärt sie, dass er „im neu vereinten Berlin nach dem Fall der Mauer wesentlich dazu beigetragen hat, Berlin zum internationalen Anziehungspunkt der offenen, interkulturellen Musik- und Tanzszene zu machen." Die Kulturhauptstadt Berlin habe Sandig viel zu verdanken. Begonnen hat seine eng mit Berlin verbundene Karriere 1990 im Tacheles in der Oranienburger Straße.

Das Tacheles war auch eine wichtige Etappe auf dem Weg des künstlerischen Aufstiegs der inzwischen weltbekannten Tänzerin, Choreografin, Opernregisseurin Sasha Waltz, deren Vorname eigentlich Alexandra lautet. Sie hat das Bundesverdienstkreuz bereits 2011 bekommen. Kulturstaatssekretär André Schmitz händigte es ihr im Radialsystem aus und erklärte, sie habe als die „Architektin unter den Choreografen Bilder geschaffen, die weltweit Spuren hinterlassen haben." Die Theaterwissenschaftlerin und Germanistin Michaela Schlagenwerth, damals schon als Journalistin mit Schwerpunkt Tanz engagiert, hat 2008 ein Bändchen *Nahaufnahme Sasha Waltz* vorgelegt. Interviewpassagen, auch mit Jochen Sandig, wechseln sich mit beschreibend-biografischen Abschnitten ab. So können wir uns ein Bild vom Werdegang und von den künstlerischen Überzeugungen Waltz' machen, deren Karriere aus der Berliner Off-Szene bis an die Weltspitze der Tanzkunst in der Mitte der 2020er-Jahre noch lange nicht am Ende ist. Sie und Sandig waren nach den Jahren in der Sophienstraße mit ihrer Compagnie für zunächst fünf Jahre an die Schaubühne am Lehniner Platz gegangen. Waltz und Sandig haben zusammen mit Thomas Ostermeier seit der Spielzeit 1999/2000 das Haus künstlerisch geleitet. Diese Zeit geht in Streit und mit Vertragskündigung zu Ende. Im Rückblick wissen sie, dass sie, die sie aus der freien Szene kamen, dort immer noch zu viel selber gemacht haben, dass sie den Apparat nicht genutzt haben, dass sie zu wenig Aufgaben abgegeben haben. Dabei hat schon die immense Größe des Bühnenraums so sehr fasziniert, herausgefordert. Schlagenwerth konstatiert für die nach dieser Zäsur beginnende Zeit, dass Waltz in der wieder neu gewonnenen Selbstständigkeit in eine einzigartig komfortable Position gelangt sei. Sie habe „einen künstlerischen Rang erreicht, der ihr im deutschen Theatersystem und der altmodisch auf Institutionen und nicht auf Künstler fixierten Subventionsstruktur etwas bis dahin Unmögliches möglich gemacht hat: Sie ist nicht mehr von unsicheren freien Fördertöpfen abhängig. Ihre Compagnie arbeitet frei, aber sie hat, wie ein Theater, einen festen Titel im Berliner Haushalt."

Sasha Waltz wurde am 8. März 1963 in Karlsruhe geboren, ist fünf Jahre älter als ihr Mann. Das Haus, in dem sie aufwuchs, haben sich ihr Vater und ihre Mutter ausgedacht. Jeder hatte ein eigenes Zimmer, vor allem zum Schlafen, sonst waren es weite Räume ohne Türen. Ihre Mutter, Galeristin, schildert sie als unruhige Frau, die ständig in Bewegung war und die unentwegt die Räume mit Farben, Gegenständen, Materialien neu gestaltet hat. Waltz erinnert sich: „Das war aufregend, es hat mir viel eröffnet, aber es war gleichzeitig auch etwas zu viel.“ Raum reflektiert die Erwachsene bereits anhand dieser frühen Kindheitserfahrung. Raum durch Bewegung zu gestalten, zu strukturieren, zu begrenzen, ist wesentliches Element ihrer choreografischen Arbeit. Räume seien Basis ihrer Arbeit, Ausgangspunkt, Anfang. Räume, damit meint sie Bühnenbilder, die Orte, die ihre Choreografie bespielt, in denen sie Bewegungen erfindet, Abläufe erprobt, schließlich mit den Tänzern einstudiert, um Wiederholbarkeit zu erreichen. In diesen Hintergrund ist auch Sandigs Verhältnis zu Räumen, Räumlichkeiten einzuordnen, die er für künstlerische Entfaltung schafft, seinerseits gestaltet, technisch, baulich, nicht zuletzt finanziell, und im Benehmen mit seiner Frau immer wieder organisiert hat. Ist er eine von seiner Frau und ihrer Arbeit von früh an, er war bei der ersten Begegnung Anfang 20, geprägte Kunstmanager-Persönlichkeit, obwohl auch er eigene künstlerische Erfahrung beispielsweise im Regiefach sammelt? Das Mädchen zeichnet viel, zeichnet in ihrem Zimmer die Dinge, die sie umgeben. Malerin will sie werden. Eigenbrötlerin ist sie als Kind gewesen. Was die Mutter in der Wohnung gestaltete, hat sie stark beeinflusst. Sie reagierte darauf. Spricht sie über sich selbst, wenn sie über László und Sophia spricht? Sie sagt über ihre Kinder, die sie als Inspiration wahrnimmt und bei denen sie die natürlichen Bewegungen erlebt, die sie den artifiziellen vorzieht:

Prominenter Berliner Kulturort an der Spree: 2005 gründeten Sasha Waltz und Jochen Sandig das Kulturzentrum Radialsystem V.

Diesen Ausdruck ohne vorgefasste Formen, der einfach so aus einem heraussprudelt, den liebe ich. Das ist unser Lebensgeist. Einen Ausdruck für dieses Leben zu finden, ist für mich das Größte, es hat etwas Göttliches. Bei den Kindern spricht das einfach. Auch wie sie mit Musik umgehen, wie sie Musik interpretieren, wie sie Musik hören. Diese unglaubliche Freiheit dabei. Sie machen sich nie abhängig vom Rhythmus. Jochen und ich, wir können ihnen endlos zugucken.

Die Entwicklung des Kindes zum Tanz beginnt bald nach dem Laufenlernen. Drei Jahre ist sie und bekommt Tanzunterricht. Es geht um Ausdruckstanz. Noch war es ein beiläufiges Hobby. Sie ist 16, als sie an dem Tanzworkshop in Freiburg teilnimmt, und diese Erfahrung bestimmt ihr Leben. Die durch die dort vermittelte Tanzweise erzeugte Körpererfahrung: „Du fliegst, dein Körper wird so leicht, und es ist keine Anstrengung dabei, weil Du nicht mit Muskeln arbeitest. Das ist unglaublich, und es hat mir extrem viel Spaß gemacht." Sofort will sie ein Tanzstudium beginnen, die Eltern bestehen auf dem Abitur, aber dann fängt sie an der *School for New*

Auftritt im November 2010 im eigenen Haus: das Ensemble *Sasha Waltz & Guests* bei der Generalprobe der Choreografie *Métamorphoses* im Radialsystem V

Dance Development in Amsterdam an, wo man 1983 auf die Aufnahmeprüfung verzichtet, sie in der zweiten Ausbildungsstufe beginnen lässt. Schon jetzt probiert sie sich choreografisch aus, tritt in Aufführungen ihrer Lehrer auf. 1986 ist sie mit dem Studium fertig, arbeitet frei als Tänzerin, Choreografin. Wir wissen schon: In Berlin trifft sie Jochen Sandig. 1993 ist ein Jahr der Bewegung, der Bemühung, der Suche, und des Findens, in Berlin. Im Oktober 1993 wollen Sandig und sie in den leerstehenden und ruinierten Hackeschen Höfen ein Choreografisches Zentrum einrichten. Die Kulturverwaltung lehnt den Antrag ab. 1993 entsteht das erste Stück ihrer *Travelogue*-Trilogie. 1993 gründen sie die *Compagnie Sasha Waltz & Guests*, die drei Jahre darauf in die Sophienstraße zieht. Erstmals haben sie dort gegenüber den Sälen Büroräume. Der Name stellt Sasha Waltz ins Zentrum, die Hinzunahme der Guests, Gäste, spiegelt Offenheit, für andere, die hinzukommen. Dialogisch arbeite sie, sagte sie, aber es gibt Phasen, da bleibt sie für sich, da nennt sie sich *autistisch*. Mit ihrem Ensemble pflegt sie eine eigene Sprache der Bewegung, eine eigene Kommunikation, die Tänzer, die dazukommen, erst lernen müssen. So tendiert die Gruppe, zu der sie und ihre Tänzer zusammenwachsen, dazu, eine Einheit zu werden. Bei ihren ersten drei Stücken hat sie noch selber mitgetanzt, später nicht mehr. Sie will die Kreativität der anderen wahren, nicht zu viel vorgeben. Sie kann auch mit Tänzern erfolgreich arbeiten, die sie nicht selber ausgesucht hat. Sie sagt über ihr Ensemble: „Wir sind eine Art Kollektiv, ein Atelier, das zusammen an Bewegungen arbeitet. Die Compagnie ist in gewisser Hinsicht wie mein erweiterter Körper." Familienunternehmen ist die Compagnie. Familie sind ihr Mann und die beiden Kinder, auch ihre Schwester, die Musikwissenschaftlerin Yoreme Waltz gehört dazu. Mit ihr hat Sasha in Berlin angefangen. Mit ihr hat sie die ersten Produktionen organisiert, das Organisatorische erlernt, schlicht weil sie es erledigen mussten. Yoreme war es, die Sandig auf einer Party im Künstlerhaus Bethanien fragte, ob er ihre Schwester kenne. Er war 23 und sagt, er habe erst etwas arrogant reagiert, als Sasha Waltz ihn fragte, ob er bei ihr mitarbeiten wolle: „Aber Gott sei Dank habe ich eingewilligt." Am Anfang hätten sie ums Publikum gekämpft. Sie erinnert sich, dass „das Theater am Halleschen Ufer an einigen Abenden halb leer" gewesen sei. In Zürich seien nur 30 Leute dagewesen. Anfang 1994, bei der *Tanzplattform* in Berlin seien sie erstmals wirklich wahrgenommen worden. Das war der Anlass, für den sie die *Compagnie* gegründet hatten. Dann kamen plötzlich die Einladungen überallhin. Von da an, Sandig hatte das Management übernommen, half auch das Goethe-Institut. Das war der Anfang, und der Anfang war auch bestimmt von finanziellen Problemen. Aber die Familie funktionierte als Team. Sandig erzählt: „Sashas Rolle ist klar, sie ist die Künstlerin und damit das Zentrum. Yoreme ist sicher die Strukturierte und auch die Vorsichtigste von uns, und ich bin wohl eher der Phantast."

Eine Berliner Lebensweise als Ballett: Familie ist Thema in dem Waltz-Stück, mit dem sie 1996 das neue Theater, die Sophiensæle, eröffnen. Das Stück ist ein Stück über eine Ost-Berliner Lebenswirklichkeit der 1990er-Jahre. *Allee der Kosmonauten*, der von *Plattenbauten* begleitete, in den 1970er-Jahren angelegte Straßenzug, der Lichtenberg und Marzahn-Hellersdorf verbindet, gibt ihrem Stück den Titel. Der Raum selber wird zum Gegenstand der tänzerischen Darstellung. Eng sind die Wohnungen. Konflikte entstehen. Geschildert werden drei Generationen auf engem Raum. Man weiß alles voneinander. Die Nähe bedrängt in diesem schrecklichen Familienalltag. Die Menschen werden einander fremd. Der Raum gewinnt die Herrschaft über die Menschen. Am Beispiel dieses Stücks erklärt Waltz, dass Recherche für sie Basis, Grundlage der Arbeit ist. Es ist für sie die Suche, die einen Fragenkatalog ergibt, den sie in die Probe mitnimmt. Waltz: „Dann beginnt das Eigentliche, die Improvisation. Das bedeutet Recherche für mich in seinem Kern: Improvisation." Bewegung, Rhythmus, Musik, Raum, das sind Parameter der Improvisation, aus der aus der Fülle der Möglichkeiten, sagen wir es vereinfacht, das finale Werk entsteht. Waltz teilt die Erfahrung der Recherche nur beschränkt mit den Tänzern, denn sie will, „daß sie darüber, wie ich es sehe, in das Thema hineinkommen, und das geht nur auf diese Weise." Waltz besuchte Marzahn, hat Familien interviewt, machte später Videoaufnahmen, einmal ist sie mit den Tänzern zusammen dort gewesen. Sie haben das Videomaterial zusammen angesehen. Aber für die Tänzer sei ihre Methode grundsätzlich schwierig, denn: „Sie sind mit irgendwelchen Ideen von mir konfrontiert, und sie wissen gar nicht, wo sie herkommen, was sie für mich bedeuten und wie sich das alles als Gesamtes zusammenfügen wird."

Bewegung, die Bewegung vieler Menschen, das, sagt Sasha Waltz, beherrsche sie choreografisch besonders gut. Immer wieder lädt sie Publikum zu Proben ein, choreografiert dessen Bewegungen im Raum. Hieraus erwächst der künstlerische Zusammenhang zu der Skulptur, der zu einem von ihr mitentworfenen bewegten Kunstobjekt führt, das uns thematisch zu ihren künstlerischen Anfängen 1989 nach der Öffnung der Berliner Mauer im Tacheles zurückverweist und zu dem Schloss, dessen Neubau Wilhelm von Boddien betrieben hat. Mit Johannes Milla von den *Experience Designern* der Stuttgarter Agentur *Milla und Partner* hat Waltz 2010 beim Wettbewerb um das vor dem Schloss zu errichtende *Freiheits- und Einheitsdenkmal* einen der drei vergebenen ersten Preise bekommen. Die bauliche Realisierung des Entwurfs scheint sich entgegen der Planung bis in die Mitte der 2020er-Jahre hinzuziehen. *Bürger in Bewegung* ist der doppelsinnige Titel der begehbaren Skulptur, die die Menschen, die diese Einheitswippe betreten, tatsächlich in Bewegung setzen. Dieses Werk steht damit für jene Menschen, die als Bürger 1989 als Bewegung, als bürgerbewegte Aktivisten, den Anstoß zur Beseitigung des SED-Staats gaben und die Öffnung der Mauer erzwungen haben. In der Jurybegründung wird der Bezug zu Choreografie und Tanz nur angedeutet:

> *Der Titel* Bürger in Bewegung *verweist darauf, dass Veränderungen mit der Aktivität der Bürgerinnen und Bürger verbunden sind, Kommunikation voraussetzen und selbst dann nur langsame, allmähliche Bewegung erzeugt. Durch die Begehbarkeit des neuen Sockels in Form einer Schale werden die Bürger selbst zu Nutzern und zum Teil des Denkmals. Die Widmung „Wir sind das Volk. Wir sind ein Volk." steht nicht plakativ im Stadtraum, sondern wird um so deutlicher und sichtbarer, je weiter man sich auf dieses Denkmal einlässt und es betritt. Das Denkmal steht als Kontrapunkt in Bezug zum Schloss.*

Träume, so sagt Waltz, bewegten sich auf der Ebene des nicht Begreifbaren, sie seien in ihrem Anfühlen dem Tanz wesensverwandt. Ihren Traum verwirklicht auch die nächste Protagonistin.

Gedacht als Skulptur der Bewegung: der Entwurf von Sasha Waltz und der Stuttgarter Agentur Milla & Partner für das Freiheits- und Einheitsdenkmal vor dem Berliner Schloss

Irene Moessinger – Das Märchen, die Krankenschwester und das *Neue Tempodrom*

Da wird ihr neues Zirkuszelt aus Beton stehen: Tempodrom-Chefin Irene Moessinger bei der Grundsteinlegung für das *Neue Tempodrom* am Anhalter Bahnhof im Mai 2000

DER KABARETTIST ARNULF RATING stammte aus Mülheim an der Ruhr. Er hatte 1977 die bis 1990 bestehende Truppe *Die 3 Tornados* mitgegründet. Rating war von Beginn an am circensischen Traum der Wahl-Berlinerin Irene Moessinger beteiligt. In seiner Schlussbetrachtung zu deren Autobiografie von 2018 fasst der Zeitzeuge die 25 Jahre der Geschichte von Moessinger und ihrem Tempodrom mit folgender Erzählung unter der Überschrift *Die Anstifterin* so zusammen:

So klingen Märchen: Es war einmal eine Krankenschwester, die lebte in einem besetzten Haus, das nach einem von der Polizei erschossenen Rebellen benannt war. Sie erbte eine Million. Und schenkte der Welt dafür einen Zirkus. Der sollte Tempodrom heißen. Und auch wenn manches gestorben ist: Der Zirkus lebt noch heute.

Die 1990er-Jahre sind für diesen neuartigen Zirkus eine Zäsur gewesen, und sie ist Folge der neuerlichen Hauptstadtwerdung Berlins. Aus dem textilen Zelt des Tempodroms wurde der architektonisch einzigartige zeltförmige Betonbau am Anhalter Bahnhof, den das Büro des weltweit renommierten Baumeisters Meinhard von Gerkan zu verantworten hatte. Der Bau prägt bis heute Berlins Stadtbild und ist erinnerndes Wahrzeichen eines Kreuzbergs, das sich als kreativer kultureller Unruheherd in der Stadt verstanden hatte. Das Büro von *Gerkan, Marg und Partner* war es auch, dem in seinen Anfängen mit dem Entwurf des zukunftsträchtigen Konzepts des Flughafens Tegel als Airport der kurzen Wege der Durchbruch gelang und das für das neue Berlin den spektakulären Hauptbahnhof anstelle des früheren Lehrter Bahnhofs entworfen hat. Der Weg vom Tempodrom zu diesem *Neuen Tempodrom* ist eine Geschichte von *Abbruch* und *Aufbruch*, die ganz und gar ins in diesen 1990er-Jahren vergehende West-Berlin gehört.

Der Impuls, nach West-Berlin zu gehen, stammt aus der Schulzeit Irene Moessingers. Sie war glücklich mit dem Studium der Kunsterziehung, das sie in München begonnen hatte, aber die Stadt machte sie nicht glücklich. Über Weihnachten 1970 war sie mit ihren Freunden am Chiemsee, es war wieder einmal schwierig mit ihrem Freund Läsch, als ein anderer aus der Clique nach Berlin aufbrach. Sie schreibt in ihren Memoiren mit dem der Stadt gewidmeten Titel *Berlin liegt am Meer*: „Ohne zu zögern, folgte ich ihm erleichtert in die Stadt meiner Träume." Sie fährt mit dem alten VW Käfer und ihrem ersten eigenen Hund, einem *Hush Puppy*, wie sie ihn nennt, weil die gleichnamige Schuhmarke Bassets als Markenzeichen nutzte. Das Tier hat sie auf den Namen *Lüge* getauft. Auf der Transitautobahn nimmt sie zwei Tramper mit. Später erfährt sie, dass sie das ins Gefängnis hätte bringen können, weil das Transitreisenden strikt verboten war. Die *Inselstadt* West-Berlin, in der sie im März 1971 ankam, war für sie „die Hauptstadt der Studentenunruhen und das Mekka für junge Westdeutsche, die nicht vorhatten, sich von der Bundeswehr einziehen zu lassen, sondern sofort ihr Studium aufnehmen oder einfach nur gammeln und ein freies Leben führen wollten." Die linke Bewegung, der sie sich zugehörig fühlte, habe sich damals in zahllose streitende Gruppen aufgespalten. Ihr Bekannter vom Chiemsee gehörte zu den *Autonomen*, die in Kreuzberg Jugendliche und Arbeiter agitierten. Sie habe in den ersten Tagen mehr Menschen kennengelernt, „zu denen ich mich hingezogen fühlte, als in der ganzen Zeit, die ich in München verbracht hatte." Die neu geschlossenen Freundschaften aus diesen Tagen hielten Jahrzehnte, teils bis ins Alter. „Ein fast ekstatisches Gefühl der Zugehörigkeit zu diesen Menschen und dieser Stadt erfasste mich und hat mich nie verlassen", schwärmt Moessinger. Aus der ersten Wohnung blickte die 23-Jährige auf die Kottbusser Brücke und den Landwehrkanal, sah Möwen kreisen und stellte sich vor, die Stadt liege am Meer: „Berlin wurde meine Stadt und ist es immer geblieben, durch alle Wandlungen hindurch."

Ihre Autobiografie schildert den Lebensweg einer jungen Westdeutschen bis in Details familiärer Krisen und Wirrungen ihrer Persönlichkeit. Tatsächlich spielen diese seelischen Befindlichkeiten in diesem ungewöhnlichen Leben eine entscheidende Rolle. Mit den regelmäßigen Wechseln der Schrifttypen in ihrem Buch signalisiert die literarisch ambitionierte Erzählerin die abwechselnde Perspektive ihrer Schilderung. Das ihr fremd Erscheinende aus rekonstruierter Erinnerung berichtet sie in der dritten Person. Das Ich kommt zu Wort aus der Perspektive der Spätjahre, in denen sie schreibt. Gespräche mit und Texte von Freunden, Weggenossen, Partnern von damals

Berlin am Meer? So blickte die junge Irene Moessinger nach ihrer Ankunft in Berlin auf die Kottbusser Brücke und den Landwehrkanal.

ergänzen ihre Erzählung. Lexikalische Daten beschaffen wir uns gelegentlich woanders, etwa auf der Internetseite des Tempodroms, denn sie fehlen manchmal. Ihr für die Geschichte des Tempodroms wichtiger Vater Wilhelm Moessinger starb 1972. Ihre Mutter ist die 1919 geborene Margarete Gräfin von Lynar, die mit 87 Jahren stirbt. Sie stammt aus dem Landadel der Uckermark. Nach der Scheidung nimmt sie den adligen Namen wieder an. Die Tochter ist am 14. Oktober 1949 in Frankfurt am Main zur Welt gekommen. Später bekommt sie eine Schwester. Die Lebensschilderung beginnt mit ersten Kindheitserinnerungen. Da ist *ihr großer Vater*, der sie auf den Arm nimmt, tröstet. Das ist das erste Erinnerungsbild „an diesen großen Mann", den die Mutter distanziert „ein gewisser Herr" nennt. Pferde spielen in beiden elterlichen Leben und Herkommen eine Rolle. Ort ihres Kennenlernens war die Berliner Universität, wo der Vater auf seinem Fronturlaub im Frühjahr 1944 ein Semester Jura studieren durfte. Er war Kurier für die Widerständler des 20. Juli 1944, entzog sich danach weiterem Kriegsdienst. Das Paar flieht aus dem brennenden Berlin. Irene wird in die Ruinenwelt des Nachkriegs geboren, aber: „Die Ehe meiner Eltern war schon vor meiner Geburt am Ende." Geschlagen hat der Vater in seinem Jähzorn. Die Mädchen wachsen mit der Mutter auf. Der ferne Vater finanziert sein Jurastudium mit Arbeit bei der US-Nachrichtenagentur UPI, hat viele Frauen, ist besessen von Automobilen, macht Karriere im Wirtschaftswunderland, verdient viel Geld, wird so vermögend, dass es nach seinem frühen Tod mit 52 Jahren die Familie überrascht. Er stirbt, als Irene Moessinger gerade ein Jahr in West-Berlin ist. Die Mutter reiste 1953 ohne die Kinder mit einer der ersten *Neckermann*-Busreisen nach Barcelona und entdeckt ihre Leidenschaft für das mediterrane Land. Ihr Entschluss: „Sie zieht mit ihren beiden Kindern nach Spanien, weit weg von ihrem Mann, der sie so tief verletzt hat." Mit vier Jahren wird Irene Moessinger mit ihrer Schwester nach Spanien verpflanzt, sie lernen die Sprache auf der Straße, im Umgang mit anderen Aussteigern mindestens in Brocken andere Sprachen, das Leben ist bescheiden, viel Geld ist nicht da, die Familie zehrt vom Wenigen, was der Vater schickt, und vom bei der Hochzeit der Mutter geschenkten Aktienpaket, Pferde sind da, einmal sehen sie den Nobelpreisträger für Literatur von 1954, Ernest Hemingway. Es werden insgesamt sechs Jahre Andalusien. Es ist das Spanien des Diktators Francisco Franco. Frappant angesichts des Hintergrunds der Familie im Widerstand. Gemäß der Verabredung der zunächst noch verheirateten Eltern unterrichtet die Mutter die Töchter. Später dringt der Vater auf den katholischen Katechismusunterricht auf Deutsch und später auf Besuch deutscher Schulen. Das sind Gründe für die Rückkehr nach Deutschland. Die Scheidung wird vollzogen. Die Mutter wird Hausdame im angesehenen Internat der

Am Rand West-Berlins, in der zerstörten Mitte Berlins: Pfützen, Wüstenei mit Flohmarktständen und l. im Hintergrund das frühe Tempodrom auf dem Gelände des ehemaligen Potsdamer Bahnhofs

Schule Schloß Salem am Bodensee. Die Stelle bekommt sie aufgrund einer Verbindung aus dem Kreis des *20. Juli*. Als der Gönner Axel von dem Bussche stirbt, ist sie die Position los, und die alleinerziehende Mutter schlägt sich mühsam durch. Die Tochter: „Die Kindheit war zu Ende." Sie landen im zehn Kilometer entfernten Überlingen. Die Mutter entschließt sich, wiederum zehn Kilometer entfernt ein Haus zu bauen. Sie ziehen aufs Dorf. Die Schulkarriere Irene Moessingers in Deutschland beginnt im Internat, doch räumlich plötzlich schmerzlich getrennt von der Mutter, im Verlust der spanischen Freiheit. Sie kommt auf Umwegen und mit großer Anstrengung zum Abitur. Das Attentat auf US-Präsident John F. Kennedy ist der Tochter in Erinnerung. Sie notiert, dass die Mutter Medien ablehnte. Radio, Zeitung, Fernsehen gab es in dieser Kindheit nicht. TV-Serien wie *Bonanza, Lassie, Fury* sah sie bei Freundinnen. Das Verhältnis zum Vater bleibt schwierig, zeitweise verweigert sie den Kontakt, weil er weiter schlägt, sie einmal die Treppe hinunterstößt. Die Oberschülerin politisiert sich. Mit 17 Jahren ist sie das erste Mal in West-Berlin: „Jede 11. Klasse der Bundesrepublik fuhr nach Berlin." Das war 1967. Berlin, das war Studentenrevolte, Tanzen in Discotheken, im *Big Eden* oder im *Riverboat*. „Die Stadt brodelte", erzählt Moessinger, und es fällt angeblich die Lebensentscheidung: „Die Stimmung und das Gefühl, zu Hause zu sein, hatten mich damals überzeugt, nach der Schule nach Berlin zu ziehen." Zunächst also München mit dem abgebrochenen Versuch auf der dortigen Journalistenschule, sie schreibt sich für Jura und Kriminalpädagogik ein, jobbt als Verkäuferin, sie reist viel, kifft, hört Musik, dann die Pädagogische Hochschule, schließlich dann doch der Anfang in Berlin. Sie taucht in die Hausbesetzerszene ein, jobbt nebenbei als Arbeiterin, begegnet in der Szene Rio Reiser und seiner Band *Ton Steine Scherben*, die in den 1970er-Jahren den Sound Kreuzbergs bestimmen. Die *Scherben* werden in ihrem Tempodrom auftreten. Und am 1. September 1996 findet dort die Trauerfeier für den früh verstorbenen Reiser statt. Es ist dieser alternativ geprägte kulturelle Wurzelgrund, aus dem heraus Moessinger ihren Zirkus gegründet, geführt und auf den Weg zum *Neuen Tempodrom* gebracht hat. Die Neu-Berlinerin erlebt die Besetzung des nach dem am 4. Dezember 1971 erschossenen Linksradikalen benannten Georg-von-Rauch-Hauses am Mariannenplatz, hier wohnt sie, als sie im Frühsommer 1972 schwanger ist und lebensgefährlich erkrankt. Im Urban-Krankenhaus wird das Kind mit medizinischer Indikation abgetrieben. Nach sechs Wochen geht es ihr wieder gut, der Lymphdrüsenkrebs verschwindet. Der Vater ist zum Krankenbesuch da, die letzte Begegnung. Sie fühlt sich wohl im Urban, entscheidet aufgrund ihrer dort verbrachten Zeit, eine Ausbildung zur Krankenschwester zu machen und arbeitet dann auf der Intensivstation. Wo sie wohnt, darf niemand wissen, weil sie im öffentlichen Dienst ist und weil ihr der Radikalenerlass mit dem Rauswurf droht. Es gab Berührungen mit dem Thema revolutionärer Gewalt, sie setzt sich damit auseinander, lehnt die Gewalt ab.

Das Telegramm trifft sie wie ein *Blitzschlag*. Der inzwischen in Italien lebende Vater ist am 5. Januar 1972 einem Hirnschlag erlegen, die Beerdigung ist in Genua, sie geht nicht zum geöffneten Sarg: „Sie will ihn nicht sehen." Viel später söhnt sie sich innerlich mit ihm aus, empfindet Dankbarkeit für die Erbschaft und das, „was ich daraus machen durfte." Dem langjährigen Freund Läsch in der immer schwierigeren Beziehung sagt sie nach der Rückkehr von der Beerdigung: „Mir geht's so scheiße, Italien war die Hölle, und jetzt erbe ich auch noch Geld in Millionenhöhe." Es ist fast eine Million DM, und damals ist sie deswegen verzweifelt. Die *Bewegung* hatte die junge Frau vereinnahmt, und das geschieht auch mit dem Geld, das sie in ein Mietshaus in Frankfurt steckt, das irgendwann „Headquarter der revolutionären Bewegung" werden soll. Sie half politischen Projekten, das Haus fraß in den sieben Jahren durch die Instandhaltung das Kapital auf, von dem sie nichts für sich selbst nahm: „Erst mit der Gründung des Tempodrom bekam das Geld einen neuen Sinn, das Haus wurde verkauft und das Geld in das Tempodrom investiert, ein Headquarter der alternativen Kultur." Nach dem Rauch-Haus lebt sie in einer Wohngemeinschaft, lernt Norbert Waehl kennen, der eine sie stabilisierende Beziehung mit ihr eingeht, er wird Vater ihrer Tochter Katharina, die Liebe endet, aber er wird für 28 Jahre ihr unverzichtbarer Partner im Zirkusgeschäft. Anfang Juli 1979 logieren Akteure des *Festival of Fools* in der Wohngemeinschaft. Irene Moessinger geht mit zu diesem „Karneval der Subkultur", wie die *Berliner Morgenpost* die fünftägige Veranstaltung in der *Neuen Welt* in der Hasenheide nennt, als sie am 28. Juni einen Vorbericht bringt, in dem sie Feuerschlucker, Akrobaten, Komiker und Kabarettisten und einen Straßenumzug ankündigt. Dabei sind auch Ratings *3 Tornados*. Das Erleben hinter und auf der Bühne ergreift Besitz von Moessinger. Sie visualisiert im Traum die Idee des eigenen Zirkus in Berlin. Sie verkündet der Tochter: „Ich werde für einige Zeit verreisen und die besten Zirkusse der Welt anschauen. Wenn ich zurück bin, machen wir selbst einen!" Die Idee, so schildert sie es, ergreift Besitz von Kulturaktivisten und linksalternativer Szene in West-Berlin. Rating komponiert das Tempodrom-Lied, er ist der Mann, der bei der Namenssuche auf *Tempodrom* kommt. Viele beteiligen sich, helfen. Moessinger hat den Platz

gefunden für das Zelt, und sie nimmt unbewusst Bezug auf das explosive Berlin der 1920er-Jahre, wenn sie über die Wüstenei des Potsdamer Platzes schreibt: „Der Platz für den neuen Zirkus ist gefunden, direkt an der Mauer, auf den Ruinen des legendären Varietés Haus Vaterland.“ Dieser West-Berliner *lost place* „inmitten einer Sandwüste direkt an der Mauer, war exterritoriales Gelände, eine utopische Zwischenwelt zwischen West und Ost, nicht Bundesrepublik, nicht DDR, sondern eine Alternative, als sei Anarchie doch machbar.“ Es war für sie „Aufbruch in eine tatsächliche antiautoritäre Gegenwelt“. Bernhard Paul, Direktor des Zirkus *Roncalli*, unterstützt, verkauft Wagen und ein kleines Zelt. Ihre erste Idee vom besonderen Wanderzirkus wird zum Konzept des Zirkus mit festem Standort, der zu einem Veranstaltungsort wird. Der Gründungstag ist der 1. Mai 1980. Ihr Traum wird zum Erfolg. Der Kinderzirkus macht Kinder zu Zirkusakteuren. Später gehört eine Artistenschule dazu, die eine neuartige zirzensische Kunst entfaltet. Es ist die gewagte Mischung des Verschiedenen, die wesentlicher Zug des Neuartigen ist. Rating erzählt:

Zirkusleute helfen einander: Bernhard Paul (hier 1980), Direktor des Circus Roncalli, unterstützte Irene Moessinger bei der Gründung ihres eigenen Zirkus in Berlin.

Ton Steine Scherben mit uns von den 3 Tornados zusammenzubringen – das hat es vorher nicht gegeben. Macht kaputt, was euch kaputt macht im Verein mit Lacht kaputt, was euch kaputt macht. Und das gemeinsam mit einem der letzten Überlebenden der Comedian Harmonists und dem Weddinger Schlagerstar Manuela.

Das sei, schreibt Rating, Crossover gewesen, bevor es Crossover gegeben habe. Die Zirkuskapelle habe sich überall im Zelt ausgetobt. Moessinger holte die Kilt-Dudelsacktruppe der Britischen Armee, den ehemaligen Posträuber aus England, der in London auf der Straße Blumen verkaufte, Eric Burdon machte Rock. Moessinger wird zur Medienfigur, ihre märchenhafte Geschichte macht sie zur ersten Werberin für ihr Projekt, in West-Berlin wird sie zur Kulturprominenten. Die erste Saison sei wie eine *Flutwelle* gewesen, erinnert sie sich: „Wahrlich ein Balanceakt, der uns fast in den finanziellen Ruin geführt hätte, gleichzeitig aber den Weg für die kulturelle Bedeutung und den Ruhm des Tempodroms ebnete." Teuer waren besonders die Gastspiele, die Gagen waren hoch, wurden nicht eingespielt. Festivals, Revuen, Klassik, all das machte die Breite des Repertoires des Tempodroms aus. Und der Zirkus. Paul Busch, Enkel der großen Paula Busch, der 1973 in Berlin verstorbenen Direktorin des legendären Berliner Zirkus Busch, war von Anfang an mit dabei. Er war der Zeltmeister, der ihnen beibrachte, wie das Zelt auf- und abgebaut wird. Er blieb 20 Jahre. Das Tempodrom geboren aus dem Geist des *Revolte Berlin* wurde in den 1980er-Jahren groß und war ein Teil des Wenigen,

Der neue Standort nach dem Wegzug vom Potsdamer Platz: das Tempodrom in den historischen Zelten am Rande des Tiergartens im Jahr 1997

was im West-Berlin des *Stillstands* des Status quo zum *Aufbruch Berlin* zu zählen ist. Nina Hagen, die Ost-Berlinerin im Westen, flog das Tempodrom 1982 aus den USA, wo sie Erfolge gefeiert hatte, für die Revue *Show Paradox* ein. *Aufbruch* waren diese 1980er-Jahre. Wieland Speck, von 1992 bis 2017 Programmleiter der Berlinale und dafür 2013 mit dem Verdienstorden des Landes Berlin geehrt, moderierte im Tempodrom ebenso wie Lotti Huber, die jüdische Schauspielerin und Avantgardistin, die durch Rosa von Praunheims Filme berühmt und später TV-bekannt wurde. Dann ist es der Lärm, der das Zelt vom Potsdamer Platz vertreibt. CDU-Kultursenator Volker Hassemer hilft, den Ort neben der eingestürzten Kongresshalle im Tiergarten zu finden und sorgt für einen einmaligen Senatszuschuss für den Umzug 1984 an den Standort, der einst *In den Zelten* hieß, wo im 18. Jahrhundert in Zelten erste Ausflugslokale entstanden und wo das Tempodrom-Zelt 15 Jahre bis zur Wende residiert. Dieter Hallervorden tritt im Zelt auf. Der Dessauer hatte schon an der FU hinreißend Theater gespielt und betreibt im 21. Jahrhundert als vitaler Theatergreis das Schlosspark Theater, das zweite Haus, das Opfer der Aufgabe der Staatlichen Schauspielbühnen war. Aber Hallervorden hadert bis hin zur Krankmeldung damit, dass er das erste Mal in seiner Karriere Buhrufe kassiert. Wim Wenders dreht im Zelt die Zirkusszenen mit der zur Trapezartistin werdenden Schauspielerin, die seine Freundin wird, für den Berlin-Film *Der Himmel über Berlin* von 1987. Das spätere Schauspielerehepaar Meret Becker und Alexander Hacke tritt in seinen Anfängen ebenso bei Moessinger auf wie der große US-Country-Sänger Johnny Cash. Im Tempodrom arbeiten zeitweise mehr als 40 Menschen aus 17 Nationen. Bob Dylan, Nobelpreisträger für Literatur des Jahres 2016, singt im Zelt. Das multikulturelle Festival *Heimatklänge* entsteht 1987 aus dem Sommerprogramm während der 750-Jahr-Feier Berlins. In 19 Jahren spiegelte das Festival jeweils sieben Sommerwochen lang musikalisch insgesamt 81 Länder und Regionen aus vier Erdteilen und hatte in diesen knapp zwei Jahrzehnten zwei Millionen Besucher.

Die Mauer ging auf, die Hauptstadtfrage wurde entschieden, das neue Bundeskanzleramt sollte Nachbar werden. Das stellte den Standort und die Zukunft zur seelischen Qual Moessingers infrage. Sorgen, Gespräche, Beratungen mit Bezirken, Politikern, Freunden. Die Bauarbeiten der Regierungszentrale störten den Betrieb. Das Zelt seinerseits würde durch Lärm das Regieren stören. So war die Lage. So war die Lösung – ein neuer Standort und ein fester Zeltbau und neue Programmformen: „Ich fing Feuer für die Vision des Neuen Tempodrom, war zunehmend bereit für die Herausforderung und die vielen Mitstreiter auch. Nach langen Querelen und politischen Differenzen, die die Qualität einer Polit-Soap-Opera hatten, einigte sich der Bezirk Kreuzberg darauf, das Tempodrom zu sich auf den Anhalter Bahnhof zu holen.“ Alle Parteien hätten das Tempodrom „als Zuschauermagnet mit den geringsten Kultursubventionen Berlins“ erhalten wollen. 25 Standorte wurden geprüft. Moessinger gründete eine Stiftung, die Bauherrin und Eigentümerin des Neuen Tempodroms werden sollte. Moessinger und ihr Partner wurden Vorstände. Rating saß dem Stiftungsrat vor, mit dabei waren die Berliner Filmproduzentin Regina Ziegler, der *Rockbeauftragte* des Senats Bernd Mehlitz und der Chef der Marketinggesellschaft der Stadt *Partner für Berlin* Volker Hassemer, der zuvor als Stadtentwicklungs- und Kultursenator Moessinger immer wieder geholfen hatte. Sie schreibt über den Christdemokraten 2018: „Ich frage mich heute, was diesen Mann dazu bewogen hat, uns so lange in unserer kulturellen Arbeit zu begleiten.“ Eine seiner Antworten war der Hinweis auf Moessingers so besondere Persönlichkeit, und sonst: „In Berlin war es möglich, der Stadt den eigenen Kosmos und die Konsequenzen zuzumuten, auch wenn der Kosmos noch nicht in den Ganglien der Stadt vorhanden war!“ Die Stiftung startete, was später Fundraising heißt, indem im Rahmen der *Steinreich-Kampagne* bemalte und gestaltete kleine Ziegelsteine verkauft wurden. Die gemeinnützige Stiftung öffentlichen Rechts ohne private Besitzanteile wurde 1995 gegründet, weil der Bau ohne öffentliche Mittel nicht finanzierbar war. Die Entschädigung des Bundes für den Standortverlust genügte nicht. Ende Januar 1999 stand fest, dass sechs Millionen DM fließen sollten. Die Auflage war, dass die Summe ausschließlich für den Neubau verwendet werden musste. Moessinger und die bisherigen Eigentümer gingen leer aus und wurden mit ihren drei Millionen „zum größten privaten Sponsor des Neuen Tempodroms.“ Der ehemalige Bauunternehmer Roland Specker unterstützte den Bau ehrenamtlich. Er hatte sich einen Namen in Kulturdingen gemacht, als er sich für die Reichstagsverhüllung durch Christo und Jeanne-Claude engagiert hatte. Die Kosten sollten von kalkulierten 24 auf 32 Millionen DM steigen. Ursachen waren die Kontaminierung des Bodens, die Dachkonstruktion, der Brandschutz. Specker gewann ein internationales Unternehmen als Sponsor für zehn Millionen DM. Die Klassenlotterie schoss drei Millionen zu, die Landesbank Berlin, die später im Berliner Bankenskandal versank, war der Kreditgeber für elf Millionen. Das Land trat mit einer Bürgschaft in Höhe von 80 Prozent ein. Und zum Schluss mussten Moessinger und Waehl eine private Bürgschaft leisten, angeblich eine Formsache. Die mit einem Fest verbundene Grundsteinlegung

Einfallsreiche Kampagne: Beim Geldsammeln für das *Neue Tempodrom* wurden gestaltete Ziegelsteine als „Eintrittskarten" verkauft.

war am 21. Mai 2000. Der Bau war ein nervenaufreibender Vorgang, die Stiftungsvorstände traten auf Forderung des rot-grünen Senats hin zurück, die Kosten waren nicht im Griff. Ihre knappe Formulierung: „Die Turbulenzen waren existenziell, die Landung hart." Aber Moessinger ist vom Neuen Tempodrom überzeugt: „Es ist ein Geschenk für Berlin, für dessen Betrieb und Instandhaltungskosten das Land nicht aufkommen muss." Und der Bau war nach den geplanten 18 Monaten fertiggestellt. Es habe an ein Wunder gegrenzt, dass der Eröffnungstermin gehalten werden konnte. Die Eröffnung am 1. Dezember 2001 war verbunden mit der Vergabe-Gala des Europäischen Filmpreises, also mit einem kulturellen Ereignis mit internationaler Ausstrahlung. In der Sprache der autorisierten Werkbiografie des Chefs des für den Bau verantwortlichen Architekturbüros Meinhard von Gerkans wird der Bau so beschrieben:

Der robuste Veranstaltungsbau aus Beton mit seiner holzverkleideten Kuppelkonstruktion beherbergt zwei unterschiedlich große Arenen, von denen die größere bis zu 3500 Besuchern Platz bietet. Zum Raumprogramm gehört auch das Liquidrom mit einem runden Wasserbecken unter einer kuppelförmigen Betonschale mit einem Oberlicht im Zenit. Bis zu 50 Besucher können hier in körperwarmem Solewasser Lichtinstallationen und Musik aus Unterwasserlautsprechern und vier Klangsäulen erleben.

Irene Moessinger hat für ihr Leben nach dem Tempodrom und im beginnenden Alter das Umland für sich entdeckt und das therapeutische Arbeiten mit Pferden. Schreiben, das Abfassen ihrer Autobiografie über sieben Jahre, konnte sie am besten auf Reisen, oft am Meer. Offenbar hat Moessinger den Maler des Nachkriegs-Berlins nicht gekannt, der die Ruinenstadt und ihre Trümmerwelt nach 1945 als *Berlin am Meer* malte, weil er wusste: „Unter dem Asphaltpflaster Berlins ist überall der Sand unserer Mark. Und es war früher einmal Meeresboden." Auf diesem Boden hat Moessinger mit ihrem Zirkus angefangen, auf der bloßen Erde des sandig-kargen Potsdamer Platzes, noch in dessen beräumtem und unangetastetem Nachkriegszustand. Fürs Schreiben brauchte sie den „Blick auf das Meer", weil es sie inspirierte, ähnlich wie es schon dem Maler Heldt mit dem Meer erging. Moessinger schreibt am Ende ihres Buches diese drei Sätze, ihr Bekenntnis zur Stadt: „Das Meer ist Heimat. Berlin ist Heimat. Berlin liegt am Meer!"

Zu ihrem verlorenen Berliner Lebenswerk, dem Tempodrom, hebt sie im Rückblick hervor, dass ihr Projekt damals zu West-Berliner Zeiten gerade als „Gegenpol zu dieser Subventionsmentalität" gegolten habe, die ihr in der vermeintlichen und aus ihrer Sicht mediengemachten Affäre buchstäblich erst zugeschrieben werden musste. Andererseits sind die Bürgschaften gezogen worden. Im März 2004 meldet die Stiftung als Eigentümerin des Tempodroms Insolvenz an. Prozesse, Untersuchungsausschuss, Freisprüche für Moessinger und Waehl wegen erwiesener Unschuld gehören zur Geschichte des Tempodroms im neuen Jahrhundert. Der Journalist Jan Thomsen bilanziert am 19. Januar 2008 in seinem Kommentar in der *Berliner Zeitung* den Skandal um das Tempodrom: „Die Affäre lag vielmehr in der öffentlichen Jagdlust auf mögliche (SPD-)Skandale, die das Berliner Filz- und Korruptionsklischee nach dem (CDU-)Bankenskandal erst so richtig abgerundet hätten. Der Fall Tempodrom begann als vermeintlicher Bestechungsversuch, er endete ergebnislos. Leider haben weder die politische Opposition noch die Medien noch die Staatsanwaltschaft stets so sorgfältig gearbeitet, wie es geboten gewesen wäre." Angesichts von Moessingers Herkommen ist bemerkenswert, dass sie sich nachträglich ihrerseits mit dem Argument wehrt, sie habe als *mittelständische Unternehmerin* ordentlich und redlich ihren Betrieb geführt. Sie hatte, das erkennen wir, ebenfalls eine Wandlung ihrer Perspektiven durchgemacht. Moessinger hat die Vorwürfe gegen sich als unbegründet, tragisch und absurd empfunden. Am Ende wurden auch die persönlichen Bürgschaften, die im Zuge der Kreditbereitstellung für den Bau des Neuen Tempodroms durch die Landesbank Berlin von ihr und ihrem Partner als Formsache gefordert worden waren, fällig gestellt. Beide gingen in die Privatinsolvenz, weil, so behauptet Moessinger, der Regierende Bürgermeister Klaus Wowereit und sein Finanzsenator Thilo Sarrazin die Vereinbarung ihrer Anwälte mit der Bank ablehnten. Moessinger bedeutet uns zudem, dass eine neue Zeit angebrochen war im neuen großen Gesamt-Berlin. Der neue Zeitgeist und die sich später oft als teuer erweisende neue Berliner Sparsamkeit wurden durchgesetzt. Koste es, was es wolle. Das Tempodrom wurde wie auch städtische Wohnungsunternehmen, die Energie- und Wasserversorger, das ganze damals so genannte *Tafelsilber*, verkauft. Käufer im April 2010 war die Bremer Firmengruppe KPS. Im Falle des Tempodroms, schreibt Moessinger, für einen Bruchteil seines Wertes, denn:

Es wehte ein neuer Wind in der Stadt. Die boomenden 90er Jahre waren zu Ende. Die sogenannte Subventionsmentalität Westberlins wurde angeprangert und ausgerechnet das Tempodrom diente nun als Beispiel dafür, weil es für den Bau öffentliche Gelder erhalten hatte.

Ein Markstein des Neuen Berlins: Im Dezember 2001 strömten die Besucher in das eindrucksvoll illuminierte *Neue Tempodrom* in Kreuzberg.

DEM DEUTSCHEN VOLKE

SCHLUSSBETRACHTUNG

An der Schwelle des 21. Jahrhunderts – Bleibende Widersprüche und das Dritte Berlin

Denken wir mit Schaudern der Eroberer,
jener gewaffneten Wanderer,
gegen die kein Widerstreit helfen,
Mauer und Bollwerk harmlose Völker nicht schirmen konnte.

JOHANN-WOLFGANG VON GOETHE,
WILHELM MEISTERS WANDERJAHRE, III. BUCH, KAPITEL IX

Sie steht als Symbol für das wieder vereinte Berlin, das von neuem Hauptstadt Deutschlands geworden ist: die Kuppel des britischen Architekten Sir Norman Foster auf dem Reichstagsgebäude

BETRACHTEN WIR DIE NACHWENDEJAHRE gesamtberlinisch, so ist nur nach der Zahl der Jahre Eberhard Diepgen mit seinen bald 16 Jahren im Amt als Spitzenreiter nicht ganz unangefochten. Er amtierte noch in zwei Abschnitten und in zwei Berliner Rathäusern, dem in Schöneberg und dem in Mitte. Auf 16 Amtsjahre hatte es nämlich auch der letzte ordentliche SED-Oberbürgermeister gebracht, dessen Wirken für die Stadt sich im allergrößten Teil während der anderthalb Dekaden unter der kommunistischen Diktatur vollzogen hatte. Erhard Krack wurde angesichts des Zusammenbruchs des Regimes, dessen Funktionär er war, zur Übergangsfigur ebenso wie seine beiden SED-Amtsnachfolger. Doch schon Krack trat als Partner des West-Berliner Stadtoberhaupts auf, gab den eigenen Anspruch auf die Führung der Gesamtstadt faktisch an den West-Berliner Amtskollegen Walter Momper ab. Der Sozialdemokrat fand den legitimierten Partner erst in dem frei gewählten sozialdemokratischen Gegenüber im Roten Rathaus, in Tino Schwierzina. Sicherlich, dessen Magistrat setzte noch letzte eigene Akzente wie mit der neuen Verfassung Ost-Berlins, die zwar einem zu vereinigenden künftigen gemeinsamen Land Berlin der Bundesrepublik Deutschland anstand, die aber nur noch Symbol für das vom Ostteil einzubringende, aber aus Westsicht ziemlich wertlose Umzugsgut sein konnte. Die weitgehende Verweigerung der Beteiligung am Bau der städtischen Einheit durch die Bürgerbewegung im Ostteil paarte sich mit der Verweigerung des Gedankens staatlicher Einheit durch die Alternative Liste in West-Berlin. Das vollzog sich vor dem

Hintergrund der skeptischen Haltung des SPD-Bundesvorsitzenden und Kanzlerkandidaten Oskar Lafontaine und führte im stadtpolitischen Ergebnis dazu, dass ein Christdemokrat, gebürtig aus Pankow, das erste Jahrzehnt der neugewonnenen Einheit der Stadt prägte. Es darf verwundern, dass diese in ihrer politischen Tradition spätestens seit der Novemberrevolution von 1918 linke, im Westteil nach 1945 durch sozialdemokratische Führungsfiguren wie Ernst Reuter, Otto Suhr, Willy Brandt politisch geleitete Metropole, die das politische System und die Parteistrukturen West-Berlins fürs künftige Ganze übernommen hatte, von einem oft als *blass* denunzierten, aber immer noch lebensjungen bürgerlichen Berliner in die neue Einheit geführt, politisch geprägt und repräsentiert wurde. Der Mann gewann Wahlen. Diepgens historische Würdigung ist überschattet von seiner Abwahl 2001, von der genialen und erfolgreichen Zuschreibung einer Verantwortung Diepgens für den Bankenskandal zuvörderst durch die Berliner Sozialdemokratie. Dessen Voraussetzungen allerdings, die havarierten Strukturen der Landesbank Berlin, waren dabei doch von den Großkoalitionären gemeinsam geschaffen worden. Dass sein Sprecher und Berater Michael-Andreas Butz 2020 eine positive Einschätzung Diepgens formuliert, ist nicht überraschend. Aufmerksam zu machen ist auf die paradoxe Ausrichtung der Zielvision Diepgens für die Stadt. Zu Recht formuliert Butz, dass das unter seiner Verantwortung beworbene Stadtimage des *Neuen Berlin* im Kern orientiert war an der Stadthistorie. Insofern trug Diepgens *Neues Berlin* Züge der Wiederbelebung der alten Stadt. Kein Zufall, dass er Anhänger der Wiedererrichtung des Stadtschlosses war, allerdings sprach er oft lediglich zurückhaltend von einem Bau *in der Kubatur* des Hohenzollernschlosses. Ihm ist 2004 selber bewusst, dass unter seiner Führung das zukünftige Antlitz Berlins bestimmt worden ist: „Mit den Entscheidungen der Neunzigerjahre ist das Bild Berlins für die nächsten Jahrzehnte geprägt worden.“ Doch Butz’ historische Einordnung dieser Bürgermeisterpersönlichkeit taugt nicht bloß als Diskussionsbeitrag eines Parteigängers, sondern fürs Geschichtsbuch:

Wenn Helmut Kohl der Architekt der Deutschen Einheit war, dann war Eberhard Diepgen dies für die Einheit Berlins als Architekt und Bauherr zugleich. Er war der vereinigte und vereinigende Regierende Bürgermeister Berlins, der Gründungsvater des Neuen Berlin. Das Neue Berlin sollte nach historischen Vorgaben entstehen mit modernen architektonischen Entwicklungen und einem menschlichen Antlitz. Dieses Ziel wurde erreicht.

16. Juni 2001, Klaus Wowereit ist im Abgeordnetenhaus zum Regierenden Bürgermeister gewählt: der damit abgewählte Vorgänger Eberhard Diepgen (l.) und Senatssprecher Michael-Andreas Butz

Gregor Gysi war in den 1990er-Jahren und darüber hinaus ebenfalls eine für die Stadt zentrale politische Figur. Für kurze Zeit war er sogar – gern vergessen gemachtes Intermezzo – Bürgermeister von Berlin und Senator für Wirtschaft in Klaus Wowereits erstem rot-roten Senat. Gysi schaffte zwischen dem 17. Januar 2002 und dem 31. Juli desselben Jahres gerade einmal ein gutes halbes Amtsjahr. Vielleicht mehr Anlass als Ursache des Rücktritts des beredten Anwalts mit kulturellen Interessen war eine Enthüllung über Privatgebrauch von dienstlich erworbenen Bonusmeilen der Lufthansa. Seine auch stadthistorisch belangvolle Leistung liegt woanders. Der Berliner schaffte es, die wenn auch zusammengeschmolzene, deshalb aber nicht unvermögende Staatspartei SED als PDS in die vereinte Zukunft zu führen und damit weite Teile der im Ostteil mit hohem Bevölkerungsanteil vertretenen DDR-Elite an das parlamentarische System zu binden. Trotz aller vom Juristen Gysi gerichtlich entschieden bekämpften Stasi-Vorwürfe war dies ein Beitrag zur gesellschaftlichen Stabilisierung der Stadt, deren Fortentwicklung man sich leicht hätte anders vorstellen können. Der für die administrative Stadtpolitik womöglich minderbegabte SED-Funktionärssohn war dennoch Berliner genug, um im Abstand von mehr als zwei Jahrzehnten bei seinem Diepgen-Gespräch am 5. Februar 2023 diesen Regierenden Bürgermeister ebenfalls und in einer aus seinem Mund überraschend positiv ausfallenden Weise zu würdigen. Der oft von seinen Gegnern als *Diepchen* verbal kleingemachte Politiker bekam am Ende der mehr als zwei Stunden Gespräch von Gysi wie alle Gäste einen auf dessen Moderatorenkarte vorformulierten Text zu hören, der ebenfalls das Zeug hat, eine bleibende und ernsthafte Würdigung des Christdemokraten zu sein. Gysi attestiert dem Juristenkollegen, er habe in seinen Amtsjahren die Stadt „stark geprägt". In der Würdigung des Ost-Berliners liegt eine Anerkennung der Leistung des West-Berliners, die vielleicht zu Beginn der 2020er-Jahre die endgültige Überwindung der Konflikte um *Abbruch* und *Aufbruch* signalisiert. Diesen Konflikt hatte Diepgen aufzulösen versucht mit der Formel *Aufbau Ost vor Ausbau West*. Und ihm war bewusst, dass es um ein Gemeinsames ging, denn spätestens dem Memoirenschreiber war vollauf bewusst: „Das vereinte Berlin war mehr als die Summe der beiden Teilstädte." Und nebenbei: Auch wie dieser Diepgen Wahlen gewann, ist der Erwähnung wert. Bei der Wahl gegen Ende des Jahrzehnts, Jahrhunderts und Jahrtausends am 10. Oktober 1999 eroberte er seinen Wahlkreis Neukölln 5, kein geboren bürgerlicher Wahlkreis wie einer in Dahlem, mit 64,9 Prozent. Gysi sagte Diepgen:

Wieder eine *historische Stunde* (v. l.): Bundeskanzler Helmut Kohl, Ost-Berlins Bürgermeister Erhard Krack, DDR-Ministerpräsident Hans Modrow und der Regierende Bürgermeister Walter Momper am 22. Dezember 1989 bei der Öffnung des Brandenburger Tores

Im Unterschied zu anderen waren Sie mit der Vereinigungsfrage viel direkter konfrontiert und mussten Wege finden, die auch in Ihrer Partei nicht alle einsahen. Sie sind die Wege trotzdem gegangen. Sie haben tatsächlich etwas Liberales, Tolerantes an sich, was für die Stadt besonders wichtig ist. Als ich im Unterschied zu heute noch ausgegrenzt wurde, haben Sie es nie getan. Ganz Berlin verdankt Ihnen mehr, als es viele heute wissen. Deshalb möchte ich Ihnen heute aufrichtig Danke sagen.

Der Einheitsskeptiker Walter Momper hatte zunächst gar nicht anders gekonnt, als dem Drängen schon des letzten ordentlichen SED-Oberbürgermeisters Krack zu folgen und, salopp formuliert, den Weg zur Übernahme Ost-Berlins durch den Westteil zu ebnen. Auch Krack hatte schon nicht mehr anders gekonnt, weil die Ost-Berliner es so wollten. Hatte Momper gleichsam die Türe in die vereinte Stadt geöffnet und war in den Flur getreten, hat Diepgen als Nächster das ganze Haus in Beschlag genommen und die Inneneinrichtung *gestaltet*. Das ist das Verb, das er besonders gern für die *Beschreibung*, auch das ein Lieblingswort, seiner Regierungstätigkeit benutzt. Walter Momper steht ihm in seinem historischen Rang nach, wenn wir vom Zufall der Amtsinhaberschaft am 9. November 1989 und ihren Konsequenzen absehen. Momper steht in seiner Leistung in der Ahnenreihe der Regierenden Bürgermeister dem vergessenen und erfolglosen ersten christdemokratischen Regierenden Bürgermeister Ferdinand Friedensburg weit näher, als es Eberhard Diepgen tut. Er gehört in die Liga der Reuter, Brandt und Richard von Weizsäcker. Der Pankower ist im Bewusstsein der West-Berliner freilich dem Ruch nie entkommen, nur einheimischer Ersatzmann für den Über-Regierenden von Weizsäcker gewesen zu sein, der zwar anstandslos den großen Amtsinhabern zugerechnet wird, dem aber die Städter die Entscheidung gegen West-Berlin, fürs Präsidentenamt bleibend verübelt haben. Diepgen steht zu Unrecht in diesem Schatten. Dennoch gilt auch mit guten Gründen die von ihm geführte Koalition in ihrem langdauernden Verlauf als Bündnis des Misstrauens, das irgendwann zum Unwohl der Stadt gereichte statt zu ihrem Wohl. Aus den Erinnerungen des parteilosen Kultursenators Ulrich Roloff-Momin spricht zwar die Verbitterung eines Mannes, der sich verkannt fühlt, aber seine Milieuschilderungen vom ihn betreffenden Regierungsalltag zeigen ein das Unvermeidbare, selbst das Übliche übersteigendes Maß an Unzuträglichkeit. Der bedachtsam wirkende Diepgen verbarg oft den Zauderer. Als West-Berliner verkörpert Diepgen die Dominanz des Westteils, die für die 1990er-Jahre zu konstatieren ist. Die Regierungsbeteiligung von Gysis PDS als dezidierter Ost-Partei am rot-roten Senat Klaus Wowereits ab 2001 ist zu deuten als Beendigung dieser Dominanz, die nicht nur die Stadtpolitik, sondern mindestens in diesem Jahrzehnt ebenso die Berliner Medien gekennzeichnet hat. Fürs Fernsehen gilt, dass die vom SFB produzierte *Berliner Abendschau* stadtpolitisches Leitmedium war und blieb. Diepgens Sprecher Michael-Andreas Butz skizziert in seinen Memoiren die von ihm vorgefundene mediale Ausgangslage und spricht für die Zeit nach der Maueröffnung von einer regelrechten *Aufbruchsstimmung*, die der Hoffnung entsprungen sei, dass Berlin wieder, wie in den 1920er-Jahren, die alles überstrahlende deutsche Medienmetropole werden könnte. Butz zählte anfangs schon wieder 20 Titel in beiden Teilen der Stadt. Einer war die 1991 gestartete, 1992 wieder eingegangene, vom Burda-Verlag in München für Ostdeutschland konzipierte Boulevardzeitung *Super!* Sie polarisierte Ost und West und, so vertraten es die Macher in einem *Spiegel*-Interview am 9. Juni 1991, wollte mit Headlines wie der legendären Zeile der allerersten Tage *Angeber-Wessi mit Bierflasche erschlagen. Ganz Bernau ist glücklich, daß er tot ist* die Stimmung im Osten abbilden. Dazu gehörte auch, dass beispielsweise Springers *B.Z.* bei Bedarf mit einer West- und einer Ost-Form, wie es genannte wurde, an die Kioske kam, also mit einer für die beiden Stadthälften jeweils unterschiedlichen Schlagzeile. Butz nennt die Berliner Sonderseiten, die regelmäßig in der *Süddeutschen Zeitung* und der *Frankfurter Allgemeinen Zeitung* enthalten waren: „Doch es war nur ein Strohfeuer. Bald darauf begann das Zeitungssterben und schon 1993 war ein Großteil der Blätter wieder verschwunden." Vom *Abbruch* waren vor allem Ost-Berliner Titel wie *Die Woche* und die ehemaligen Blätter der ehemaligen Blockparteien betroffen. Allein die *Berliner Zeitung*, ehemals Organ der Ost-Berliner SED, und die *B.Z. am Abend*, die aufgrund der sich zudem ebenfalls *Berliner Zeitung* nennenden West-Berliner *B.Z.* zum *Berliner Kurier* umfirmierten Boulevardzeitung, die es zeitweilig mit einer Abendausgabe versuchte, haben bis ins 21. Jahrhundert überlebt. Butz erwähnt den der CDU nahestehenden zeitweiligen Berliner Medientycoon Georg Gafron, der für kurze Zeit gleichzeitig Chefredakteur der in den 1990er-Jahren noch größten Berliner Zeitung *B.Z.*, Geschäftsführer des erst 1987 gegründeten populären privaten Radiosenders *Hundert,6* und des Lokalfernsehsenders *TV.Berlin* war. Überlebt hat auch die hauptsächlich vom Burda-Verlag initiierte einzige erfolgreiche Berliner Neugründung einer auf die Neuen Länder ausgerichteten Zeitschrift, die zwei Jahrzehnte vom gebürtigen Oberpfälzer Jochen Wolff geführte *SUPERillu*.

Nach der spektakulären gewaltsamen Räumung: Sanierungsarbeiten in der Mainzer Straße im November 1991

Ansonsten, so stellt Butz fest, bestand seine Medienklientel auch im Roten Rathaus aus alten West-Berliner Journalisten, die ihre *Komfortzone* im Schöneberger Rathaus verlassen und umziehen mussten „in den rauen Osten“. Butz konstatiert:

> *Sie prägten das Meinungs- und Stimmungsbild natürlich aus westlicher Sicht. Die Ostsicht war kaum zu finden. Dies war die Lücke, in die die PDS hineinstieß und sich zur Partei des Ostens erhob.*

Eberhard Diepgen stellt in seinen Memoiren die große Bedeutung der Stadtplanung für seine zweite Amtszeit und damit für die 1990er-Jahre heraus. Sein Ziel sei dabei gewesen, „eine repräsentative Hauptstadt zu entwickeln, die zugleich liebens- und lebenswert war.“ Das Baugeschehen im Berlin der letzten Dekade des 20. Jahrhunderts findet sich als Gegenstand des Kulturschaffens der Epoche wieder. Lutz Seilers Berlin-Roman *Stern 111* von 2020 schildert uns ein Berlin der Nach-Maueröffnungs-Epoche, in dem mit den Hausbesetzern im Ostteil Berliner zu Wort kommen, die Diepgen pauschal mit dem Terminus *Fundamentalopposition* belegte, die aber die Stadt ganz und gar nicht *liebens- und lebenswert* fanden. Prenzlauer Berg wird im 21. Jahrhundert zum Szenebezirk der anderen Art. Das geht Hand in Hand mit der *Rekonstruktion* des Altbaubestands, also der Sanierung. Der Stadtteil Prenzlauer Berg hat sein von zerfallenden schwarzen Fassaden und maroden Mietshäusern geprägtes Flair des *Aufbruchs* der von Seiler meisterhaft literarisch konservierten ersten Jahre nach dem Mauerfall verloren. Auch die Hochburg der Besetzerbewegung der 1990er-Jahre, die Mainzer Straße in Friedrichshain, ist im 21. Jahrhundert saniert, befriedet, eine Straße wie andere auch. Seiler ist diesem Berlin emotional verbunden geblieben. Er suchte später die Orte auf, entdeckt, dass die Kneipe *Assel* verschwunden ist. 2020, als Seiler mit Gerrit Bartels vom *Tagesspiegel* die Orte des Romans noch einmal aufsucht, werden in dem Neubau italienische Designermöbel verkauft. Was für ein Gegensatz zur Nach-Wende-Geschichte dieses Ortes. Es ist ein einzelnes augenfälliges Beispiel des *Abbruchs* im *Aufbruch* der neuen Immobilieneigner, die sanieren, abreißen, neu bauen. Seiler gelingt eine Skizze des verwahrlosten Bildes der Altbauten in Ost-Berlin, die noch immer bewohnt waren, aber wo es infolge der Fluchtbewegung auch viele verlassene und unbewohnte Wohnungen gab. Niemand kümmerte sich mehr darum, die Autorität des Staates und seiner Verwaltungen war zerfallen, es war ein rechtsfreier Raum entstanden, den die Besetzer als In-Besitz-Nehmer ausfüllten. Aufschlussreich, dass in Seilers Schilderung auch in diesen Kreisen eine Ost-West-Scheidung Platz gegriffen hatte, aber zugleich wird bei ihm greifbar, dass schon in den frühen 1990er-Jahren zu spüren war, dass diese Szene vergehen würde, aufgesogen von der gesellschaftlichen Entwicklung der sich von Neuem und zu westlichen Bedingungen einenden Stadt. Seiler liefert in *Stern 111* einen Über-Blick über das Ost-Berlin und in Wahrheit über das geschichts- und kulturträchtige Herz Gesamt-Berlins, und zwar, als sich Angehörige des *Rudels* der Besetzergruppe Carls auf dem Dach des Hauses Oranienburger Straße 21 mit der Kellerkneipe *Assel* versammelt hatten:

Die Sonne schien, es war warm und der Ausblick berauschend. Die Oranienburger bis zum ‚Tacheles' hinunter, bis zur Friedrichstraße. Gegenüber der Park und die Museumsinsel, rundum die Brachen und Ruinen der Innenhöfe mit ihren zerfallenen Schuppen und Remisen, die winzigen Menschen und die Straßenbahnen, das alles lag ihnen zu Füßen, all die seltsame Macht und Herrlichkeit des Lebens und der großen Stadt, die Carl dort umwehte und sprachlos machte.

Wir sehen mit Carls Augen den aus dem Sozialismus ererbten *Abbruch*, der noch kaum vom *Aufbruch* zu Sanierung und Neubau beseitigt ist. Was sich im *Abbruch* einrichtet und dort kulturelle Kreativität entfaltet, das wird jedoch seinerseits dem *Abbruch* anheimfallen. Das macht den melancholischen Zug des Berlin-Romans von Seiler aus, der 2020 zu einem Zeitpunkt erscheint, als die 1990er-Jahre vorbei sind und manifest geworden ist, dass der *Aufbruch* im *Abbruch* seinerseits Geschichte geworden ist.

Desillusioniert blickt Ulrich Roloff-Momin auf seine für die kulturelle Entwicklung Berlins über die 1990er-Jahre hinaus maßgebliche Arbeit als Kultursenator. Das illustriert kaum ein anderes Feld seines Tuns eindrucksvoller als die bis in die 2020er-Jahre für Berlin als nationale Hauptstadt noch wichtiger gewordene Gedenkkultur. Summarisch gilt, dass nicht bloß beiläufig während des Verlaufs seiner Amtszeit, sondern vielmehr mit seinem tätigen Engagement ebenfalls Grundentscheidungen zu in den 2020er-Jahren selbstverständlich erscheinenden Institutionen Topographie des Terrors, Gedenkstätte Deutscher Widerstand, Gedenkstätte Hohenschönhausen, auch zur Fortführung der orthodoxen jüdischen Gemeinde Adass Jisroel, vor allem aber zum Jüdischen Museum und zum Holocaust-Mahnmal zumindest in die Wege geleitet worden sind. Für den Museumsbau Daniel Libeskinds in der Lindenstraße und für Peter Eisenmans Stelenfeld des *Denkmals für die ermordeten Juden Europas* gilt, dass sie das Stadtbild Berlins im 21. Jahrhundert prägen. Roloff-Momin ist der Senator, der am Anfang des Prozesses gestanden hat, der diese Marksteine Berliner Erinnerungskultur in ihrer uns geläufigen Gestalt hervorgebracht hat. Roloff-Momins Image haftet der *Schiller-Killer* an. Damit geschieht ihm Unrecht. Das zeigt sich, wenn die Schließungsentscheidung mit der Breite seiner Aktivitäten in einen Kontext gebracht wird und wenn klar wird, dass es andere gewesen sind, die initiativ geworden waren, nicht aber Roloff-Momin. Er hat den Kopf dafür hinhalten müssen – zuständigkeitshalber. Wir wollen ihn seiner kulturgeschichtlichen Bedeutung entsprechend in einem Atemzug mit Joachim Tiburtius nennen. Dieser Christdemokrat hatte von 1951 bis 1963, also mehr als ein Jahrzehnt, als Senator für Volksbildung die Kulturszene West-Berlins bestimmt. Gemeinsam ist beiden Politikern, dass sie in einer Zeit gewirkt haben, die langfristige Entscheidungen gefordert hat und in der das Antlitz der Kulturmetropole für die Zukunft gestaltet worden ist. Bei Tiburtius ist es vor allem anderen die am 22. Februar 1955 verkündete kulturpolitische Großtat, den Maestro Herbert von Karajan mit einem Lebenszeitvertrag an West-Berlin und die Philharmoniker zu binden. Bezeichnend für die lange Wirksamkeit der Tiburtius-Tat ist die Tatsache, dass es erst Roloff-Momins Vorgängerin Anke Martiny gewesen ist, die am 16. Juli 1989 nach 34 Jahren den Abschied des Dirigenten entgegengenommen hat. Der Karajan an Bedeutung vergleichbare Daniel Barenboim hörte 2023 nach 31 Jahren an der Staatsoper auf, und ihn hatte Roloff-Momin nach Berlin verpflichtet. Darüber hinaus hat Roloff-Momin in den nur fünf Jahren seiner Regierungsarbeit mit der Vielzahl seiner Intendanzberufungen bewusst die Chance genutzt, der Hochkultur für viele Jahre ein neues Gesicht zu geben. Unter Roloff-Momin ist besonders für die Häuser im Ostteil nach dem *Abbruch* ein neuer *Aufbruch* gekommen. Das Schillertheater ist das bekannteste Beispiel dafür, dass der *Abbruch* auch den Westteil betroffen hat, und zwar nicht zuletzt wegen der ausgebliebenen künstlerischen Leistung und vorangegangener kulturpolitischer Fehler. Diepgen bringt es in seiner nüchternen Sprache auf den Punkt: „Neben dem Deutschen Theater konnte das Schillertheater damals nicht bestehen.“ Ulrich Roloff-Momins Verdienst in den Nachwendejahren liegt nicht allein in seinem Bemühen, den *Abbruch* zu verhindern oder mindestens zu verlangsamen und im Osten einen neuen *Aufbruch* zu ermöglichen. Er kämpfte auf seinem in der eigenen Regierungsmannschaft so oft verlorenen Posten mehr noch für behutsame Differenzierung und gegen summarische Urteile:

In der Amtszeit von Kultursenator Ulrich Roloff-Momin initiiert: das seit 2005 öffentlich zugängliche Denkmal für die ermordeten Juden Europas

Wollte man die damalige Stimmung verallgemeinern, könnte man pauschal sagen, die Wessis warfen den Ossis vor, sie hätten 40 Jahre in der DDR gelebt, und die Ossis verübelten den Wessis, sie wollten alles zerstören, wofür und womit sie im Osten Deutschlands 40 Jahre gelebt hatten.

Der Erfolg von Kulturpolitik ist nicht allein in den veranschlagten Etatposten zu bemessen. Andererseits kann sie ohne ausreichende Mittel keine Erfolge erzielen. Als Erfolg sowohl der Großen Koalition als auch der Kulturpolitik der 1990er-Jahre ist festzuhalten, was Roloff-Momin den finanziellen *Quantensprung* der Jahre von 1990 bis 1992 genannt hat. 1990 hatte West-Berlin allein einen Kulturetat in Höhe von rund 500 Millionen DM. Nach der Vereinigung, berichtet der Ex-Senator, seien es für ganz Berlin rund 1,2 Milliarden gewesen. Und er betont für die Kultur ganz ähnlich, wie es Diepgen für sämtliche Bereiche beklagt, dass der Bund sich zurückgezogen habe, sodass 1994 die Unterstützung aus Bonn für den kulturellen Mehrbedarf auf null heruntergefahren war. Es ist eine interessante Variante der Veranschaulichung dessen, was *Abbruch Aufbruch Berlin* für die Stadt kultur- und haushaltspolitisch bedeutet hat, wenn Roloff-Momin feststellt:

Der Senat mußte also in die eigene Tasche greifen, um die neuen finanziellen Lasten zu tragen. Ich kenne keine andere Kommune und kein anderes Bundesland in der Bundesrepublik, die ihre Ausgaben für Kultur in so kurzer Zeit mehr als verdoppelt haben.

Heiner Müller war vom SED-Regime ungeliebt, aber geduldet. Das verdankte er seiner literarischen Bedeutung, seinem Erfolg nicht nur in Westdeutschland, sondern auch weltweit, was ihn zudem zum für die klamme Staatsführung attraktiven Valutaverdiener machte. In den 1990er-Jahren ist er zum Medienstar aufgestiegen, ein *Aufbruch*. Sein *Aufbruch* in die Rolle des Theatermachers ist die Kehrseite des *Abbruchs* des Staates. Von Müller wird behauptet, er habe das Widerlager DDR gebraucht, um durch die Reibung als Autor kreativ zu sein. Mit der Vereinigung sei das verloren gegangen, so sei er auf den Spuren seines ewigen Vorbilds Brecht nach 1989 zur Lyrik zurückgekehrt und habe Regie und Inszenieren und Theaterleitung – und das wie erträumt an Brechts Berliner Ensemble! – zu seinem Arbeitsfeld gemacht. Aber Absichtsbekundungen und Textzeugnisse neuer Versuche, Projekte, Anfänge zeugen davon, dass er doch wieder fürs Theater schreiben wollte, geschrieben hätte, wenn er nur länger gelebt hätte. Heiner Müller spiegelt in seiner Tragik paradigmatisch vieles, was das erste Jahrzehnt Berliner Kulturgeschichte nach der Öffnung der Mauer charakterisiert. Er hat von der Situation gewusst, ebenso von der Entwicklung der Stadt, ihrer kulturellen Lage, vom *Abbruch* und vom *Aufbruch*, was er als Anhänger einer besseren DDR als besserer deutscher Möglichkeit immer auch als Sieg und Niederlage gedeutet hat, wenngleich nie im flach politischen Sinne. Sein Blick ging tiefer. In seinen letzten Jahren wohnte der Ost-Berliner Müller in der Muskauer Straße 24 in West-Berlin, in der Nähe des Kunsthauses Bethanien. Es war eine Kreuzberger Fabriketage, in der seine letzte Ehefrau schon früher gewohnt hatte. Er mietete zwei Etagen darüber Räume dazu, um wieder in Ruhe zu schreiben nach den aufregenden Jahren der Wendezeit, in denen er zum Kulturfunktionär mutiert war, weil er ein Anliegen hatte. Er wollte retten, was eigenständiger Bestand der Ost-Berliner Kulturwelt, Leistung der DDR-Epoche gewesen war, am Berliner Ensemble und in der Akademie. Sein enger Mitarbeiter in diesen Jahren, der heutige Regisseur und Intendant Stephan Suschke bezeugt, dass Müller gegen den *Abbruch* kämpfte:

> *Es ging um zwei Flaggschiffe [...]. Was Müller mit dem BE und der Akademie zu bewahren versucht hat, war ein wesentlicher Bestandteil deutscher Kultur, die zufällig auf dem Gebiet der DDR entstanden ist. Das waren seine inneren Beweggründe für seinen Einsatz.*

Das Theater spiegelt seine Zeit. Je bedeutender das Haus ist, desto mehr nimmt es diese Rolle als Zeitenspiegel wahr. Mit Heiner Müllers Tod scheiterte Ulrich Roloff-Momins Lösung für das Berliner Ensemble Bertolt Brechts. Das Scheitern beschäftigt den Ex-Senator noch beim Abfassen seiner Erinnerungen. Hätte Müller den Krebs überlebt und hätte er das Haus vielleicht noch zehn Jahre geleitet, dann wäre es nach Erwartung des Politikers wohl so gewesen, dass die schwierigen Jahre von 1991 bis 1995 „als notwendige Voraussetzungen für den Wandel" erschienen wären. Die Fünfer-Intendanz war Roloff-Momin als deutsch-deutscher Theaterversuch eigentlich längst etablierter, gesetzter, mithin besonnener Theatergrößen erschienen. Aber er irrte sich, denn: „Im BE hatte sich die deutsch-deutsche Entfremdung im kleinen [sic] vollzogen." Ulrich Roloff-Momin fragt

Muskauer Straße, West-Berlin: Hier wohnte und arbeitete Heiner Müller zuletzt.

1997 nach den Ursachen dieses Scheiterns und benennt letztlich doch ganz im Sinne Heiner Müllers die Ursache, indem er indirekt zugibt, dass er als Kultursenator einer Illusion vom Gelingen Berliner und deutscher Theater-Einheit aufgesessen war:

Weil auch die deutsche Einheit mental bis heute gescheitert ist. Was an diesem Theater passierte, kann wohl als ein Ausschnitt dessen gelten, was in Deutschland geschieht. Das BE ist Deutschland, und Deutschland ist das BE.

Der mit Müller befreundete Maestro Daniel Barenboim war mehr Berliner, als es Herbert von Karajan jemals gewesen ist, der nie eine Wohnung in der Stadt gehabt hatte. Barenboim hat eine Villa in Berlin. Der Vergleich beider ist angemessen. Sie gehören in die Superklasse internationaler Dirigenten. Doch Barenboim übertrifft den Österreicher künstlerisch dadurch, dass er noch dazu einer der großen Pianisten seiner Zeit ist. Ein Beruf hätte zu Größe schon genügt.

Beide Dirigenten gehören der Welt, der Welt der Musik, sie gehören nicht allein Berlin, nicht allein der Musikmetropole Berlin. Die Stadt verdankt ihnen in ihrer Einmaligkeit mehr, als sie als Künstler Berlin verdanken. Natürlich gab es Kritik an Barenboim wie früher an Karajan. Doch an der Bedeutung der Figur Barenboims für die Musikmetropole Berlin besteht im 21. Jahrhundert kein Zweifel. Ob sein Nachfolger, sein ehemaliger Assistent, der gebürtige West-Berliner Christian Thielemann, Haus und Orchester künstlerische Qualität und internationales Renommee erhalten wird, ist die Herausforderung, der sich der Nachfolger mit Amtsantritt 2024 gegenübersieht. Barenboim hinterlässt der Stadt ein musikalisches Vermächtnis mit persönlichen politischen Akzenten. Er schuf 1999 das von jungen israelischen und arabischen Musikern besetzte *West-Eastern Divan Orchestra*, benannt nach Johann Wolfgang von Goethes poetischem Alterswerk, dem *West-Östlichen Divan*. Konzertmeister ist Sohn Michael Barenboim. Die 2015 gegründete *Barenboim-Said-Akademie* ist eine Musikhochschule, die Stipendiaten aus dem Nahen Osten aufnimmt. Seit 2020 ist Michael Barenboim als Musikprofessor ihr Dekan. Zu deren vom angesehenen Architekten Frank Gehry und vom Büro von Hans-Günter Merz entworfenen Gebäude gehört mit dem Pierre-Boulez-Saal ein exzellenter Raum für musikalische Darbietungen. Beide Institutionen sind bleibende Zeugnisse von Barenboims tätigem

Politisch-künstlerisches Vermächtnis des Maestros: Daniel Barenboim und junge Musiker seines *West-Eastern Divan Orchestra* nach ihrem ersten Konzert im August 1999 in Weimar

Friedensengagement für den Nahen Osten und stehen für das die Stadt bereichernde künstlerische Vermächtnis des am 21. April 2023 durch den Regierenden Bürgermeister Kai Wegner im Berliner Rathaus mit der Würde des Ehrenbürgers von Berlin geehrten Musikers. Insofern der Weltbürger Daniel Barenboim zugleich Berliner ist, hat er das betörende Erlebnis der Freiheit wahrgenommen, das sich für die Berliner mit der Öffnung der Mauer verbunden hatte, er schreibt vom großen *Zukunftsoptimismus* in der Stadt – „keine Grenzen mehr, keine verbotenen Gebiete, keine verbotenen Gedanken." Doch der Berliner Mitbürger konstatiert rückblickend, dass viele angesichts des Verlustes der Gewissheiten „weit weniger positiv" reagierten, als man hätte erwarten können. Barenboim weist auf den Zusammenhang von Freiheit und Verantwortung hin, und vielleicht spiegelt sich in folgender Bemerkung die in nächtlichen Gesprächen mit Heiner Müller geltend gemachte Befindlichkeit: „Die Menschen machten nun die Erfahrung einer Freiheit ohne jede Form des Widerstands, eine Situation, die ein viel klareres Denken und Handeln erfordert." Ein Jahr nach der Maueröffnung hätten sich die Probleme nicht mehr leugnen lassen. Das Lebensgefühl habe sich grundlegend geändert, und Barenboim erinnert sich an Israel nach dem militärischen Erfolg von 1967, als die Hoffnung auf einen endgültigen Frieden im Nahen Osten die Stimmung in Israel bestimmt habe, aber die Bedürfnisse der anderen, er meint die unterlegenen Araber und insbesondere die Palästinenser, nicht wirklich berücksichtigt wurden: „Oft setzt nach einer Welle der Euphorie eine tiefe Depression ein, und genau das geschah in beiden Fällen."

Edzard Reuter setzt sich auch jenseits des Bauprojekts für seine Stadt ein. Ob es die Berliner Filiale des US-Thinktanks *Aspen Institute*, das Projekt der *Akademie der Wissenschaften*, ob es der Freundeskreis der Deutschen Oper Berlin, ob es die Bankgesellschaft Berlin oder die Berliner Olympiabewerbung gewesen ist, Reuter steht zur Verfügung. Der scharfsinnige Intellektuelle ist in seiner geistigen und kulturellen Ausrichtung eine rare Erscheinung nicht nur unter deutschen Wirtschaftsführern. Er hat eine ganz eigene Lebensleistung vorzuweisen, und doch schimmert durch seine Persönlichkeit in spezifisch Berliner Wahrnehmung immer auch die Figur seines großen Vaters durch, und der Sohn ist sich dieses Vermächtnisses stets bewusst. Das zeigt sich auch darin, dass seine Berliner Parteifreunde 1983 und 1984 die Möglichkeit ventilieren, dass der Sohn des ersten Regierenden Bürgermeisters selber an die Spitze des Senats treten könnte. Da ist die, er stellt es in den Memoiren richtig, mindestens missverstandene Aussage im *Spiegel*-Interview vom 28. August 1994, wonach er im Kontext der Frage einer Berliner Spitzenkandidatur „mit Sicherheit nicht für einen Wahlkampf zur Verfügung" stehe, aber ansprechbar sei, „wenn eine Regierung gebildet wird." Gedeutet wurde das dahingehend, dass er nur zur Verfügung stünde, wenn er das Amt auf dem Silbertablett bekäme und sich bloß vom Abgeordnetenhaus würde wählen lassen müssen. Gemeint hatte er, dass er ansprechbar sei für eine konkrete Aufgabe in einer Regierung, aber nicht für Planspiele, und in diesem Interview sagte er für jemanden mit politischen Karriereplänen höchst inopportun deutlich über das Berliner Politikpersonal:

Die Qualifikation der Führungsschicht in Berlin entspricht der Situation der Stadt vor dem Mauerfall. Zur Zeit der Abschottung Berlins mußte sich das politische Personal auf die besondere Insellage einstellen. Zur Bewältigung der neuen Probleme, vor denen wir nun nach der Wiedervereinigung stehen, muß sicherlich auch eine neue personelle Konzeption gefunden werden.

Reuter nahm sich für Berlin selber in die Pflicht und tat, was ihm in seiner Position als Konzernchef bei Daimler-Benz möglich war. Er tätigte eine Milliardeninvestition im Herzen der Stadt, die weitere Investments nach sich zog. Er setzte auf neue, moderne Architektur. Reuters Persönlichkeit als Akteur der Berliner Vereinigungsepoche ist über seinen Vater und dessen stadtpolitisches Vermächtnis schon aus den 1920er-Jahren und aus dessen persönlichem Engagement für das von ihm so apostrophierte *Volk von Berlin* der ersten Nachkriegszeit hinweg eine Brücke in die Zukunft Berlins im 21. Jahrhundert. Reuter ist der leibhaftige *Aufbruch* der Stadt, der das Glück hatte, dass auf seinem Bauplatz *Wüste* war, die keinen *Abbruch* erfordert. Der Potsdamer Platz und damit das Innerste Berlins sähe ohne Edzard Reuter anders aus. Dass seine Kritik, in beharrliches Fragen verpackt, sich im 21. Jahrhundert überlebt hat, wäre eine gewagte Annahme. Reuter sagt 1990 in Berlin:

Haben womöglich diejenigen Recht, die darauf hinweisen, man habe sich längst selbstzufrieden mit einer gewissen großstädtischen Provinzialität abgefunden, einer Abgeschiedenheit von der Welt, in der man im Schutz der Mauer auf dem weichen Bett der Subventionen zwar sein eigenes Süppchen kochen, oft genug aber im eigenen Saft schmoren konnte?

Der Reuter persönlich verbundene Architekt Renzo Piano, der den neuen Potsdamer Platz wesentlich konzeptionell gestaltet hat, hebt die Berliner Paradoxie hervor, dass zwar Vergangenheit Maßstab sein sollte, dass aber gleichzeitig deren Spuren am liebsten ausgelöscht würden, weil es die Art der Berliner sei, „ihre Unschuld zu beteuern." Auf dem Potsdamer Platz habe man gerade noch die Trassierung des überkommenen Straßennetzes erkennen können: „Geblieben ist eine Wüste." Das Unschuldsbedürfnis sei nach der Öffnung der Mauer zurückgekommen. Sie sei verschwunden: „Abgerissen. Abgetragen. Einfach weg." Piano über das *Abbruch Berlin*:

Die neue Mitte Berlins am Potsdamer Platz mit ihren Hochhausbauten: Ohne das Engagement Edzard Reuters wäre diese Milliardeninvestition nicht in dieser Form zustande gekommen.

Hier wollten die Politiker partout vergessen, und die Stadtplaner waren auf ihre Tabula rasa erpicht. In einem gemeinsamen Raptus radierten sie die Vergangenheit aus.

Der linke Sozialdemokrat aus Lübeck Hans Stimmann, der über die 1990er-Jahre hinaus 15 Jahre wesentlicher Bestimmer der städtebaulichen Dinge im neuen Gesamt-Berlin war, wollte keinen *Abbruch*, als er 1991 als Senatsbaudirektor anfing. Im Gegenteil – er strebte eine als behutsam zu verstehende *kritische Rekonstruktion* an. Er wollte den Stadtgrundriss erhalten, idealerweise auch die Parzellierung und damit die überkommene Gestaltung Berlins wiederherstellen, wo sie verschwunden war. Stimmann wollte einen kontrollierten *Aufbruch* in die Vergangenheit der Stadt, gerade da, wo ihre Geschichte unsichtbar geworden war. Man kann formulieren: Stimmann wollte, dass sich Berlin ähnlich blieb. Der Potsdamer Platz war ebenso wie der Pariser Platz *Wüste*. Was dort 1989 beispielhaft für manch andere Orte der Stadt vorlag, das war noch die *Tabula rasa*, die der Zweite Weltkrieg, die Teilung und die Untätigkeit von Politik und darum auch der Städteplaner bewirkt hatten. Der damalige Umgang mit der für nachkommende Generationen unvorstellbaren Realität der Mauer und ihrer Auswirkungen auf Stadtbild und Atmosphäre im doppelten Berlin ist im Sinne Pianos umso mehr aus der Entfernung vieler Jahrzehnte mehr als diskutabel. Egal ob man die Ergebnisse von Stimmanns Arbeit lobt oder kritisiert, es bleibt festzuhalten, dass sehr wesentlich er die Persönlichkeit gewesen ist, die als Fachmann, der in seiner Biografie nahezu alle Qualifikationen zwischen Maurerlehrling und Architekturprofessor in sich vereint, die zentrale Rolle für das stadtarchitektonische Bild des neuen Berlins nach dem Fall der Mauer bestimmt hat. Insofern ist seine Bedeutung für eine Berliner Kulturgeschichte der Vereinigungsepoche und für die Weichenstellungen dieser Periode für die bauliche Zukunft Berlins im 21. Jahrhundert nicht hoch genug einzuschätzen. Es ist der Natur der Sache geschuldet, dass die Langfristigkeit der Auswirkungen seiner Entscheidungen und der von ihm umgesetzten Maßgaben in dieser Hinsicht die Amtswaltung des Kultursenators Ulrich Roloff-Momin übertrifft. Die Halbwertszeit personeller Entscheidungen ist geringer als die Haltbarkeit von Gebäuden in Stein, Beton, Holz und Glas. Stimmann hat 2022 in knappen Worten eine auch über den Charakter der 1990er-Jahre in seinem Fach Auskunft gebende selbstkritische Bilanz seiner Erfahrungen mit Berlin und mit sich selbst gezogen:

Es gehört in Berlin dazu, wir sind eben die Stadt, die Jahrzehnte gespalten war, mit unterschiedlichen Auffassungen. Wir haben eine andere Vorstellung von Stadt gehabt in Ost- und Westberlin. Das war und ist der Grundkonflikt bis heute, also wie viel Geschichte – nicht in der Architektur –, wie viel Geschichte im Stadtgrundriss wollen wir zulassen, oder wollen wir die Welt wieder neu erfinden. Meine eigenen biografischen Erfahrungen sind der Versuch für eine andere Form von Gesellschaft, für eine bessere Form, für eine demokratische Gesellschaft. Dafür eine Stadt neu zu erfinden, ist falsch gewesen. Das war gut gemeint, aber es ist falsch.

Eine neue Weise ihrer Mitte wollte und will Stimmann Berlin geben. Ost-Berlin habe, so seine Beschreibung, die Altstadt zugunsten der *Staatsmitte* des Staatswesens DDR aufgegeben. Und es gilt für die Neugestaltungen des Alexanderplatzes ebenso wie für das Areal zwischen Rathauspassagen und Fernsehturm wie für das Kulturforum im Westen oder für das Hansaviertel, dass die vorgefundene Stadt beseitigt wurde zugunsten der neuen Großgestaltungen. *Staatsmitte* allerdings sollte Berlin künftig von Neuem werden, Mitte des neuen, unter dem alten Namen Bundesrepublik Deutschland vereinigten Landes. Das *Band des Bundes* sollte die Bauten der neuen Bundeshauptstadt planerisch und gestalterisch ebenso verbinden wie die Nation, deren *Einheit* die Nationalhymne besingt. Die Konzeption hatte ihren Vorläufer in einer Gestaltungsidee Hans Scharouns, deren einzige Verwirklichung das Kulturforum ist, und wurde von den Berliner Architekten Axel Schultes und Charlotte Frank geschaffen. Das Schloss war ein anderes Beispiel dafür, wie der Bund die Gestaltungsmacht seiner Hauptstadt übernahm. Die Stadt nimmt es dankbar hin. Denn wer bestimmt, der zahlt. Aber Berlin profitiert. Vielleicht ist der Beginn der Demontage der von Bundestagspräsidentin Rita Süssmuth letztendlich genehmigten Verhüllung von Paul Wallots Reichstagsgebäude am 7. Juli 1995 zu deuten als Beginn dieses Stücks Verlustes der Berliner Souveränität über sich selbst, das mit der Wirklichkeit einer Hauptstadt im Föderalismus nun einmal einhergeht. Der Umbau der innerstädtisch zentral gelegenen Flächen zur Hauptstadt beginnt mit dem ersten Spatenstich für das Kanzleramt am 4. Februar 1997.

Ein zunächst einsamer Streiter mit seiner Mission *Berliner Schloss* ist Wilhelm von Boddien. Die Umbruchszeit der 1990er-Jahre war eine flüssige Zeit, in der Gegebenheiten in Bewegung waren, und so ist in Berlin Bewegung möglich geworden. Einzelne konnten Dinge anstoßen, freilich nicht mit einer 40-Stunden-Woche. Und von Boddien bilanziert in seinen Erinnerungen die Jahrzehnte seiner Beschäftigung mit dem Schloss, angefangen mit dem Beginn seiner Faszination 1961 bis zum Abschluss des Baues. Die Schlosssimulation gehört für knapp zwei Jahre zum Gesicht des Berlins der Vereinigungsepoche ebenso wie der verpackte Reichstag, freilich eine Bundesangelegenheit, von Christo und Jeanne-Claude. Der Landmaschinenhändler von Boddien hat, seiner Ansicht nach, „die wohl größte private Spendensammlung für Kultur in Deutschland" bewerkstelligt und sich damit seinen persönlichen Lebenstraum verwirklicht. Er hat ein eher bürgerlich-konservativ gestimmtes Publikum mobilisiert, Wirtschaft und Politik mit seiner Lobbyarbeit überzeugt. Und er hat mit dem Spektakel der Schlossattrappe das vergessene Schloss wieder ins Stadtgedächtnis geholt, sodass es erscheint, als sei von da an der Weg zum Bau in Beton und Stein unumkehrbar gewesen. Das war er natürlich nicht, Streit und Auseinandersetzung gingen weiter, auch nach anscheinend eindeutigen Beschlüssen. Entstanden ist mit dem Humboldt Forum ein musealer Ort, der anknüpft an die Nutzung des alten Schlosses in der Weimarer Demokratie. Im Sinne von Wolf Jobst Siedler hat das *Neue* Berlin seine alte Mitte wiedergewonnen, insofern als die Grundstrukturen nach wie vor bestanden, deren innerer Zusammenhalt das Schloss wieder geworden ist. Das Alte aber ist in moderner Überformung zurückgekehrt. Das Innere entspricht dem 21. Jahrhundert, und ob die aktuellen Nutzungen bleiben werden, das werden die Zeiten ebenso erweisen wie die Antwort auf von Boddiens Wunsch, dass künftige Generationen auch Innenräume rekonstruieren werden. Die Maße der Räume ermöglichen das in vielen Trakten, darin liegt nach wie vor ein vom Förderverein nicht verwirklichter Vereinszweck. So war die Schlosssimulation die markanteste Vorwegnahme des städtebaulichen Ziels, Berlin zumindest die Suggestion seiner Altstadt wiederzugeben. Von Boddien weiß darum, dass er im Osten der Stadt wegen des Palastes Widerstand provozierte. Dabei bleibt den Zeitgenossen gleichgültig, dass der Asbest der Grund war, das Gebäude abzureißen und zu entsorgen. Im Jahr 2008 war es

Bauherr Bund: Das *Band des Bundes* mit Kanzleramtssteg, Kanzleramt, Paul-Löbe- und Marie-Elisabeth-Lüders-Haus neben Reichstag und Kongresshalle bestimmt hier das Bild der Hauptstadt Berlin.

verschwunden wie dereinst das Stadtschloss. Von Boddiens *Aufbruch* in eine von der Vergangenheit bestimmte Zukunft setzte den *Abbruch* des 1976 errichteten Baus voraus. Und es ist vielleicht eine mehr noch westdeutsche als West-Berliner Initiative gewesen, keineswegs eine aus dem Osten der Stadt, die als Resultat zum Schloss führte, das freilich nichts anderes ist als eine barocke Fassade, die vor einen modernen Betonbau gehängt ist, den Franco Stella für den originalen Standort entworfen hat und dessen absichtsvoll kontrastierende moderne Ostfassade in ihrer Eintönigkeit der barocken Vielfalt gar nicht Paroli bieten will.

Kritisch gegenüber der Architektur ist der Zugriff auf *Abbruch* und *Aufbruch* im Städtebau auch dort, wo bildende Kunst die Entwicklung Berlins in den 1990er-Jahren zu ihrem Thema macht. Wir haben diesbezüglich einen Eindruck anhand der Arbeiten von Rainer Fetting und Matthias Koeppel gewonnen. Beide Maler haben sich bereits vor 1989 mit der Ästhetik der Mauer und ihrer Bedeutung für das Stadtbild auseinandergesetzt. Sie sind beide Beispiele dafür, dass für Maler in Berlin, zumindest im freien Westteil der Stadt, die Auseinandersetzung mit der Mauer sich geradezu aufdrängte. Beide setzen sich nach der Öffnung auf dieser Schaffensgrundlage weiter mit der Entwicklung der Stadt auseinander. Koeppel vollendet nach dem von ihm so bezeichneten *Jahrhundertereignis* der Maueröffnung sein Werk vollends zu einem Bilderreigen der von ihm bezeugten Stadtgeschichte, ohne zum affirmativen bloßen Abbildner des Geschehens in der Manier des kaiserlichen Hofmalers Anton von Werner zu werden. Fetting und Koeppel gleichermaßen gehören endgültig in die Reihe der großen Berlin-Maler und Berliner Maler, zu deren Altvorderen der Berliner Max Liebermann oder Lovis Corinth ebenso gehörten wie der Berliner Werner Heldt.

Das Tacheles ist das Symbol einer einzigartigen Metropole der Freiheit, der Künste, der Internationalität. 1968 waren die rebellierenden Westdeutschen nach West-Berlin gekommen, nach Ost-Berlin kamen die Kulturschaffenden, weil die DDR-Hauptstadt in vielen Hinsichten auch Kulturhauptstadt ihres Staates war. Jetzt aber kamen die Künstler und die jungen Leute aus der ganzen Welt. Jochen Sandig spricht von 100 Nationen. Die Off-Szene war als Segment der Stadtkultur nicht neu. Die West-Berliner Szene hatte ihren mageren Fleischtopf bei der Kulturverwaltung 1989 längst aufgeteilt, der Senator hatte Mühe, das Tacheles zu bedenken. Es zeigt beispielhaft, wie der *Aufbruch* des Baugeschehens, insbesondere der Immobilienbranche, in Widerstreit zu diesem kulturellen *Aufbruch* geriet. Das gilt auch für die Clubszene, für Institutionen wie den 2005 geschlossenen *Tresor*, der mittlerweile selbst historisch geworden ist. Die rostige Türe, die in den 1920er-Jahren die Einnahmen des Kaufhauses Wertheim gesichert hatte, zog am 30. Juni 2019 in die Berlin-Ausstellung im Humboldt Forum ein, die den anmaßenden, noch aus dem Zeitalter der Globalisierung herkommenden Namen *BERLIN GLOBAL* trägt und nur wenig mit Stadtgeschichte zu tun hat. Wie die alternative Kulturszene ihre Träger prägte, das zeigt die gemeinsame und doch je individuelle Karriere des Paares Sasha Waltz und Jochen Sandig, die Kinder der 1960er-Jahre sind. Sie bleiben lange der Denkweise der Selbstständigkeit verhaftet, tragen für sich selbst und ihre Leute die Verantwortung, bringen aber für die Kulturstadt Bereicherndes zuwege. Sie repräsentieren mit dem ganz und gar Neuen, das sie an Kulturorten und in ihrer Kunst hervorbringen, die kulturelle Potenz der Stadt auch für das beginnende neue Jahrhundert. Sandig nennt sich mit Grund *Seriengründer*, denn nach dem Tacheles bringt er mit seiner Frau die Kulturorte Sophiensæle und später das Radialsystem zustande. Sasha Waltz steigt, wurzelnd in der Off-Szene, zu einem Weltnamen des Tanztheaters auf, und sie repräsentiert damit die Kulturmetropole Berlin unter den Kennern rund um den Erdball. Die frühere Hausbesetzerin Irene Moessinger ist den Süddeutschen Waltz und Sandig ebenso wie Wilhelm von Boddien durchaus vergleichbar, weil sie als Selfmadewoman unter dem ungeheuren Einsatz von Menschen, die mit ihr an ihren *Traum* glaubten, daran gearbeitet hat, ihn zu verwirklichen. Ohne Moessinger, die freilich schon 1968 nach Berlin kam, hätte es das Tempodrom nicht gegeben – weder den Zirkus im Zelt noch den Kulturort im Betonzelt. Ohne ihren familiären Hintergrund, in dem die Beteiligung des Vaters am militärischen Widerstand gegen den Nationalsozialismus und die Verbindung auch der adligen Mutter zum Kreis des *20. Juli* eine Rolle spielten, ist sie als Persönlichkeit nicht zu verstehen. Irene Moessingers Lebensgeschichte umkreiste ihr Projekt, denn es ist ihr Lebenswerk. Das Tempodrom gehört zu Berlin, und seine Entstehung war so nur möglich im West-Berlin der Epoche nach der Studentenrevolte. Moessinger weiß darum, dass ihr Projekt in der Berliner Varieté- und Zirkustradition steht, wir sehen das Tempodrom und sein Programm einer neuartigen zirzensischen Kunst in seinem kulturhistorischen Bezug zu Berliner Institutionen wie dem *Zirkus Busch* und dem *Haus Vaterland*. Wir denken auch an Karl Wolffsohn und seine Varietés der 1920er-Jahre, ans *Plaza* und an die *Scala*. Die Geschichte des Tempodroms während der 1990er-Jahre ist die Geschichte des alten und des *Neuen Tempodroms*. Die wie Waltz und Sandig in Baden-Württemberg aufgewachsene und geprägte Moessinger charakterisiert die Dekade so:

Symbolort der 1990er-Jahre: der 1991 eröffnete und 2005 geschlossene Techno-Club Tresor in der Leipziger Straße

Die 90er Jahre waren ein Jahrzehnt der Visionen. Es waren Jahre des Aufbruchs, in denen Umsetzungen willkommen waren und möglich erschienen.

Die Geschichte des Tempodroms hat sich bis auf die kurze Übergangszeit am und im Postbahnhof am Ostbahnhof ausschließlich in West-Berlin abgespielt. Die Folgen der Wende in Gestalt des neuen Bundeskanzleramts und wohl auch die Intervention des Amtsinhabers Helmut Kohl spielten die ausschlaggebende Rolle. Der für das Kanzlerdomizil erforderliche *Abbruch* des Zeltes verursachte den *Aufbruch* zum Bau des architektonisch einzigartigen Betonzelts am Anhalter Bahnhof. Der bestenfalls gedankenlos-unwürdige Umgang der Stadtregierung mit dem einzigartigen Veranstaltungsort dieses in Beton gegossenen Zirkus und mit den beiden höchst engagierten Geschäftsführern Irene Moessinger und Norbert Waehl ähnelt dem Umgang mit dem ähnlich einzigartigen und ebenso architektonisch bedeutenden Internationalen Congress Centrum und dessen Schöpferpaar Ralf Schüler und Ursulina Schüler-Witte. Das Tempodrom ließ sich im Unterschied zum ICC wenigstens noch verscherbeln. Der dem Tempodrom verbundene Künstler Arnulf Rating stellt 2018 in seinem historischen Fazit am Schluss von Moessingers Memoiren fest, dass das einst an der Mauer gestartete Projekt mit der Vereinigung in der Mitte der Stadt angekommen sei, dass aber das Fortleben als kommerzielle Eventlocation im Herzen Berlins einem ideellen *Abbruch* gleichkommt, der sich wiederum dem Schicksal des Schillertheaters zugesellt:

Es steht dort erfolgreich bis heute. Ein klares, sehr funktionales und schönes klassisches Amphitheater mit festem Zeltdach. Wunderbar. Aber es hat kein Herz und keine Seele mehr, die es über sich hinauswachsen ließe. Es fehlen die unmöglichen Ermöglicher.

Die Physiognomie des vereinten Berlin hat sich beginnend mit den 1990er-Jahren verändert. *Zusammenwachsen*, so schien die Grunderwartung, bedeute die Entstehung einer homogenen Einheitlichkeit. Doch so kam es nicht. Es gab in der Publizistik das Wort vom *Dritten Berlin*. Demnach gebe es das Berlin im Westen, das im Osten, jeweils mit der eigenen City, der an Kurfürstendamm und Gedächtniskirche und der von Unter den Linden bis zum Alexanderplatz, sowie im Zentrum jenes neu entstehende dritte Berlin, die neue Mitte, das Regierungsviertel. Eine neue Teilung, nicht prägnant, weniger territorial, sondern verstanden eher bezüglich der Funktionen, der Bevölkerungsgruppen, die in jenen Jahren einem nennenswerten Austausch, einem Wegzug, einem Zuzug unterlagen. Vor allem aber ist die Rede von einer Segmentierung im Bewusstsein, in der Identität und auch als Argument zur Untermauerung jeweiliger Vorwürfe des Zukurzkommens. Ost und West waren verstehbar aus der alten Teilung, also herkommend aus dem sogenannten freien Westen und aus dem kommunistisch regierten Osten. Und da war dieses Dritte, in dem der Zuzug von Bürgern aus der *alten* Bundesrepublik, die für die *alten* West-Berliner mit gewisser Animosität gemeint jenes *Westdeutschland* war, das subventionierte und Überleben sicherte, das sich aber kaum mehr kümmerte. Es waren, um es grob zu skizzieren, jene Westdeutschen, die von Hamburg, Bonn und München aus noch bis 1989 so sehr nach Westen, nach London, Paris und Washington gestarrt hatten, dass sie ganz erstaunt waren, dass sich in diesem anderen Deutschland in ihrem Rücken, der DDR, und in der vergessenen geteilten Hauptstadt Berlin plötzlich etwas auch ihre Existenz grundlegend Veränderndes ereignete. Diesen Gedanken hatte in der Wendezeit der aus Hamburg vom *Spiegel* gekommene Herausgeber der ehemaligen Zeitung der Berliner SED-Bezirksleitung Erich Böhme aufgebracht, der aus der *Berliner Zeitung* eine deutsche *Washington Post* hatte machen wollen. Diese Beobachtung aber war der Hintergrund der Neukonstituierung auch des kulturellen Gefüges der ihrer Mauer und ihrer doppelten Herrschaft und doppelten Kulturpolitik verlustig gegangenen Stadt.

Kaum jemand war zur Analyse der Lage der Jahre des ausgehenden 20. Jahrhunderts in Berlin besser befähigt als der im Osten an der Komischen Oper groß gewordene und sich an der Deutschen Oper im Westen künstlerisch vollendende Schüler Walter Felsensteins namens Götz Friedrich. Zudem war er im Metier Oper schon im ureigenen Interesse der von ihm vertretenen Institution der ost-westlichen Problematik der drei Opernhäuser im vereinten Berlin konfrontiert. Friedrich, so dokumentiert es seine Biografin Marianne Reißinger in ihrer 2000 noch vor Friedrichs überraschendem Tod am 12. Dezember dieses Jahres erschienenen Lebensbeschreibung, hatte nämlich auch einen bis heute seltenen Animus für das Gesamt der Stadt. Zudem wusste Friedrich von der kulturellen Geschichte Berlins, schon weil er sie selbst erlebt und erlitten hatte. Der international bekannte und tätige Götz Friedrich kritisierte, dass in den ersten Jahren nach der Öffnung der Mauer in der Zeit des *Aufbruchs* vieles hätte durchdacht und durchgerechnet werden können: „Da wäre vieles möglich gewesen. Das hat man nicht gemacht. Aufbau Ost war die Devise.

Mit seiner Ost-West-Berlin-Biografie hatte dieser Künstler das gesamte Berlin im Blick: Götz Friedrich im Juli 2000 als Generalintendant der Deutschen Oper Berlin in seinem Büro

Setzte sich intellektuell mit der Vereinigung auseinander und plante eine deutsche *Washington Post*: Erich Böhme war ab November 1990 vier Jahre lang Herausgeber der *Berliner Zeitung*.

Und dann entstand vor einigen Jahren der Ruf nach dem Aufbau West.“ Das war, so Friedrich, der Zeitpunkt, zu dem sich ein Scheitern des ersten *Aufbruchs* zeigte. Es wurde sichtbar, „dass das Hineinpumpen in Berlin-Mitte, um ein Zentrum zu bilden, vorerst nur Investition in eine Wunsch-Stadt war, die sich nicht so schnell mit Leben füllen lässt.“ Kurfürstendamm und Deutsche Oper hätten auf der Liste gestanden, das Aus des Schillertheaters sei das Alarmzeichen dafür gewesen, „dass da ein ganz bedeutender Ast aus der West-Berliner Theaterszene abgeholzt wurde.“ Das nun war West-Berliner Interessenpolitik. Friedrich mahnte jedoch zugleich, „dass eigentlich die Hauptstadt in ihrem plural-zentralen Aufbau wie ein Spiegelbild des deutschen Föderalismus sein müsste.“ Polemik klingt an, wenn er feststellt, dass Paris als Sinnbild von Zentralismus seit einem halben Jahrhundert in seinen Kultureinrichtungen viel polyzentrischer sei als Berlin. In seinem Eintreten für das kulturelle Überleben des alten West-Berlins brachte Friedrich das Bewusstsein einer neuen inneren Dreiheit der Stadt von Ost, West und ihrer Mitte zum Ausdruck. Das lief dem Ansinnen der Stadtplaner dieses Dezenniums zuwider, die Berlin seine Mitte zurückgeben wollten. Der ein knappes Jahr nach dem Eintreten der Stadt ins 21. Jahrhundert verstorbene Berliner und Künstler Friedrich forderte für die Zukunft der Kulturmetropole, das zu fördern, was außerhalb des S-Bahnrings liegt, das er *Satelliten* nannte. Das versteht nicht, wer nichts von Oberbürgermeister Adolf

Wermuth und von der von ihm durchgesetzten Einheitsgemeinde Groß-Berlin aus einer Vielheit von freien Städten, Dörfern, Gemeinden und Landgütern weiß. Damit hatte Wermuth erst 1920 im Gefolge der Novemberrevolution das zuvor gar nicht existierende Berlin des 20. Jahrhunderts geschaffen. Götz Friedrichs Forderung:

Die Stadt hat doch gar keine Mitte in dem Sinn. Gerade dieses Stadtteil-Gefüge müsste man unterstreichen. Und dieses Ost-West-Problem, das existiert nicht erst seit dem Fall der Mauer. Es war doch in den 20er Jahren ähnlich. West-Berlin war die Stadt des progressiven, entscheidend auch jüdisch geprägten Bürgertums, Mitte und Ost-Berlin waren anders. Diesen Verzicht auf die Potenzen und Traditionen West-Berlins finde ich im Hinblick auf eine Konzentration auf die Mitte nahezu anachronistisch. Die Aufgabe würde darin bestehen, Berlin in seinen Satelliten auch finanziell zu unterstützen und zu stärken und nicht alles Geld ins Regierungsviertel zu stecken. In der Hoffnung, dass Berlin-Mitte mal belebt wird, darf man nicht da, wo es pulsiert, den Hahn abdrehen.

Friedrichs Haus zeugt vom unterschätzten Wert der Peripherien. Seine Deutsche Oper war im Ursprung Gründung der Bürger der unabhängigen Stadt Charlottenburg. Deren Städtische Oper war Berliner Beifang der Groß-Berlin-Werdung. Berlins Opern werden immer dann diskutiert, wenn eigene (Kultur-)Klientel geschützt werden soll und wenn es insgeheim um die zu teure Kulturmetropole selbst geht. Berlins Opern werden dann Paradigmata und Spielbälle. Spardebatten wie nach der Wende stehen immer wieder bevor. Berlin muss wissen, wie lieb und teuer ihm seine Kultur ist. Doch die Stadt stößt aufgrund ihres strukturellen Korsetts eben auch kulturpolitisch an anscheinend unüberwindliche Grenzen. Der 2024 verstorbene Politiker von Bündnis 90/Die Grünen Jens-Holger Kirchner dachte über diese Grenzen hinaus. Er sagte in einem Interview am 27. April 2020 zum 100-jährigen Jubiläum des Groß-Berlin-Gesetzes, „man sollte es mal langsam weiterschreiben“. Das ist die wahre Jahrhundertaufgabe. Er wusste, dass Berlin nicht ohne Brandenburg kann – und Brandenburg nicht ohne Berlin. Diese Einsicht war ebenso Grundlage von Eberhard Diepgens gescheiterter Vision der Länderehe. Diepgen wurde kein zweiter Wermuth. Dieser Oberbürgermeister hatte mit seiner administrativen Jahrhundertleistung auch die Voraussetzung für die kulturelle Blüte der 1920er-Jahre geschaffen, von der die Stadt bis heute zehrt. Das lehrt ihre Kulturgeschichte im 20. Jahrhundert.

1999
2000
DISCOVERY CHANNEL
IMAX

Müller, Benn und Berlins Kulturgeschichte des 20. Jahrhunderts

Berlin ist das Letzte.
Der Rest ist Vorgeschichte.
Sollte Geschichte stattfinden, wird Berlin der Anfang sein.

HEINER MÜLLER IN *DRY. EIN MAGAZIN*,
MERVE VERLAG, BERLIN 1983

DIE 2024 MIT DEM ACHTEN BAND *Abbruch Aufbruch Berlin* über die Kulturgeschichte der Stadt in den 1990er-Jahren abgeschlossene und 2020 mit dem Band *Vulkan Berlin* über die 1920er-Jahre begonnene Reihe zu Berlins Kulturgeschichte des 20. Jahrhunderts beschließt ein *Jahrhundert-Resümee*. Es nimmt die acht Bände in den Blick, die das Leben ihres Autors mehr als vier konzentrierte Jahre begleitet haben und betrachtet das vorige Jahrhundert in seiner Gesamtheit. Dessen Geschichte, Konflikte, Ungeheuerlichkeiten haben sich in kaum einer Metropole auf dem Globus tiefgreifender ausgewirkt und in ihr kulturell so sehr gespiegelt wie in Berlin. Oft genug hat diese Stadt als Urheberin oder als Opfer von Weltgeschichte im Zentrum gestanden. Es gehört Willenskraft und Mut dazu, wie es der Berliner, Sozialdemokrat und Unternehmer Edzard Reuter im Rückblick auf das vergangene Jahrhundert im numerischen Schwellenjahr 1999 im Zweifel an der angeblich allheilenden Kraft des Marktes zum Ausdruck bringt, „daß nicht etwa irgendwelche spirituellen Hirngespinste, sondern eben einzig und allein die Gabe der Vernunft den Weg in eine hellere Zukunft offenhalten kann.“ Die Vorteile der explodierten technischen Fähigkeiten, den damit verbundenen Wohlstand, seine Bequemlichkeit und den Frieden anerkennt dieser Sohn. Auch die Berliner haben davon profitiert. Edzard Reuter war mit seinem Vater vor dem nationalsozialistischen Regime geflohen. Dieser Vater war Zeuge und damals Anhänger der Oktoberrevolution, kannte Wladimir I. Lenin und Josef W. Stalin, wurde KPD-Funktionär und am Ende doch strikter Gegner des Sowjetkommunismus. Edzard Reuter ist mit

Berlin geht ins 21. Jahrhundert: Zur Jahrtausendwende leuchteten die Jahreszahlen 1999 und 2000 an den Hochhäusern am Potsdamer Platz.

eigenen Augen und Ohren Zeuge des Freiheitskampfes des Stadtoberhaupts und der Berliner gewesen. Er hat schließlich das Ende des Ostblocks und der Teilung der Stadt erlebt, und er ist so mit seinem familiären Hintergrund und mit seiner eigenen Biografie ein seiner Heimatstadt stets verbundener Zeuge des 20. Jahrhunderts. So ist es ernst zu nehmen, wenn dieser Mann schreibt, dass die sich immens entwickelnden technischen Fähigkeiten zu all dem beigetragen haben, und es zeitigt bis heute seine Spuren in der Kulturstadt Berlin, „was dieses Zeitalter an Irrsinn hervorgebracht hat, an Versuchungen und Möglichkeiten, die Mitmenschen physisch und psychisch zu quälen, sie grausam zu vernichten, ihnen nicht nur ihr Hab und Gut, sondern ihre Partner, ihre Kinder und ihre Enkel, ja ihre Würde zu nehmen.“ Wir blicken mit den Augen des großen Berliner Dramatikers und oft unerkannten Geschichtsdenkers Heiner Müller zurück auf dieses 20. Jahrhundert, das sich in dessen Werk auf besondere Weise und in der ihm eigenen Schonungslosigkeit abbildet. Dabei hat auch er ebenso wie der von ihm geschätzte Lyriker und Herzblut-Berliner Gottfried Benn diese Stadt und die Abgründe der Geschichte immer vor Augen. Es stimmt, was Edzard Reuter 1999 geschrieben hat:

Sicherlich, der Rückblick auf das Jahrhundert, das nun zu Ende geht, muss schaudern machen.

Bei vielen Kulturschaffenden im Berlin auch des 20. Jahrhunderts fehlt ein sentimentales Verhältnis zur Stadt. Dabei war Berlin Voraussetzung für ihre künstlerische Wirksamkeit. Sie kamen her, weil sowieso schon alle da waren. So lässt es sich salopp sagen. In West-Berlin war das später allerdings nicht mehr ganz so. Und in Ost-Berlin lagen die Verhältnisse wieder anders. Andere, die geborenen Berliner, und auch von ihnen gab es welche in der Kultur der Stadt, waren schon da. Aber oft mussten sie auch erst zurückkommen von anderswo. Wir denken an Rio Reiser oder an Peter Stein. Die Stadt war im 20. Jahrhundert kulturelles Zentrum und Zentrum von Macht. Letzteres traf auf West-Berlin nicht zu, doch sehr wohl auf Ost-Berlin, vom SED-Regime betontermaßen *Hauptstadt der DDR* genannt. Machtzentrum, das war das noch kleine Berlin vor seiner Groß-Berlin-Werdung 1920 schon im Kaiserreich, erst recht dann in dem durch den Katalysator Erster Weltkrieg aus der Hauptstadt Wilhelms II. erstehenden glitzernden und glänzenden, so glamourösen Berlin der 1920er-Jahre. Das Kriegsende und die damit am 9. No-

Jahrhundertfigur der Berliner Kultur des 20. Jahrhunderts: der große Dichter, Dramatiker und Theatermann Bertolt Brecht 1927 in seiner Wohnung in der Spichernstraße 12 in Wilmersdorf

vember 1918 zusammenfallende, mehr behauptete als tatsächliche Revolution können wir mit einiger Plausibilität ansehen als Geburtsstunde der explosiven, eruptiven, alles verändernden Kulturmetropole des *Vulkan Berlin* des frühen 20. Jahrhunderts. Vielleicht hat sich Revolution 1918 – und danach – sogar viel tiefgreifender, tatsächlicher, wirklicher als politisch vielmehr kulturell, künstlerisch, vor allem theatralisch und vor allem erfolgreich in diesem Berlin nach 1918 vollzogen. Ihr großer, mehrere Berliner Kulturepochen, ein Exil und eine Wiederkehr überdauernder Name ist der Name Bertolt Brecht. Dieser Name ist in seiner Bedeutung, seinem Rang, seiner Ausstrahlung nach nur solchen Namen wie dem eines Johann Wolfgang von Goethe zu vergleichen. Dieser Brecht, der junge Dichter aus Augsburg, wusste, dass es allein dieses Berlin sein konnte, das ihm im deutschen Sprachraum Sprungbrett zu einem Weltnamen zu sein vermochte. Und diese erste Berliner Kulturepoche der städtischen Kulturgeschichte des 20. Jahrhunderts zeichnet sich dieses Jahrhundert lang dadurch aus, dass sie immer wieder als Bezugsepoche herangezogen wird, um eine jeweils neue künftige kulturelle Bedeutung, Rolle, Selbstsicht der Stadt zu begründen. Das ist nach dem Untergang dieses einzigartigen Berlins der 1920er-Jahre Proklamation geblieben und niemals wieder Realität geworden. Bis ins 21. Jahrhundert zehrt die Kulturstadt vom *Vulkan Berlin*. Nach 1933 zeigt sich in kulturhistorischer Betrachtung, dass die Hauptstadt des Dritten Reichs erst zum *Monster Berlin* wird, indem es die übermächtige Kulturmetropole zerstört, die Kulturmenschen austreibt, verfolgt, vernichtet. Um die nationalsozialistische Gesellschaft zu konstituieren, musste die großartige Kulturstadt Berlin beseitigt werden. So erwuchs es aus dem ideologischen Wahngebräu aus Antisemitismus, Antibolschewismus, Herrenmenschentum und Unkultur. Zugleich bedienten sich Kulturdiktatoren wie der Herrscher über Berlin Joseph Goebbels und der Walter Preußens Hermann Göring an einzelnen Blüten der verhassten vorangegangenen Epoche. Wir denken an Gustaf Gründgens, Wilhelm Furtwängler und, lange noch in dessen Schatten eifrig sich bemühend, Herbert von Karajan. Dieser Dirigent und sein Traumorchester, die ewigen Berliner Philharmoniker, die die Musikmetropole aus dem Kaiserreich ererbt hat und die bis ins 21. Jahrhundert musizieren, wird ähnlich wie Brecht eine Jahrhundertfigur der Kulturstadt Berlin. *Monster* wurde diese Stadt vor allem aber dadurch, dass in ihr das Menschheitsverbrechen des Holocaust konzipiert und ins Werk gesetzt wird.

Das *Wüste Berlin* ersteht aus den Trümmern des Zweiten Weltkriegs, und dessen Kulturleben blüht mit überraschender Kraft

Wie Heiner Müller Beobachter Berlins und Deutschlands im 20. Jahrhundert: der West-Berliner Dichter und Arzt Gottfried Benn 1955 in seiner Wohnung in der Bozener Straße in Schöneberg

und in verblüffendem Tempo wieder auf. Größe erwächst nicht aus Ruinenstädten. Vergessene stehen in ihrer kaum erkannten und wenig bekannten Bedeutung, weil sie von dem erzählen, was die Städter nicht erinnern wollen, wie der Berliner Theodor Plievier, der der Kriegsmetropole den Denkmalroman *Berlin* geschrieben hat als Teil seiner monumentalen Trilogie des Zweiten Weltkriegs, und der das Ruinen-Berlin ans Meer versetzende Berliner und Maler Werner Heldt. *Eiszeit Berlin* zeugt von der nach 1945 sich verfestigenden Teilung in einen westlich-demokratischen und einen kommunistisch regierten Teil. Da hadert der große Brecht mit seiner ideologischen Gesinnung und der Partei, was ein zeitweiliger Berliner und künftiger Großer, Günter Grass, in seinem Stück über den Ost-Berliner Theatermann und den 17. Juni auf die Bühne des Schillertheaters bringt, auf der Samuel Beckett, besuchsweise dennoch heimisch werdend in der absurden Stadt, sein Theater inszeniert sieht und selber inszeniert. Brecht schaut ihm dabei durchaus teilnehmend zu. Worauf aber warten die beiden Berlins in dieser *Eiszeit*?

Mit dem Mauerbau wird das geteilte *Zement Berlin* zu einer von Beton und Stacheldraht separierten Doppelstadt. Brecht ist nicht mehr da, aber das Erbe wird angetreten von weniger bedeutsamen Epigonen. Da ist noch der singuläre Ost-West-Wanderer Walter Felsenstein, der das *Musiktheater* in seiner Komischen Oper revolutioniert hat und den nachmals im West-Berliner Konkurrenzhaus Deutsche Oper reüssierenden Götz Friedrich heranzieht und in Anziehung und Abstoßung groß werden lässt. Auch das von Max Reinhardt aus dem Kaiserreich herrührende Deutsche Theater hatte seine Bedeutung bewahrt, selbst wenn Wolfgang Langhoff und Wolfgang Heinz in SED-Ungnade fallen. Das *Revolte Berlin* ist gekennzeichnet durch die 1968 kulminierende und vom Ostdeutschen Rudi Dutschke verkörperte Revolte von Studenten gegen die überkommene und als erstarrt empfundene Weststadt. Die *Bewegung*, in ihrem Selbstverständnis auf einem anderen Karl Marx als die SED fußende Erbin der als gescheitert betrachteten Revolution von 1918, revolutioniert weniger den Staat, mehr die Gesellschaft, vor allem das Kulturleben. Die Nähe Dutschkes und Wolf Biermanns lässt ein linkes Gesamt-Berlinertum ansichtig werden, das gern übersehen wird und das doch geschichtsmächtige Wurzel der sich auch *Bündnis 90* nennenden Partei *Die Grünen* wird. Peter Steins Schaubühne ist das große und großartige Theater der neuen Epoche. Revolte ganz anderer Art ist die erste vom DDR-Regime als bedrohlich empfundene, dabei so zaghaft und harmlos vorgetragene vorsichtige Revolte von wenigen an den Sozialismus glaubenden Kulturschaffenden gegen die Ausweisung des Liedermachers und Sozialisten Biermann im Jahre 1976. Das *Stillstand Berlin* der 1980er-Jahre ist geprägt von der Anerkennung des Status quo, dessen Bewegungsmöglichkeiten in aller Vorsicht ausgelotet werden, weil die 750-Jahr-Feier ansteht. Die Gemeinsamkeit gemeinsamer Stadtgeschichte ist übermächtig, und die Zeit der ostentativen Geteiltheit erscheint dagegen lächerlich kurz. Doch im Osten mündet der Widerstand gegen die Kräfte der Beharrung, die die Staatspartei SED verkörpert, in die große Demonstration der Kulturschaffenden vor allem Ost-Berlins am 4. November 1989 auf dem Alexanderplatz für einen besseren Sozialismus. Dort mündet der *Stillstand* in den *Aufstand*. Die 1990er-Jahre kennzeichnen das Ringen um *Abbruch* und *Aufbruch*. Es ist die Auseinandersetzung um die Verteidigung des im Osten der Stadt und des Landes Errungenen gegen die westlichen Kräfte der Veränderung. Und zu Beginn des 21. Jahrhunderts, in den bevorstehenden, doch noch gesichtslosen Epochen des neuen Jahrhunderts, das eben numerisch wieder ein Dezennium namens 20er-Jahre bereithält, blieb der dann und wann erhobene Ruf doch der immer gleiche: Zurück in die 20er-Jahre! Als ob das Berlin der 1920er-Jahre ernsthaft die Traumstadt einer neuen Zukunft sein könnte. Dabei hallt in diesem Ruf nur die Verklärung des Jahrzehnts vor der nationalsozialistischen Epoche, auf die sich diese ideenlosen, gedankenarmen, vor jeglicher Zukunft in diese kulturhistorische Vergangenheit flüchtenden Rufer beziehen. Die Armut, Krisen, Gewaltsamkeiten, das soziale Elend, das Ausufern der Stadt, ihr demokratisches Scheitern in den 1920er-Jahren sind nicht im Blick. Das meiste davon, und das ist wahrlich kein attraktives, lebenswertes, anzustrebendes Berlin, hat Alfred Döblin in seinem einzigartigen, für alle Zeiten Maßstab setzenden Berlin-Roman *Berlin Alexanderplatz* geschildert. Die in ihrer Wirklichkeit allenfalls *katzengoldenen* 1920er-Jahre sind kein Zukunftsbild. Gelegentlich taugen sie zu guter Unterhaltung flüchtigen kulturellen Werts wie in den zweifellos stadtkundigen Romanen Volker Kutschers und deren szenenweise im Roten Rathaus erfolgter Verfilmung. Die zur Wiederholung oder Imitation aufrufende Beschwörung des Geistes des Berlins der Epoche der Zwischenkriegszeit muss zur Farce werden. So könnte die hilflose Beschwörung der angeblich goldenen 1920er-Jahre im Nachklang Indiz dafür sein, dass das 20. Jahrhundert der Kulturgeschichte Berlins endgültig vorüber ist. Denn was sich in den 2020er-Jahren wie inhalts- und orientierungslose Leere anfühlt, das könnte der Beginn der Kulturgeschichte der Stadt des 21. Jahrhunderts sein. Wir als Zeitgenossen vielleicht nicht mehr, aber die nach uns werden erkennen können, was zum Signum unserer Gegenwart im Berlin der neuen

Stehen für das Image der verklärten, angeblich so *goldenen* 1920er-Jahre im Berlin der Zwischenkriegszeit: das *Damenballett* Ehed Karina aus Berlin um 1920

20er-Jahre geworden ist und was unsere Epoche kulturell ausgemacht hat. Auch die *goldenen* 1920er-Jahre wussten schließlich gar nichts von ihrer ihnen später zugeschriebenen epochalen Bedeutung.

Heiner Müller ist und war Berliner. Nirgendwo anders hin kehrte er immer wieder aus dem Westen, aus der Weite der Welt zurück. Hier lebte er, hier dichtete er, hier war sein Traumhaus, nämlich das Haus am Schiffbauerdamm, in dessen Leitung er nach dem Mauerfall sogar anlangte. Vielleicht verbirgt sich dahinter aber doch sein sentimentales Verhältnis zu dieser Stadt, weil sie eben auch die Stadt seines großen Vorbilds gewesen und geblieben ist, die Stadt Bertolt Brechts. Das Bezirksamt Friedrichshain-Kreuzberg hat am 15. September 2020 an Müllers letztem Wohnhaus eine Gedenktafel eingeweiht, auf der ein Gedicht Heiner Müllers zu lesen ist. Im Band *Die Gedichte* seiner Suhrkamp-Werkausgabe hat es die Überschrift FREMDER BLICK: ABSCHIED VON BERLIN. Der Text lautet:

Aus meiner Zelle vor dem leeren Blatt
Im Kopf ein Drama für kein Publikum
Taub sind die Sieger die Besiegten stumm
Ein fremder Blick auf eine fremde Stadt
Graugelb die Wolken ziehn am Fenster hin
Weißgrau die Tauben scheißen auf Berlin

Das Gedicht hat Müller auf den 14. Dezember 1994 datiert. 1992 war er in die Muskauer Straße gezogen, wo die Tafel mit dem Gedicht hängt. Er stirbt am 30. Dezember 1995, ein Jahr nach der Abfassung des Gedichts. Der Ost-Berliner Schriftsteller Rolf Schneider hat es am 9. März 2006 in der *Berliner Morgenpost* interpretiert. Es sei kein Ausdruck von Todessehnsucht, obschon Müller die aufwendigen Krebsbehandlungen Mitte Dezember 1994 schon hinter sich hatte. Schneider schreibt zu Müllers *Grundhaltung*: „Die war, fast von Beginn an, durchtränkt mit finsterem Pessimismus, der sich bloß durch reichlichen Genuß von Zigarre, Whisky und Fleischeslust ertragen ließ." Anhänger des Kommunismus sei Müller gewesen und geblieben. Dessen Scheitern habe er schon in der DDR lauthals öffentlich kritisiert, woraufhin er vom Regime schikaniert worden sei. Als die Mauer geöffnet wurde, die SED stürzte, so meint auch der Literatenkollege Schneider, habe Müller der Widerstand gefehlt, an den er gewöhnt gewesen sei, der ihn produktiv und der ihn prominent gemacht habe:

Die Zeile von den tauben Siegern und den stummen Besiegten benennt exakt die Situation der neunziger Jahre, da allgemein in Deutschland, und zumal in Berlin, der Westen sich als politischer Gewinner und der Osten als Verlierer empfanden und die Stadt sich selber fremd geworden schien.

Marx-Engels-Forum mit Republikpalast und Dom: die ideologischen Väter des SED-Staates Karl Marx (l.) und Friedrich Engels als architektonische Gestaltungselemente von *Berlin, Hauptstadt der DDR*

Vielleicht aber hat der kranke späte Müller in seiner Klarsicht insgeheim viel eher als andere erkannt, dass seine Zeit, sein Jahrhundert, das wir als das 20. zählen, sich ausgelebt, erschöpft, verbraucht hatte.

1929, am Ende der 1920er-Jahre, elf Jahre nach der Revolution, die keine war, ist er geboren, wächst auf im nationalsozialistischen Deutschland. 1995 ist Müller schon mit Blick ins 21. Jahrhundert und mit Erwartungen an die in diesem Jahrhundert sich auftuende Zukunft gestorben. 1990, im Jahr nach der Maueröffnung, war Heiner Müller Autor eines Fotobandes. Das Buch trägt den Titel *Ein Gespenst verlässt Europa*. Dieser Titel ist der Abgesang, ein final gemeintes Dementi des ersten Satzes des *Kommunistischen Manifests*, in dem Marx hoffnungsfroh davon redet, dass das *Gespenst des Kommunismus* in Europa umgehe. Müllers Band dokumentiert fotografisch das Schicksal des nach dem Bau der U-Bahnlinie 5 wieder als leblos museale Farce rekonstruierten *Marx-Engels-Forums* mit den pharaonenhaften Skulpturen von Karl Marx und Friedrich Engels. Die SED markierte damit mitten in Berlin, vor dem Palast ihrer Republik, ihren Wahrheitsanspruch, der den Beginn der eigentlichen *Geschichte* der Menschheit meinte, wie es Marx' Denken und Selbstverständnis sowie der daraus gewonnenen Ideologie entsprach. Müllers Beitrag zu dem Band sind den Fotos vorangestellte Gedichte und kurze Texte. Einer hat den Titel 4 FÜR GUNTER RAMBOW 1990. Er beginnt mit dem Hinweis auf die Fernsehbilder von Erich Honeckers Verhaftung. Der Erzähler erinnert an die Theaterplakate des Grafikers Rambow, auch für eigene Stücke. Müller geht drei seiner dramatischen Texte durch, und er ordnet sie ein als Zeichen künftiger Vergangenheit, die in eine Zukunft ragen, von der er nur noch leise die Hoffnung hat, dass diese Vergangenheit, zu der die sozialistische Gesellschaft 1990 zu werden beginnt, als neue Gegenwart noch einmal zum Leben erweckt und wirklich wird. Das Jahrhundert, das mit dem 9. November 1918 begonnen hatte, es geht vorbei im Fortgang der 1990er-Jahre, so ahnt es der Dichter. Wie nennt Müller in diesem Text seine Bearbeitung der *Antigone*, seinen *Gundling*, seine *Hamletmaschine*? So:

Wegmarken durch den Sumpf, der sich schon damals zu schließen begann über dem vorläufigen Grab der Utopie, die vielleicht wieder aufscheinen wird, wenn das Phantom der Marktwirtschaft, die das Gespenst des Kommunismus ablöst, den neuen Kunden seine kalte Schulter zeigt, den Befreiten das eiserne Gesicht seiner Freiheit.

Auch Müllers Gedicht HERZ DER FINSTERNIS NACH JOSEPH CONRAD steht in dem Fotoband. Gewidmet ist es Gregor Gysi. Als Motto ist die Sentenz *Schaurige Welt kapitalistische Welt* dem Text vorangestellt, und in Klammern erfährt der Leser, dass diese Sentenz von dem Lyriker und Expressionisten Gottfried Benn stammt, und zwar aus dem legendären Radiogespräch mit dem Ex-Expressionisten und Kommunisten Johannes R. Becher, nachmals DDR-Kulturminister, von 1930. Benn ist unter den in der Stadt lebenden, wohnhaften, mindestens zeitweise hier siedelnden Kulturmenschen dadurch eine Ausnahme, dass er leidenschaftlicher Berliner gewesen ist. Es mag täuschen, aber dieser große Poet, in seinem Metier ebenso Weltliterat wie Heiner Müller Weltdramatiker, hat in seiner Gestimmtheit, seiner Melancholie, seinem expressionistisch durchtränkten Pessimismus Ähnlichkeit mit der Gemütstemperatur Heiner Müllers. Es gab gute Gründe, warum auf dessen chaotisch verlaufender Beisetzung am eiskalten 16. Januar 1996 um 12.30 Uhr auf dem Dorotheenstädtischen Friedhof, dem Gottesacker der großen Geister, Künstler, Kulturmenschen Berlins schlechthin, Müllers Lieblingsschauspieler Ulrich Mühe Benn vorgetragen hat, nämlich dessen 1948 mit dem Namen *Berlin* überschriebenes Gedicht, dessen erste Strophe lautet:

Wenn die Brücken, wenn die Bogen
von der Steppe aufgesogen
und die Burg im Sand verrinnt,
wenn die Häuser leer geworden,
wenn die Heere, wenn die Horden
über unseren Gräbern sind –

Benn beschrieb 1948 die Stadt nach der Zeitenwende, die Stadt des Nachkriegs, das *Wüste Berlin*, in dem der Dichterarzt geblieben war, in Ansehung der Trümmer. Die *Heere* und die *Horden* waren die des Zweiten Weltkriegs, der Auseinandersetzung der beiden totalitären Imperien – untereinander und mit den westlichen Demokratien. Das war der Weltenkampf, der Heiner Müller zeit seines Dichterlebens nicht losgelassen hatte, bis er gewahrte, dass dieser Kampf zu Ende war mit dem allmählichen Enden des Kalten Kriegs. Heiner Müllers 20. Jahrhundert begann mit dem Ende der Monarchie, mit der nur so genannten Revolution des 9. November 1918 in Berlin. Sein Stück GERMANIA TOD IN BERLIN beginnt nicht umsonst in *Berlin 1918*. Mit PANZERSCHLACHT überschrieben ist die zweite Szene des zwischen 1990 und 1995 entstandenen Müller-Stücks GERMANIA 3 GESPENSTER AM TOTEN MANN. Der späte Müller kann endlich einen STALIN auf der Bühne auftreten lassen. Und STALIN sagt dem auf die Bühne tretenden *Lenin*, „lallend und brüllend nach dem zweiten Gehirnschlag“, nicht in Versform, sondern in Prosa:

Das ist sie, deine deutsche Revolution, von der du geträumt hast im Oktober. Sie werden deine Leiche aus dem Mausoleum zerren und an ihre Hunde verfüttern. Futter für Hitlers Schäferhund, das bist du, Lenin, für dein geliebtes deutsches Proletariat.

Lenins Hoffnung für seine mangels russischem Proletariat laut Marx' Lehre defizitäre, also eigentlich unmögliche *proletarische* Revolution, das war das im führenden Industriestaat Deutschland vorhandene deutsche Proletariat. Dessen Revolution sollte nach dem Anfang in Petersburg und Moskau von Berlin aus die Führung der Weltrevolution übernehmen. Doch unter dem Nationalsozialismus dient es im Zweiten Weltkrieg dem schärfsten Gegner des Sowjetkommunismus und wendet sich gegen seine eigene angeblich bessere sozialistische Zukunft. Das behauptet die zitierte Müller-Passage. Der bei Müller

So führte er im Juni 1987 Regie im Studio bei der Aufnahme des Hörspiels von Bertolt Brechts *Untergang des Egoisten Fatzer:* der Ost-Berliner Dramatiker Heiner Müller – lachend und rauchend

im Kreml trinkende STALIN fragt sich: „Wie soll ich / Die träge Masse Russland im Genick / Den neuen Menschen schaffen, wenn der alte / Nicht liquidiert wird, Gestern für dein Morgen." Und Müller lässt ihn mit entsetzlich menschenverachtender, aber logischer Konsequenz stalinistischen Denkens sagen: „Das Massengrab geht mit der Zukunft schwanger / Menschen aus neuem Fleisch sind was die Zeit braucht." GERMANIA 3 beginnt mit der Szene NÄCHTLICHE HEERSCHAU. Sie bringt den KPD-Führer THÄLMANN und den SED-Chef ULBRICHT als Grenzsoldaten auf Streife auf die Bühne. *Nacht Berliner Mauer* steht in der Regieanweisung. Müller lässt THÄLMANN als Erstes zum Mauerbauer ULBRICHT über dessen Bauwerk sagen: „Das Mausoleum des deutschen Sozialismus. Hier liegt er begraben." Dann lässt Müller seinen STALIN beschreiben, wie beide Tyrannen in Niederlage, Sieg und Erfolg, im historischen Prozess und im Verlauf des Zweiten Weltkriegs aufeinander bezogen gehandelt haben und wie sie dialektisch verkettet waren. STALIN spricht aus, wie er von HITLER profitiert hat, wie seine Revolution aus der *faschistischen* Konterrevolution Kraft, Energie, Apologie der eigenen Verbrechen gesogen hat. Dabei zitiert Müller den Titel des sich mit Hitler auseinandersetzenden Textes von Thomas Mann aus dem Jahre 1938, nämlich *Bruder Hitler*:

Hitler, mein Freund von gestern. Bruder Hitler.
Verbrennst Du meine Dörfer. Das ist gut,
Weil sie dich hassen, werden sie mich lieben.
Deine Blutspur wäscht meinen Namen weiß.
Deine Zeit lang, und länger nicht als meine.

Das ist Müllers Denunziation des in der DDR eine Staatsexistenz lang beteuerten *Antifaschismus*. STALIN verhieß Hitler, so steht es bei Müller, der werde im *Rattenkäfig* nach Moskau gebracht. Wir wissen, das Letzte, was Stalins Sieg im Zweiten Weltkrieg, sein Sieg über Hitler symbolisiert hat, war die Ankunft seiner Armee – zusammen mit polnischen Einheiten – am Brandenburger Tor, im Herzen von Berlin, nicht weit von jenem Bunker, in dem sich sein nationalsozialistischer Widersacher vergraben und umgebracht hatte, um zu verhindern, in dem von STALIN benannten *Rattenkäfig* in dessen Hauptstadt gebracht zu werden. Müller lässt seinen STALIN die Endzeit der totalitären Regime beider Diktatoren so beschreiben: „Eh dein und meine Toten auferstehn." Dem folgt die Regieanweisung *Auftritt der Toten.*

Wir denken an das grauenhafte Gemälde *Kain oder Hitler in der Hölle* des Berliner Malers George Grosz, der Hitler 1944 in den USA schon in der Hölle malte mitsamt den ihn bedrängenden Skeletten seiner gemordeten Opfer.

Der Berliner Heiner Müller hat die Geschichte des 20. Jahrhunderts ins Zentrum seines Denkens, seines dichterischen Werks geholt. Seine Hoffnung auf den Sieg des wahren Sozialismus in dem 1918 in Berlin begonnenen Kampf hat er noch 1983 in seiner Sentenz *Berlin ist das Letzte* dadurch zum Ausdruck gebracht, dass er alle bisherige Geschichte, ganz im Denken und in der Sprache von Karl Marx, als *Vorgeschichte* deutet, also auch die Geschichte der Kämpfe um den Sozialismus. Hoffnung liegt darin, dass tatsächliche *Geschichte* erst beginnt mit der Verwirklichung des ideologisch gesetzten Ziels der Revolution nach deren Sieg, und dann, das weiß Müller ganz sicher, es ist der letzte Rest der gestorbenen Utopie, würde Berlin der *Anfang* sein. Tatsächlich markiert aber Berlin am 9. November 1989 mit dem Fall der Berliner Mauer das Ende dieses Sozialismus. Auch wenn dieser Tag zunächst nur der Anfang von dessen Ende ist. Was aber das Signum des 21. Jahrhunderts sein wird und wie es sich in Berlin abbilden wird, das wissen wir nicht, weil wir 2024 mitten in dem, wenn auch wenig verheißungsvoll erscheinenden, Strom sich vollziehender Geschichte treiben. Er nimmt uns jede Distanz. Uns ist im Mittendrin der Zeitabstand vorenthalten, der Voraussetzung jeder plausiblen Deutung und überzeugenden Benennung des Charakters der Epoche wäre, die die Gegenwart von uns Betrachtern ist. Der Berliner Müller ist ebenso wie der Berlin verbundene Kommunist Johannes R. Bechers bei allen Differenzen an der Oberfläche und trotz anderen politischen Bekenntnisses dennoch geistig Verwandter Gottfried Benns. Müller ist ebenso, wie es Benn in der zweiten Strophe von *Berlin* zum Ausdruck gebracht hat, davon überzeugt, dass Berlin auch künftig ein unvergessbarer Ort historischen Geschehens sein und bleiben würde. Davon würden laut Benn einst die Spuren der Kulturzeugnisse der Stadt als Metropole des *Abendlands* zeugen:

Eines lässt sich nicht vertreiben:
dieser Stätte Male bleiben
Löwen noch im Wüstensand,
wenn die Mauern niederbrechen,
werden noch die Trümmer sprechen
von dem grossen Abendland.

LITERATURVERZEICHNIS

David E. Barclay: Schaut auf diese Stadt. Der unbekannte Ernst Reuter. Berlin 2000.

Daniel Barenboim und Edward W. Said: Parallelen und Paradoxien. Über Musik und Gesellschaft, hrsg. von Ara Guzelimian. Berlin 2004.

Berlin plant. Plädoyer für ein Planwerk Innenstadt Berlin 2.0, hrsg. von Harald Bodenschatz und Thomas Flierl. Berlin 2010.

Jens Bisky: Berlin. Biografie einer großen Stadt. Berlin 2019.

Udo Christoffel: Matthias Koeppel. Neue Bilder 1987 bis 1997, hrsg. vom Kunstamt Wilmersdorf. Berlin 1997.

Ellen Döhl: Matthias Koeppel. Sein Leben und Werk im Kontext der Künstlergruppe „Die Schule der neuen Prächtigkeit“. Baden-Baden (Dissertation) 2020.

Hans Otto Eglau: Edzard Reuter. Düsseldorf/Wien 1993.

Kristin Feireiss: Das Schloss? Eine Ausstellung über die Mitte Berlins, hrsg. vom Förderverein für die Ausstellung „Die Bedeutung des Berliner Stadtschlosses für die Mitte Berlins“. Eine Dokumentation. Berlin (2. Auflage) 1993.

Rainer Fetting. Berlin, hrsg. von der Berlinischen Galerie, Landesmuseum für Moderne Kunst, Fotografie und Architektur [Ausstellungspublikation]. München 2011.

Thomas Flemming/Gernot Schaulinski/Bernd Ulrich: Das Rote Rathaus in Berlin. Eine politische Geschichte. Berlin 2020.

Hermann Glaser: Kleine deutsche Kulturgeschichte. Eine west-östliche Erzählung vom Kriegsende bis heute. Frankfurt am Main 2007.

Hauschild, Jan-Christoph: Heiner Müller. Reinbek bei Hamburg 2000.

Hauschild, Jan-Christoph: Heiner Müller oder das Prinzip Zweifel. Eine Biographie. Berlin 2003.

Helmut Jahn. Buildings 1975–2015. Photographien Rainer Viertlböck, hrsg. von Nicola Borgmann. München 2015.

Matthias Koeppel. Himmel, Berlin!, hrsg. von Franziska Nentwig und Dominik Bartmann [Ausstellungspublikation]. Berlin 2014.

Kai-Uwe Merz: Eiszeit Berlin. Eine Kulturgeschichte des Kalten Kriegs. Berlin 2022.

Kai-Uwe Merz: Monster Berlin. Eine Kulturgeschichte der nationalsozialistischen Zeit. Berlin 2021.

Kai-Uwe Merz: Revolte Berlin. Eine Kulturgeschichte von 1968 bis 1980. Berlin 2023.

Kai-Uwe Merz: Stillstand Aufstand Berlin. Eine Kulturgeschichte der 1990er-Jahre. Berlin 2024.

Kai-Uwe Merz: Vulkan Berlin. Eine Kulturgeschichte der 1920er-Jahre. Berlin 2020.

Kai-Uwe Merz: Wüste Berlin. Eine Kulturgeschichte der Nachkriegszeit. Berlin 2021.

Kai-Uwe Merz: Zement Berlin. Eine Kulturgeschichte der frühen 1960er-Jahre. Berlin 2022.

Heiner Müller: ‚Germania Tod in Berlin', ‚Der Auftrag', mit Materialien, ausgewählt und eingeleitet von Roland Clauß. Stuttgart/Düsseldorf/Leipzig 2000.

N. N. [Luisenstädtischer Bildungsverein e. V.]: [Dr. Christian Matthias Wilhelm Hartenhauer], [Erhard Krack] und [Dr. Ingrid Pankraz], online: Berlin von A–Z, URL https://berlingeschichte.de/historie/spitze/berliner_buergermeister.htm; abgerufen im August 2023.

Marianne Reißinger: Götz Friedrich. Künstler wider Willen. München 2000.

Wilfried Rott: Die Insel. Eine Geschichte West-Berlins 1948–1990. München 2009.

Michaela Schlagenwerth/Sasha Waltz: Nahaufnahme Sasha Waltz. Gespräche mit Michaela Schlagenwerth. Berlin 2012.

Edgar Stach: Renzo Piano Building Workshop. Raum – Detail – Licht. Basel 2021.

Hans Stimmann: Berliner Altstadt. Von der DDR-Staatsmitte zur Stadtmitte. Mit Textbeiträgen von Bernd Albers, Gerhard Boß, Jörn Düwel, Ulla Luther und Tobias Nöfer. Berlin 2009.

Hans Stimmann/Martin Kieren: Die Architektur des neuen Berlin. Fotografien von Erik-Jan Ouwerkerk. Berlin 2005.

Stimmanns Stadtlektüren. Ausgewählte Texte, Vorträge und Interviews von Hans Stimmann aus den Jahren 2012 bis 2022, hrsg. vom Architekten- und Ingenieurverein zu Berlin Brandenburg e.V., Thomas Albrecht, Tobias Nöfer, Rudolf Spindler. Berlin 2022.

Taxis, Monsters and the Good Old Sea. Rainer Fetting [Ausstellungspublikation]. Berlin 2017.

Jürgen Tietz: Meinhard von Gerkan. Biografie in Bauten 1965–2015. Die autorisierte Biografie. Berlin 2015.

Christian Walther: Des Kaisers Nachmieter. Das Berliner Schloss zwischen Revolution und Abriss. Berlin 2021.

BILDNACHWEIS / IMPRESSUM

akg-images: 2 (Frank Hensel), 19 (Sammlung Berliner Verlag/Archiv), 32, 45 (Susanne Schleyer), 57 (Sewcz), 68 (ddrbildarchiv.de), 75 (Frank Hensel), 80 (Bruni Meya), 83 (Bildarchiv Pisarek), 84 (Theile/drama-berlin.de), 89 (Frank Hensel), 98 (Claudia Groth), 139 (Elsengold Verlag/Jürgen Grothe), 148 (Dieter E. Hoppe), 152 (© Matthias Koeppel, VG Bild-Kunst, Bonn 2024), 156 (Günter Schneider), 159 (© Matthias Koeppel/VG Bild-Kunst, Bonn 224), 163 (Bruni Meya), 186 (Henning Langenheim), 196 (Bildarchiv Monheim), 213 (Matthias Lüdecke), 216 (Günter Schneider), 227, 231, 232 (Dieter E. Hoppe) – **Rainer Fetting**: 155 – **Reinhard Friedrich/Archiv Berliner Philharmoniker**: 103 – **picture-alliance**: 6 (akg-images), 8 (dpa), 14 (dpa/Andreas Altwein), 16 (dpa), 21 (ZB/dpa), 23 (dpa/Frank Kleefeldt), 27 (dpa/Peter Kneffel), 28 (SZ Photo/Paul Glaser), 31 (dpa/Wolfgang Kumm), 35 (United Archives/Kindermann), 36 (ZB/Nestor Bachmann), 39 (ZB/Hubert Link), 40 (SZ Photo/Rainer Unkel), 43 (ZB/Mittenzwei), 47 (SZ Photo/amw), 48 (dpa/Zentralbild/Soeren Stache), 51 (ZB/Reinhard Kaufhold), 53 (dpa/Peter Kneffel), 54 (dpa/Giehr), 59 (SZ Photo/Rolf Zöllner), 60 (AP), 63 (Eventpress Herrmann), 64 (Caro/Muhs), 67 (ZB/Jens Kalaene), 71 (ZB/Klaus Winkler), 72 (dpa/Hubert Link), 76 (ZB/Jan Bauer), 79 (ZB/Klaus Franke), 87 (dpa/ADN Zentralbild), 91 (dpa/Peer Grimm), 92 (ZB/Hubert Link), 95 (dpa/epa afp TELDEC CLASSICS), 100 (Photoshot), 104 (ZB/Tom Maelsa), 106 (SZ Photo/Jürgen Eis), 109 (dpa/Andreas Altwein), 110 (dpa), 115 (ZB/Paul Glaser), 118 (ZB/Peer Grimm), 121 (dpa/Wolfgang Kumm), 114 (dpa/XAMAX), 122 (dpa/Tom Maelsa), 125 (AP Images/Henry Brueggemann), 126 (Klaus Rose), 129 (SZ Photo/Paul Glaser), 130 (ZB/Nestor Bachmann), 133 (ZB/Jens Kalaene), 134 (ZB/Jens Kalaene), 136 (Eventpress Herrmann), 142 (ullstein bild), 144 (dpa/Zentralbild), 147 (United Archives/Valdmanis), 167 (Sammlung Richter/LB), 168 (dpa/Stephanie Pilick), 151 (dpa/Wolfgang Kumm), 160 (Eventpress Herrmann), 171 (ZB/Jan Bauer), 172 (dpa/Marc Tirl), 175 (ZB/Claudia Esch-Kenkel), 177 (imageBROKER/Henning Hattendorf), 178 (dpa/Florian Schuh), 181 (dpa/Milla & Partner/Sasha Waltz), 183 (Berliner Zeitung/Kay Herschelmann), 185 (Caro/Hechtenberg), 189 (dpa/Schneider), 190 (ZB/Hubert Link), 193 (Jens Büttner), 195 (dpa/Marcel Mettelsiefen), 199 (dpa/Wolfgang Kumm), 200 (AP/HO), 203 (ZB/Jan Bauer), 206 (Caro/Muhs), 209 (Caro/Muhs), 210 (ZB/Ralf Hirschberger), 219 (dpa/XAMAX), 221 (dpa/Jens Kalaene), 222 (ullstein bild/Wolfgang M. Weber), 224 (ZB/Bernd Settnik), 228 (brandstaetter images/Franz Hubmann), 235 (ZB/Guenter Gueffroy) – **Wikimedia Commons**: 113 (Muns) – **Monique Wüstenhagen**: Autorenfoto vordere Umschlagklappe

Gedichte
S. 231: Heiner Müller, *Fremder Blick: Abschied von Berlin*, aus: ders., *Werke*, hrsg. von Frank Hörnigk, Bd. 1: *Die Gedichte*, © 1998 Suhrkamp Verlag AG, Berlin
S. 234 und S. 237: Gottfried Benn, *Berlin*, aus: ders., *Sämtliche Gedichte in einem Band*, © 1998 Klett-Cotta – J. G. Cotta'sche Buchhandlung Nachfolger GmbH, Stuttgart

Titelbild: Aufbruch zum Abbruch des Republikpalastes: die Schlosskulisse auf dem Marx-Engels-Platz im Sommer 1993. Im Hintergrund der ehemalige DDR-Staatsrat mit dem nachgebauten Tor IV des Stadtschlosses

Abbruch der Mauer zum Aufbruch in die Einheit: Der Passant/West scherzt mit dem Grenzsoldaten/Ost durch das in die Mauer geschlagene Loch. Die Angst war im Januar 1990 längst verschwunden.

Bibliografische Information der Deutschen Nationalbibliothek
Die Deutsche Nationalbibliothek verzeichnet diese Publikation in der Deutschen Nationalbibliografie; detaillierte bibliografische Daten sind im Internet über http://dnb.d-nb.de abrufbar.

Der Elsengold Verlag ist ein Imprint des BeBra Verlags.

Asternplatz 3, 12203 Berlin
post@bebraverlag.de
Lektorat: Tanja Krajzewicz, Berlin
Umschlag: Goscha Nowak, Berlin (Foto: akg-images/Dieter E. Hoppe)
Satz: Goscha Nowak, Berlin
Schrift: Korolev, Stone Serif ITC Pro, Trade Gothic Next
Druck und Bindung: Finidr, Český Těšín
ISBN 978-3-96201-137-6

www.elsengold.de